— 走った迷った —

節約モードで行く
ヨーロッパドライブ旅行

原坂　稔

明窓出版

◎もくじ◎

―走った迷った― 節約モードで行くヨーロッパドライブ旅行

【1】二日前　2月末

突然の旅立ち

「ヨーロッパに決めた！」

会社から帰ってきた女房が、いきなり決意したかのように言った。

「何？」

「あさってヨーロッパに行くよ」

「は？」と私。

そう言えば、年末の頃だったが、旅行に行くとか言ってたな……。


去年の夏、女房が勤務していた会社から、旅行に行けば20万円、行かなければ10万円という15年勤続の褒賞取得の通知が来た。システムエンジニアとして忙しく働いていた前の会社を私が辞めさせ、もっと自由時間が持てるように、同じコンピューター関係とは言え、パートタイムの仕事に就かせてから、もう4、5年経っていた。なのに今ごろなぜそんなものが来たのか不可解だったが、ともかくその金で旅行に行きたいというのが女房の意見だった。

行くなら、2月または3月だと言う。その時期なら私の時間が自由になるということが理由だった。夏の旅行はオンシーズンで旅費が高くなるし、混雑するし、ほとんど考えていなかった。

しかしその後女房は仕事が忙しくなり、1月一杯、そして2月末近くまでほとんど旅行のことを考える暇がないほどになった。私は私で旅行に出るのは億劫に思うタイプである。休みがあってもうちでブラブラしている方がいいと思う人間なので、その後旅行のことなどすっかり忘れていた。

だが、仕事を休める見当がついてきたらしく、2月28日（月）に女房が突然旅行に行くと言い出したのが冒頭部分である。私に相談もなく、もうヨーロッパに行くことにしてあるようだ。まあ、私は女房が旅行に行きたいときにあまり気乗りもせずについて行くだけなので、行き先を決めるのはいつも女房だ。

「ヨーロッパで何を食べようかな。ベルギーチョコと、フィッシュアンドチップス、パスタにピザ……」

「そんなの東京でも食べられるだろ」

「でも、本場の雰囲気と味というものがあるハズでしょ。ニューヨークの中華と横浜中華街の中華はぜんぜん違うし、香港とも違う。ドイツのソーセージやフランスのエスカルゴもあるし、それにイタリアでジェラートも食べたい。パリのケーキもあるし……」

女の頭は炭水化物でできていると言うが、まさにそれを地で行っている。ただし、中華料理の件はたしかに女房の言う通りである。

以前から気になっていた石原知事の、「軽油を欧州並に脱硫しろ！」という発言の根拠も実体験できるし、と付け加える。私はディーゼルの排ガスによる大気汚染に強い関心を持っているので、確かにいい機会ではある。

ヨーロッパ大陸はもちろん英語圏ではない。ただ、イギリスが近いから英語教育はやっているはずだ。その地域での英語力がどんなものなのかにも興味がある。日本の英語教育はなっていないという批判が正当かどうかも体感できるのではないだろうか。

まあ、食欲という本能が発するもの以外にも、頭を働かせてみればいろいろ行くべき理由が出てくる。

ただ、私としてはヨーロッパは時差が大きいし、イギリス以外は英語が通じないであろうから「行く気がしねえなあ、面倒くせーなあ」という気分だった。

女房が本当に興味を持っているのは実は南米、アフリカ、中近東といったあたりなのだが、たかが２０万のプレゼントではアジアか欧米のような、日本からのフライトの多いところでないと持ち出しが多くなりすぎる。

それから、先進国なら予防接種の心配がないということもある。見所もすぐ思い浮かぶし、治安も、日本ほどではないにしろ、無茶苦茶なわけではなかろう。宿もすぐ見つかるはずだ。

一方、非先進国は、ジャングルとかサハラ砂漠など、自然そのままがたっぷりあって非常に魅力的ではあるものの、治安面や感染症でどこがヤバイか調べておく必要がある。その上、宿泊場所もどの土地にあるか確認しておかないといけない。つまり、今回のようなほとんど準備なしで行くには適さないわけだ。

まだ夕方6時なので、さっそく女房は旅行代理店に電話を入れた。懇意にしている代理店の女社長がまだ店にいる。

結局翌閏《うるう》日の2月29日（火）に契約成立。往路3月2日（木）成田発、復路3月15日（水）成田着のロンドン行きのブリティッシュエアーウエイズ3である。搭乗券の受取りと代金支払いは成田でする。

【2】一日前　3月1日（水）

旅支度

外国に行き、かつ現地で運転するにはパスポート以外に現地通貨と国際免許が必要だ。出発の前日のきょう、われわれ夫婦は東京中野にある自宅を朝8時に出、新宿に向かうことにする。新宿警察署で国際免許をもらうためだ。

徒歩で行く。何も電車賃に困って4キロもの道のりを歩いて行くわけではない。旅行中は運動不足になるに決まっているから、少しでも運動しておきたいからだ。

自宅は中野駅北口方面にあるので東南方向に歩く。実は新宿までのルートは決まっている。われわれ夫婦は毎週末の朝、新宿まで猫をからかいながら散歩をし、新宿に着くとまずは開店したばかりでまだすいている伊勢丹で試食と店内見物、そのあと開店後しばらくしても伊勢丹ほど混んでいない三越、高島屋を見て歩くのを習慣にしている。新宿までのルートはディーゼルの排ガスがひどい幹線道路は極力避け、裏道のみを通って行く。裏道の中でも新宿に行くのに最短の道をとるので、おのずとルートは決まってくる。

きょうもそのルートを進む。9時10分前くらいに西新宿にある新宿警察署に到着した。先客はまだひとりもいない。申請書を書いているうちに受付けが始まり、すぐに国際免許証を発行してもらう。

女房は新宿駅からそのまま市ヶ谷にある会社に総武線で行き、私は再び徒歩で帰宅した。

午後2時過ぎ、現地通貨を買うべく地元の住友銀行中野支店に向かう。だがその店では米ドルしか扱っていないと言われ、行員のアドバイスで東京三菱の新宿中央支店にJR中野駅経由で行く。

東京三菱ではさすがにほしい通貨はすべて揃えてあった。盗難のことを考え、トラベラーズチェックにする。16、434円で300マルク、24、495円で1、500フラン、そして4、662円で70、000リラを買う。リラは現金しか取り扱いがない。

フランが多いのは車のレンタルと返却をフランスですることにしているのでフランス滞在が多くなるだろうと思ったからである。

自宅には米ドルのトラベラーズチェックが40ドル、女房がはるか昔独身時代にヒースローでつり銭として受け取った10ポンド紙幣がある。

夜、帰宅した女房と荷造りをする。荷を入れるのは外車販売のヤナセのフェアーで来場者プレゼントとしてもらった人工繊維製のありきたりのボストンバッグ2つである。長さ45センチ、高さ37センチ、幅14・5センチという小さなものだが、伸縮性があるから詰め込めば膨らませることができる。外国旅行はいつもその2つで間に合わせている。

われわれ夫婦は海外旅行者がよく運んでいる大きなスーツケースを持っていない。持ったこともない。これから持つこともないと思う。そんな大荷物を必要としないからだ。

以前、米国のシアトル空港でいつものようにボストンバッグだけをぶらさげて税関を出ようとしたら、おばさんの係官に「スーツケース忘れているんじゃない?」と言われたことがある。「荷物はこれで全部ですよ」と言うと、「オー、スマートピープル!」という返事が帰ってきた。

彼女の呆気にとられていた表情からすると「スマート」というのは100%いい意味だと

は思いにくいが、われわれのような軽装備の米国訪問者が少ないということは彼女の反応から読み取れる。それほど驚かれたのはこのシアトルだけだが、米国の他の空港でもアフリカのヨハネスブルク空港でも、「荷物はそれだけか?」と毎回念を押されたものだ。

参考までに、カバンに詰めたものは次の通りである。

靴下各々1組、下着各々1組、女房のパジャマ1組(私はいつも下着だけで寝ている)、ドライヤー1個、ひげそり1個、ラップトップパソコン(ソニーのVAIO)1台、変圧器1個、Mobile Powerという商品名の、車内電源から電気を取る装置1個、変換コンセント英国用1個、欧州大陸用1個、化粧品ポーチ1つ、歯ブラシ2本、歯磨き粉1本、フルーツナイフ1本、洗濯用洗剤少々、ハンガー2本、洗濯干し用のひも1本、洗濯バサミ少々、百円ショップで買ったぞうり(室内用スリッパにする。このスリッパがないと入浴後汚いカーペットの上を裸足で歩くことになる)2足、防寒用手袋2組、帽子2個、電卓1器、女房が図書館で借りて来た「地球の歩き方　旅マニュアル255　ヨーロッパ・ドライブ」(ダイアモンド・ビッグ社)1冊、飲料水としてエビアン1本、自宅に残っていたりんご3個、仁丹2箱(私にとって胃の調子を整えるのに最高の薬)、キシリトールガム2箱、そして成田での昼食用と機内食用のサンドイッチ(私は機内食が食べられないのでいつも用意して行く。今回はフランスパンにコンビーフ、酢漬け玉葱を入れたものと、マスタード、バターを塗ったものの2種類)。

それから私は、これもヤナセでもらったウエストポーチを着けていくことにした。中にはパスポート、国際免許証、トラベラーズチェック、手帳、ボールペン、デジタルカメラを入れる。

【3】お高い英国　3月2日（木）

成田にて

普段から女房も私も朝5時半に起きる。今朝もいつものように起床し、いつものように朝の支度をし、朝食をとった。

その後、2人ともジーンズにセーター、コート、そしてスニーカーで身支度を整える。コートを着るとやや蒸し暑い天気だったが、緯度の高いヨーロッパは寒いだろうと思うと致仕方ない。

自宅を8時に出、JR中野駅から錦糸町経由で成田に向かう。

空港到着は10時少し前。ターミナルは旅客でごった返している。3月といえば大学生が春休みに入ったことが影響しているのだろうか。それにしては学生とは思えない年齢層の人が多いようにも見える。若くても社会人にしか見えない人間が多い。

幸いなことになぜかわれわれの格安団体ツアーの発券カウンターにはひとりも並んでおらず、12時40分発の飛行機の搭乗券をすぐに受け取ることができ、チェックイン手続き終了。あとはATMに行き、チケット代を振込む。ロビーに戻って早い昼食を取った。

食べ終わった頃、車椅子に座った少年が初老の男性に付き添われてやって来た。普通の様子ではない。まるで爆発の熱風で吹き飛ばされたかのような外見をしている。顔中やけどでケロイド状だ。顔が原形を留めていない。包帯はしていないものの、ガーゼが顔に貼りついたままである。見えるのかどうかわからないが、一応目は開いていた。ただ、サングラスをしている。付き添いの男性がときどきそのサングラスを取っている。目の様子を見ているのだろうか、それとも少年にサングラスを通さない外の景色を見せているのだろうか。

おおわれていない顔と手の傷からは体液がジュクジュクと出ている。足は2本ともひざあたりで切断され、その切断面には縫合した跡が見える。帽子をかぶっているが、付き添いの男性がときどきそれを取っている。様子を見るか、帽子の位置を変えるかするためであろう。髪の毛は茶色い。そして焦げて縮れている。手は一見普通だが、指はそろっていない。顔はコーカサス系だ。付き添いの男性もそうである。旧ユーゴスラビアから来たのだろうか、チェチェンから来たのだろうか、そんな印象を抱かせる顔立ちをしている。北方の人の顔立ちではない。日本に治療に来て帰るところだろうか。

われわれはその後デッキに出、飛行機が飛び立つのを見て時間を過ごした。やがて搭乗時間になり、機内に。飛行機は12時40分発のところをなぜか12時半に離陸した。

西に飛ぶ

私は今まで仕事の関係もあって15回アメリカに行ったことがある。だがその内13回は機内で地獄の苦しみを味わった。飛行機の揺れが苦手で気分が悪くなるのだ。機内で嘔吐したことも何回となくある。船でもそうだ。子供の頃はバスでもそうだった。日本から外国に行くには飛行機か船以外の手はないのだから、外国旅行にはほとんどの場合苦痛が伴う。

だが、今回は途中気分が悪くなることもなく、イギリスに着いても疲れは少なかった。アメリカ到着時と比べれば、ないに等しいと言ってもよいくらいだった。13時間も狭い飛行機の中に閉じ込められていたのにも関わらずである。ユーラシア大陸の上を飛んでいた間揺れがまったくなかったのがよかったに違いない。やはり、海の上と違って陸の上は揺れが少ないのだろうか？

以前一度だけ香港経由で南アフリカに飛んだことがある。そのときは香港から海の上を10時間以上飛びつづけたのだが、まったく辛くなかった。そのとき揺れがひどかったかどうかは覚えていない。もし揺れがアメリカ行きの場合と同様のものだったとすると、アメリカと逆に西に向かうという方位が好影響を与えたという可能性もある。

ただ、機内食だけは辛かった。私は食べなかったが、においは漂ってくる。そのにおいのヒドイこと。他の乗客は食べている。女房もまずいと言いつつ、一応食べていた。ただ、ビーフだけは口をつけたあと、すぐ出してしまった。

私も昔生まれて初めて外国行きの飛行機に乗り、生まれて初めて機内食というものを出されたときは完食した。だが、2回目からはその悪臭が鼻につき、食べられなくなってしまった。なぜ初めてのときに食べられたのか今思うと不思議だが、物珍しさ、好奇心が勝ったのかもしれない。

食事が片付けられても長い間異臭は滞り、不快である。こんな狭い機内での悪臭は犯罪に近い。もう少しにおいに配慮した食事が工夫できないものか。においというのは食事の重要な要素だ。機内食の場合、においは食欲を減退させるような作用をしている。機内ではカロリーを使うわけでないのだから、近距離便のようにサンドウィッチとスープだけというわけに行かないのだろうか。

この悪臭付きの機内食を出すことがどうしてサービスだと思っているのか理解に苦しむ。迷惑がっている客はわれわれ夫婦だけではないであろう。一つ救われるのはこの便はノンストップなので機内食は2回ですむということである。これが何度も停まる便だとその都度食事が出され迷惑以外の何ものでもない。

ロンドン到着

われわれを乗せた満席のブリティッシュエアーウエイズ機は、強い向かい風の影響のため、ほぼ1時間遅れでヒースロー空港に到着。現地時間午後5時半である。

手荷物だけでノー・ラゲッジのわれわれはまだ4人しか並んでいない入国審査の行列につくことができた。

審査はイギリスに来た理由と滞在日数を型通りに聞かれただけ。ムスッとしたおばさんが私の相手をしてくれたが、至って事務的である。あっと言う間に終了。これがアメリカだと、「前に来たことがあるのか」とか、「おっ、なかなか英語がうまいじゃないか」とか、「仕事何やってんの」とか、「おいおい、入国カードに書いてあるこの土地は観光客が行くところじゃないぞ、見るものなんて何もないぞ」とか、何かと係官がお喋りをしようとすることが多いのだが、ここイギリスの係官は形式的なことしか聞かず、面白くないと言えば面白くない。

このおばさん係官だけが事務的なのかとも思ったが、女房も他の人もすぐ出てきている。税関を出るときも他の国のように「荷物はこれだけか」と疑いの目で聞かれることもなくあっさりとしたものだ。欧州には米国などと違ってわれわれのように軽装備で来る旅客が多いのだろうか。

ロンドンの地理はまったく分からないし、調べてもいないので、予約してあるホテルにはタクシーで行くことにしている。ポンドの現金は10ポンドしかない。タクシーに乗るのにそれだけではさすがに不安だ。空港ビル内の両替所でドルのトラベラーズチェック20ドル分をポンドに換えてもらう。

その後出口に向かってロビーを歩いていると、雑誌売り場にあるタイムの表紙が目に入った。鼻の一部がそぎ取られたかのような兵士の顔写真が掲載されている。成田の少年のことが頭に浮かんだ。あの子供が戦争被害でああなったのかは判らないが、ともかくわれわれがこれから旅をするこのヨーロッパの一画にもコソボ問題、北アイルランド問題、バスク問題など今の日本人には別世界とも言うべき悲惨な状況があるということが思い出された。

まあ戦争やテロは置くとしても、ここは異国の地であることは確かだ。空港ビルのロビーで周囲を見ると東洋人の姿がまるっきりない。われわれが成田からの他の旅客よりも速くロビーに出たせいか、まわりにいるのは現地の白人、あるいは少数の黒人たちだけである。ここはもう日本ではないと改めて実感させられる。

ただ、この国はまだ英語が通じるという安心感がある。だが、あす以降旅することになるヨーロッパ大陸は英語が母国語ではない世界だ。パリなどの大都市では日本人が結構いるのだろうが、われわれはそのような都会にしか行かないわけではない。車での移動だから都市と都市の間、つまり田舎も通ることになる。

ヨーロッパでは都会を出てしまえば、そこは白人オンリーの世界であろう。アメリカと違って有色人種がいる可能性はゼロに近いだろう。われわれ夫婦はそんな中で浮き上がってしまうのだろうか。白い目で見られることになるのだろうか。「ここはお前らのような黄色い顔の人間が来るところではない」と石持て追われることになるのだろうか。そこまであからさまに差別をされなくても、胡散臭い目で見られることになるのではないか。

アメリカなら田舎でも黒人がいる。カリフォルニア州ならいたるところに東洋人もいる。だが、ここヨーロッパは誇り高き白色人種の総本山である。背後に背負っている歴史も当然われわれ日本人のものとは趣を異にする。宗教も世界観も異なる。ホテル関係者など除けば英語も通じないだろう。そんな土地にこれから身を晒すのだと思うと、身が引き締まる。

さて、空港ビルの自動扉を通って外に出ると、目の前にタクシー乗り場がある。乗り場には例のロンドンタクシーが客待ちをしている。その塗装色は青あり、紫ありとさまざまである。ロンドンタクシーは黒いものだと何となく思いこんでいた私には意外だった。

車道より一段高い歩道からそれらのタクシーを見下ろすと、思いの他低くうずくまるように停車している。可愛らしい。見ようによってはシャコタンのようにも見える。思っていたよりも小柄だ。後日ロンドン市内で見かけたタクシーには大きなものもあったから、少なくとも大小2種の車体があることになる。

受付けブースがある。どうやらそこにいる人物に行き先を告げなければならないようだ。日本で予約しておいたホテルの名を告げると、その受付け係は適当なタクシーを選択し、ホテルの名をそのドライバーに告げた。指名された運転手はそのホテルの名は聞いたことがないと言う。30代ぐらいの、刈り上げ頭の堅物そうな男だ。小柄ながらがっしりとした体格に青いセーターを着ている。私を無表情にじっと見つめるその目は青い。ロンドンタクシーのドライバーなら、ロンドンのすみからすみまでを把握していると思っていた私は、この運転手大丈夫かなと思いつつ、旅行代理店からのファックスを見せた。行き先は分かったようだ。

運転手とともにわれわれも彼の青いタクシーに乗りこむ。座ると、中はガランとしている。座席の色は黒で、それ以外は昔の木造の学校に敷かれていた油びきの床と同じ暗いこげ茶色をしている。ガランとした様子が昔の学校の教室を小さくしたような感じだ。車内はその広さと色の暗さのために何か寂しい感じさえするが、足元が十二分に広いから、非常にくつろげる。

空港出口の客待ちのタクシーはすべてアイドリングをしていなかった。運転手がエンジンをかけると、ディーゼルである。

屋根付きのタクシー乗り場を出ると、雨だ。すでに日は暮れている。薄暗い中、街路樹に薄桃色の花がぼーっと浮き上がっているのが見える。運転手は無言で運転を続けている。力強く加速をする運転だ。ワイパーが動く単調な音がやけにはっきりと聞こえる。

運転手がどんな英語を喋るのかに興味があったので話しかけることにする。

まずホテルまでの時間と料金を尋ねる。20分くらいかかり、15ポンドくらいになるだろうと言う。彼からは話しかけて来ないので、更に質問を続ける。まわりに見える、イギリスではテラスハウスと呼ばれ、日本ではアメリカ式にタウンハウスと呼ばれる連棟家屋は賃貸か持ち家かと聞くと持ち家だと言う。混んでいるところで発した、今ラッシュアワーだから渋滞しているのかという問いに対してはいつも混んでいると答えた。

意外なことに彼の英語はコクニーと呼ばれるロンドンなまりはなく、きちんとした発音で聞き取りやすいものである。

15分くらいでホテルに着く。ホテル名はセイント・ジャイルズ・ヒースローホテル。セイント（聖）という言葉から何となく厳かな建物かなと思っていたが、実物は資産価値の高くはなさそうなマンションのような外見の建物で、なんの面白みもない。

料金を渡したときにちょとしたトラブルが起こった。なんと15ポンド（約2700円）渡した内の10ポンド紙幣を受け取れないと運転手が言うのだ。女房が昔から持っていたやつだ。

「その札は今使われていないんだ」と言う。聖徳太子の千円札が今日本で出まわっていないのと同じであろう。「それを受け取ったら、銀行に行って交換しなきゃいけないから面倒なんだよ」と付け加える。

札はもうない。手持ちのイギリスの現金は他に硬貨がわずかにあるだけだが、硬貨だけでは10ポンドにもならない。「ホテルのフロントで交換してもらえばいい」との運転手の言葉にしたがってロビーに行く。

受け付け待ちの客が3組行列を作っていたが、緊急事態である旨を係の女性に告げ、紙幣の交換を願い出た。だが、ホテルでは交換できないと言う。

念のため携帯していたアメリカドルのトラベラーズチェックはポンドに換えてくれた。ただ、どこかに電話して確認を取った上での交換だったので時間がかかる。交換レートは空港の銀行よりこちらの方がはるかによい。

英国のホテル初体験

日本で言う5階にあたるfourth floorの部屋に入る。65ポンド、つまり今のレートで大体1万3千円の部屋は日本のホテルの1・5倍はあり、清潔でリラックスできそうであった。ただ、われわれ夫婦が普段米国のモーテルで30ドル代、4000円弱で泊まっていたのに比べると、高い。ここは温泉つきでもないし、夕食つきでもない。朝食さえついていない。そう考えると、不当な値段だとさえと思われて来た。

タクシーの料金もそう言えば15分で2700円というのは高いじゃないかという気がしてきた。私は日本でタクシーに10年に1回も乗らないし、外国でタクシーに乗るのはこれが生まれて初めての経験だったから、ここのタクシーの値段が本当に高いと言えるのかどうか判断する基準など持っていない。だが、ホテル代が高いと怒った私は勝手にイギリスは物価が高いと決めつけ、タクシー代も高いと見なしたくなったのだ。このタクシー代に100円くらい乗せればアメリカの安宿で一泊できるではないかと思うとよけい腹が立ってきた。

ちなみに、私が外国でタクシーに一度も乗ったことがないのはレンタカーを空港で借りて済ましてきたからだ。

「イギリスはとりあえずきょうとあしたの朝だけだからまあいい」と思って気持ちを切り換え、荷物を置き、コートも脱いでリラックスする。

時計を見ると現地時間で午後7時すぎである。夕飯にしよう。タクシーで到着したとき、ホテルの前が小さな商店街になっているのが見えていた。窓から外を見ると細雨。部屋の中はもちろん暖かいが、さきほどタクシーを降りたとき外は冷たい風がかなり強く吹いていた。英語に「春は獅子の如く来る」という言葉があるが、正にそれを実感する。

しっかりと首にマフラーを巻き、コートを着て外に出る。ホテル内のレストランは高いに決まっていると見なしていたのでまったく無視。

ホテル前の片側1車線のバス通りをはさんだはす向かいに、5軒の店が並んでいる。持ち帰り専門の中華料理店が2軒、アラビア語が英語と並んで看板に書かれているコンビニ1軒、ピザ屋1軒、それ以外にクローズドになっている店があった。客数の多い方の中華料理店に入る。

中国人風のおばさんが応対してくれる。私の場合よく聞かれるのだが、今回も彼女に「韓国人か?」と聞かれた。白人、黒人からは中国人かと聞かれたこともあるが、中国人から見ると私は中国人に見えないわけだ。

炒飯とビーフ炒めのセットを一人前頼む。一人前というのは、われわれ夫婦は大食ではないし、アメリカでの経験からすると中華料理はボリュームがあるので、同じアングロサクソンが造った国イギリスでも同様だろうと思ったからだ。

待っている間地元の人らしき客が2組、フィッシュ&チップスを注文した。値段を見ると、

3ポンドだ。われわれは各地の日常的な食べ物に興味がある。アメリカならハンバーガー、イタリアならパスタにピザがその日常的な食べ物に当たると思うが、ここイギリスではフィッシュ&チップスがそれだということを彼らの注文を聞いて思い出した。

だが今更、注文変更はできない。中華料理屋でフィッシュ&チップスを注文するという発想自体が英国初心者には無理だったと思って自分たちを納得させた。

ただ、われわれのより先に出て来たフィッシュ&チップスを見て、複雑な気持ちになるのを抑えることはできなかった。ポテトが山盛りである上に、フィッシュがスリッパ大、いや正にわらじ大と言うべきサイズだ。われわれにとっては十分二人分になる量であるし、コロモが油を吸ってコガネ色に輝いている。そのコロモに包まれた大きな魚がどんな味なのか気になる。


われわれの中華料理は合計5ポンド弱（約900円弱）。持ち帰って部屋で食べた味はアメリカで食べる中華の最低レベルと比べても味、量ともに完全に負けていた。一人前の中華、しかも持ち帰りで900円近く取るとはやはり物価が高い。味がいいなら量が少ないのはまだ許せるが……などと思うと悪かった英国の印象は更に悪くなった。

【4】光りの地中海　3月3日（金）

雨に濡れて

やはり長旅で疲れていたのだろう、中華弁当を食べ終わると二人ともそのまま服も脱がずに寝入ってしまった。9時前である。

10時くらいにふと目が覚めた。隣で横になっている女房も目が開いている。眠かったが、14時間くらい飛行機の中で過ごしてからだが乾燥しており、水分を与えてやりたい。風呂に入ることにする。

旅行中洗濯できるものは基本的に毎日洗濯することにしているのだが、今は眠気が強烈で、洗濯する気になれない。着替えの下着類は1組だけあるが、今着てしまうと明日入浴後に着るきれいなものがなくなる。それに荷物をといて下着を出すのも面倒だ。そのまま古い下着類をもう一度身につけて寝る。

ふと目を覚まし、ナイトテーブルに置いた腕時計を見ると、午前5時である。起床するのにちょうどいい時間だ。入浴でリラックスしたせいか、二人ともその後はぐっすり眠ることができた。

カーテンを開けると外はまだ暗い。今日は午前10時発フランスのニース行きの飛行機に乗ることになっている。国際線だから2時間前の8時に空港入りする必要があるだろう。

朝食はきのうの機内食で手をつけずに持ち出したパンと、日本から持ってきたペットボトル入りの水、りんご1個、そして部屋に備え付けの紅茶とコーヒークリーム（クリームは一通り食事を終えたあと、もの足りないと思っていた時に見つけて飲んだ。われわれは紅茶にミルクを入れない）で済ます。

空港への行き方は前の晩にフロントで聞いておいた。鉄道は使えず、バスかタクシーで行くしかないということだった。安上がりなバスで行くことに決めてある。

バス停まで5分くらいかかると聞いていた。部屋の窓から外を見ると、雨脚がかなり強い。日本人なら、傘を持っていなければ絶対外出したくないくらいに雨が降っている。部屋の窓に雨が当たるバラバラという音が聞こえてくる。それくらい降っている。そしてわれわれは傘を持ってきていない。

「レンタカーを借りればよかったかな、こんな雨の中歩きたくねえな」などと愚痴りながらロビーに行く。フロントの係員に「空港行きのバスに乗るにはやっぱりバス停まで歩いて行くしかないんですかねぇ」と何か雨に濡れないで空港まで行ける方法を知っていないかと淡い期待を抱いて聞いてみたが、「ではタクシーを呼んであげましょうか」と言うだけだった。

もう一度ここで15ポンドもの大金は払いたくない。そしてたまたま私のそばを通りかかった60前後のバアサンが「こんな雨は大丈夫。歩いて行きなさい」と叱咤激励してくれもした。アメリカでもモーテルとかレストランでわれわれが困った様子でいると、このばあさんと同じように他人のことに口を出してくるお節介人間が男女を問わずいたものだ。

ニューメキシコのレストランで食事をしながら道路地図を広げていたら、となりの席のおっさんが「何か質問は？」と世話を焼こうとしてくれたこともある。続けてそのおっさんはわれわれがバーベキューソースのたっぷりかかったスペアリブをナイフとフォークで苦労しながら食べていると、「手で食べていいんだよ」とも言ってくれたものだ。デンバーでは食後口を拭こうとして、ポケットに入れてあるはずのティッシュを立ち上がって探していたら、前のテーブルの紳士が私にペーパーナプキンを手渡してくれたということもある。日本にももちろんこういう親切な世話焼きはいるが、ここまで積極的にやってくれる人は少ないのではないか。

ここイギリスにもそういう世話焼きがいるではないか。こういう積極的な親切心を持った人間がいるとありがたいし、楽しくなる。

バアサンに励まされては行かないわけにいかない。ただ、風邪をひいたら折角の旅行が台無しになる。気を引き締めていれば風邪をひかずに済むという保証はないが、とりあえず今やれることはそれぐらいだ。気合を入れてホテルのロビーを出る。時間は7時ちょうどくらいである。

やはりかなりの大雨だ。2人ともコートのフードをかぶって進む。ただ、思ったよりも寒くはない。というよりむしろ暖かい位の気温だ。雨は強く降っているものの、やがてそれにも慣れ、歩いている内に出発するまでの気負いは消えて行った。

道を聞いたときに目印として教えられたでかいスーパーが左手に見える。看板を見ると、見覚えのあるマークが描かれている。昨晩客の何人かが持っていたビニール袋にあったマークだ。夕べ、あのビニール袋を見てスーパーの袋ではと思い至っていれば、フロントでスーパーがないかと聞いただろう。そしてここで買い物をし、朝食はもう少しまともなものになっただろう。レンタカーでホテルに乗り付けていれば、スーパーの袋を目撃していなくても、フロントで近くにスーパーがないかと聞いただろう。これからはレンタカーでなくともホテルに着いたらスーパーが近くにないか聞くことにしよう。

バス停は意外と近く2、3分で到着。途中他の人の姿はまったく見かけなかった。

バス停で時刻表を見ると、バスが来るまで5分くらいあった。駅構内で雨宿りをする。構内には男女4、5人が改札の外に立っている。白人だけでなく、黒人もいる。きょうは金曜日、平日だから、通勤、通学客であろう。皆黙りこくっている。雑誌や新聞を読んでいるわけでもなく静かにたたずんでいる。そのうち、自転車で乗り付けてきた青年もひとり加わった。

5分くらいたち、列車が到着するとみんないっせいに改札口を通り抜けてホームに入って行った。駅員は改札に出てこない。みな定期券で、駅員に顔パスなのか。新手の自動改札なのだろうか。全員があまりにさっと通りぬけて行ったので、自動改札なのかどうかよくわからなかった。

ただ、列車はすぐに発車するわけではなく、1分ぐらいホームに停車していた。東京の通勤列車とは違う。のんびりしている。車輌も位置的によくみえないが、3両編成くらいだろうか、短い。

列車が出るのを見届けたのとほぼ同時に、われわれのバスが入ってきた。2階建てバスではないが、赤く塗装されている。二人で1ポンド40ペンスの運賃を払いながら、初老の運転手にニース行きのブリティッシュエアウエーズに乗りたい旨を告げる。彼はサイドウインドウをあけ、となりに停まっている別路線のバスの運転手に何か言い始めた。わずかに聞き取れた内容からすると、空港のどこに停まるべきかを確認してくれたようだ。話を終えると、ただちに発進。

最初通ったのは片道1車線の道だったが、日本のバスと違って急加速をする。かなり飛ばしているなと感じさせる速度。きびきびとして気持ちの良い運転だ。

相変わらず雨が降っている。窓ガラスが曇ってくるのを手で拭きながら、外を見ていると、空港近くはかなり交通量が多くなった。だが、乗客は空港到着までわれわれだけであった。

ヒースロー空港にて

やがてヒースロー空港の中に入り、ここだと言われて降りる。だが空港ビルの中に入るとエールフランスのゲートだ。運転手の頭にニースというフランスの地名だけが残り、ブリティッシュ・エアウエイズという言葉は忘れられてしまったのだろう。港内を巡回している係の女性に英国航空のゲートを尋ねた。
2、3分歩いただけで同航空の発券カウンターに着く。スーツケースは持っておらず、手荷物しかないのでノーラゲッジ専用のカウンターでまったく待つこともなく搭乗券を受け取る。

搭乗開始までまだ1時間以上ある。空港ビル内のドラッグストアーでベーコンとチーズとピクルスのサンドイッチを買い、ロビーで食べる。

そのサンドイッチを見て隣に座っていた初老の男が話しかけてきた。だが、何を言っているんだかよくわからない。タクシーの運チャンもホテルの従業員もみな私には聞き取りやすいきちんとした発音の英語だったが、この男の英語はさっぱりわからない。これがコックニーと呼ばれるロンドン訛りかと思ったが、よく耳を傾けてかすかに聞き取れたところから判断すると、ノルウエーからアイルランドにコックとして働きに来て、これから帰国するらしい。コクニーなどではない。饒舌に何か言っているのだが、ひどくなまった英語である上に、酔っているので何が言いたいのかさっぱりわからないのだった。そのうち話し飽きたのか男は黙り、ついに居眠りを始めた。

われわれ夫婦としてはニースからどういうルートで車を走らせるかを考え始めてもよかったのだろうが、時差ぼけのせいかあまりその気にもなれない。二人ともぼさっとロビーの椅子に座っていた。

実は日本ではヨーロッパのどこをどうドライブして行くかまったく考えていなかった。だいたいがヨーロッパに行くと決めたのが、3日前だから考える時間もなかった。せいぜい女房が2日前の夜会社の帰りに図書館でガイドブックを1冊借りて来たというのが旅程に関する準備と言えば準備だった。

出発前私はレンタカーの予約を担当することになったのだが、旅行代理店と電話で到着時間の確認などをしているうちに、ブリティッシュエアウエーズでロンドンまで飛ぶと、パリ、フランクフルトなど大陸の主要都市のいずれかに同航空の飛行機を使ってタダで行けるという話を聞いた。それを聞くまではロンドンからユーロトンネルを通る列車でパリにでも行こうかと思っていたのだが、列車よりもはるかに高速で、しかも追加料金を払うこともなく大陸の都市にも行けるということでロンドンから再び飛行機に乗ることにしたのだった。

レンタカーを予約するさい、各国通貨の為替レートとレンタカーの料金を比較考量してみた結果、フランスが安いと判断した。再び代理店に電話をかけ、ロンドンからブリティッシュ・エアウエイズで行けるフランスの都市を列挙してもらっているうちに、南仏ニースにする気になった。別にニースがどういう所か知っていたわけではない。名前くらいは30年前受験勉強か何かで聞いたことがあったが、あとで現地に行ってみて分かったような観光地だということは、飛行機の予約をするときにはまったく知らなかった。中央集権の国フランスでパリから遠く離れたところだから、田舎の町くらいにしか思っていなかった。

帰国後、ヨーロッパで行った土地が旅行代理店のパンフレットでどう紹介されているのかと思い、ページをめくってみると、見たことがある美しい海岸の景色が載っている。よく見ると、ニースと書いてあるではないか。他のパンフレットを見ても同じようなニースの写真が掲載されている。それで初めて私は、ニースが日本でも有名な観光地であることを知った。予約時点では日本で予約していけば、フランス国内でのレンタカー乗り捨て料金がかからないとレンタカー会社から聞いていたので、何も同じ都市で返すこともあるまいと思い、北のパリからできるだけ離れたフランスの都市で借り、そこからヨーロッパをどこかぐるっと回ってパリで車を返却しようと考え、南のニースにしただけのことだった。

南仏へ

搭乗時間になり、機内に。驚いたことに、座席は皮張りである。フカフカではないものの、機内に皮のいいにおいが漂っている。その中、席に行くと、70を越えた爺さん婆さんが仲良く座っている。ちょうど通りかかったスチュワーデスに「ここはわれわれの席だと思うんですけど……」と聞くと、「確かにそうですね」と言う。だが、老カップルはすでにしっかり座り込んでいる。スチュワーデスが彼らに何事か言ったあと、われわれの方に向かって「席を替わってあげてくれませんか」と聞く。まあ、別に問題ないと思ってOKする。だが、彼らの席に座ってみると巨大な翼が窓からの視界を妨げているではないか。してやられた。あの爺さん婆さん、ちゃっかり景色のいい方の席を不当にも確保したわけだ。旅慣れているんだなあ。これからはわれわれの席に誰かがちゃっかり座っていて動こうとしなかったら、その席にメリットがあると思って、断固われわれの席だと言ってどかさなければ！

目に見える範囲内では白人しかいない。東洋人はわれわれ二人だけだ。アメリカの国内便でも東洋人はわれわれのみということが普通なので、なんとなくアメリカにいるような錯覚を覚えた。

満席の中型ジェット機は定刻に出発した。

私はその時寝ていたのだが、女房によると斜めうしろの席に座っていた50代ぐらいの男性が機内食を食べた直後に嘔吐して気絶し、乗務員に酸素吸入をされるという事件が起こったそうだ。乗務員に引き摺られるようにして奥に連れて行かれたと言う。

目を覚まし、ふと窓の外を見ると、左手の窓からアルプスの壮大な姿が見える。日本のアルプスとはその占める面積がまったく違う。平均的高さはどちらが上なのかわからないが、陸地に占める山々の面積は恐ろしいほど広大である。はるか彼方に抜群に高い山が一つ屹立している。あれがマッターホルンなのだろうか。富士山を尖らせたような形だ。山そのものは美しくはないが、孤高の美というものを感じさせる。ただ、周囲の山々は雪を頂いている。その雪が晴天の中眩しいくらいに光を反射しているのだが、われわれの位置から見る限り、マッターホルンだけはその全身が濃い灰色である。なぜ他より高い山に雪がないのか、不思議だ。逆光ではない。飛行機から見える方向は絶壁で、雪が滑り落ちてしまうのだろうか。

異国の旅ではいろいろ不思議なことに出くわすものだ。これから疑問を書き留めることにしよう。

疑問1「なぜこの高い山が雪を頂いていないのか。低い山が頂いているのに」

離陸から2時間後、雪のアルプスがはるか彼方に遠のくとエメラルドグリーンの地中海が見えてきた。海沿いに近代的な建物が立ち並び、その背後に街が広がっている。飛行機はすでに高度を下げ、着陸態勢に入っている。地中海を見下ろしながら、われわれの飛行機は大きく旋回し、ニース空港に機首を向けた。

時差があるので現地の午後1時に着陸。入国は簡単至極で、係官はろくにこちらの顔も見ず、パスポートをパラパラと形だけめくって手続き終了。質問なし。入国スタンプさえなしだ。入国後、すぐうしろから犬を引き連れて出た乗客が出てきた。犬も飛行機の客室にいたのだろうか。

「まぶしい!」

空港ビルの外に出ると、日の光が強烈である。サングラスをしないと目が痛くなるくらいだ。椰子の木の並木がある。ユッカもある。完全に南国の風景だ。雨のイングランドから来てこの陽光を浴びると、何かウキウキした気分になる。ただ、気温的には日本から着てきたセーターを脱がなくてもよい程度だった。

ハーツレンタカーの受付けで濃い茶色の髪の毛を肩まで垂らし、茶色いフチのメガネをかけた30歳くらいの女性を相手に契約書にサインをする。やりとりは英語を使ってくれた。

ニースでレンタカーに乗り込む

保険は荷物の盗難用と搭乗者用を除いてすべてかけた。われわれの荷物は別に盗まれても大した被害にはならないし、女房は日本で様々な保険に入っているので、外国ではいつも無保険で通している。

「あなたの車はプジョーです。とても運転しやすいですよ」という言葉とともにキーを渡される。駐車場に行ってみると燦燦《さんさん》と降り注ぐ光の中、青緑色に塗られた4ドアのプジョー206がキラキラ輝いてわれわれを待っている。初めて見る車だ。可愛い格好をしている。ハーツはアメリカで言うと、フォード系なのだが、プジョーもその系列なのだろうか。ドアをあけて乗り込むと、室内はエアコンがほしいくらいに暑い。だが、車にエアコンは装着されていない。窓を開ける。意外にもパワーウインドだ。ステアリング・ホイールも、わずかではあるが、チルトさせることができる（帰国後車の雑誌を読むまで気がつかなかったのだが、プジョー206はわれわれが借りた1・1リッターエンジンのモデルも含めて全車パワーステアリングが装備されている）。

エンジンをかけるとディーゼルではなくガソリン仕様である。クラッチを踏み、ギアをファーストに入れ、発進させる。駐車場のすぐ前が大通りだ。

コートダジュール

今日はここまで行くという予定はまったく立てていない。イタリア国境まで30キロくらいなのでとりあえず行ってみることにする。

走り始めると、私は腹が減ってきた。機内では昼食らしきものが出たのだけれども、その時は寝ていた。まあ、私は機内食が嫌いなので起きていても食べなかったと思うが。女房もヒースローで食べたので機内食には手をつけず、出されたサンドイッチをそのまま持ってきていた。ただ、そのサンドイッチは今食べなくてもいい。夜食または朝食用に取っておいてもいい。とりあえず、安くてうまそうな地元の料理が食べられるところを探す。

レストランはどれも高そうだなどと女房と話をしながら地中海沿いの片道2車線の通りをドライブすると、運良く左手にスーパーマーケットが見えてきた。ビルの1階部分だけがスーパーになっている。

駐車場に車を入れる。スーパー専用でなく、広い歩道の一部を駐車場にしたという感じで、スーパーを含めたあたり一帯の商店街に来る客用とおぼしき駐車場である。

店内は売り場面積が100坪を切るくらいであろうか、決して広くはない。入り口からすぐ奥の白い壁が見える。商品のレイアウトは世界中どこのスーパーも採用していると思われるようなものだ。入り口近くの野菜・果物売り場から奥に入って行くと、魚売り場がある。当然目の前の地中海で釣ってきたものであろう。魚は氷の上に乗せられている。切り身でも売っているが、日本のようにパック詰めにされているものはない。燻製にした魚も売っている。

先に進むと、惣菜コーナーがある。ガラスケースの中を見ると、なぜかサモサと春巻きがある。それ以外の種類もあったが、他のものはどういう味か見当がつけにくいものばかりだ。

今は馴染みのあるものを食べることにする。

185センチくらいの長身にポニーテールの青年店員が担当で、彼にサモサと春巻きを1つずつ取ってもらう。ニコニコしながら、両手で商品を手渡してくれる。腰の低い、愛想のよい若者だ。

そのあと牛乳と水、りんご、トマトをかごに入れ、女房がレジへ並ぶ。すぐに順番が来たが、レジの女性に何か言われている。どうやら野菜と果物は自分で重さを計ってこいと言われているようだ。私も女房と一緒に売り場に戻って行ったが、計り方がわからず、まごまごしているとそばにいた男性が見かねたように教えてくれる。

売り場に設置されている計りに乗せ、りんごとトマトのボタンをそれぞれ押すと下からそれぞれのバーコードが出て来るという仕掛けだった。それをビニール袋に貼りつけて戻る。

このシステムなら自分の好きな量だけ買える。スーパーの都合でなく客の都合で買い物ができる。日本のようにパック詰めしていないから、パック費用とパック詰めの人件費もかからず安くすることができる。

戻ると、何とレジのおばさんは次の順番にするでもなくそのまま待ってくれている。うしろの客も、3、4人並んでいたが、誰一人いやな顔もせず待っていてくれた。

料金はクレジットカードで支払うことができた。

食べる場所はもちろん、道路を挟んで向かいに見える地中海の砂浜である。車はそのまま置いておき、道路を横断する。

コバルトブルーに輝く海というのはテレビや写真などで見たことはあるが、実物を見るのは初めてだ。海岸近くが極度に薄い青色、とび色と言ってもよいくらいの色だ。不思議なことに潮のかおりがほとんどしない。

フランス料理の国で初めての料理を食べる。いわゆるフランス料理ではないが、世界3大料理のひとつであるフランス料理を創り出した国民だから、舌も肥えているに違いない。だからこのサモサも春巻きもうまいだろうと思ってかじった。

だが、である。冷たいせいか特にうまくもない。日本で食べるのと同じ味だ。牛乳で流し込む。しかし、その牛乳もコクが足りず香りも足りず、甘味も少ない、つまり味も素っ気もないものだ。すいている腹をある程度満たしただけという食事だった。

ハーツでもらったニース周辺の地図以外は道路地図を持っていない。イタリアへは目の前の幹線道路を東に向かえば着くはずだが、一応誰かにこの道でいいということを確認してもらおう。

駐車場にいた青年にイタリアに行くのはこの道でよいかと、目の前の大通りを指しながら、尋ねると、片言の英語でこの道を行けばよいと答えてくれた。ついでにホテル事情も聞いてみると、このコートダジュールおよびモナコは宿泊料がもちろん高い、イタリアまで行けば安くなるとのこと。

車を駐車場から出し、海岸で遊ぶ人々とその先の地中海を右に見ながら、交通量の多い道を行く。季節柄、さすがに泳いでいる人はいない。自転車が片側2車線の外側車線をときどき走っているし、通りにはみ出して駐車している車も多いので、内側の車線を走る。

この道は空港前から乗ったとき以来基本的に片側2車線だったが、空港から15分くらいのところで1車線道路になり、カーブも多くなる。ホテル、高級マンション、高級住宅などが立ち並ぶこの道を20分くらい走ったところでどこかで見覚えのあるところに出た。

右にヨットハーバーが見え、前方には白い柱で支えられたトンネルが見える。そうそう、モナコグランプリのコースになっているところではないか。われわれの車はF1と逆方向で走った。テレビで見て想像していた通りの道幅だ。トンネルの反対車線を1台の大型バイクが、F1のつもりだろうか、猛スピードで走り去って行った。もちろん、その速度はトンネルを駆け抜けるF1の映像と比べてしまうとはるかに遅い。トンネルを出ると、左手にコースになっている坂（レースではトンネルに向けて下ってくる）が見える。われわれの車はそのまま直進した。

イタリアに入る

モナコを抜けると、再びフランスになる。モナコと変わらぬ高級リゾートが続く。やがて、一瞬建物が途切れると、白い岩肌の山が海にググッと迫っているのが見えた。すると、イタリア国境があった。もちろん今は、国境がここにあったと教えてくれる検問所の跡が建っているだけである。その元検問所の屋根をくぐって行く。

フランス・イタリア国境

イタリアの景色でフランス、モナコと変わらないのは美しい地中海くらいであろうか。家が途絶えることはないが、そのスケールが小さくなった。フランス、モナコの高級別荘風と違い、ふつうの民家という様相である。

そろそろこの景観にも飽きが来た。白い山肌を背景に地中海を望む高級住宅、高級レストラン、高級ホテル、そしてイタリアでの庶民的な家々とずっと見てきてもう食傷気味だ。そろそろ高速道路に乗って一気に距離を伸ばしたい。

そう思っていると、やがて山がやや遠くなり、地中海の姿も見えなくなった。ハーツでもらったコートダジュールの地図をよく見てみれば、端っこにイタリアが乗っている。それによると、どうやらここはサンレモである。

そのサンレモのある交差点で赤信号のために停まると、その先が渋滞している。町の中心に向かう車の列だろうか、われわれの停まったところからすぐ先にある交差点の中まで渋滞の最後尾が伸びている。信号が変わっても交差点の向こうがあまり動いてくれない。1回の信号待ちでは交差点まで辿り着くことさえできない。

前が渋滞して詰まっており、しばらく動きそうにないのがわかっていても、私の前のドライバーはみな交差点の中に大胆に進入し、前があくのを待っている。交差する道路の交通量は非常に少ない。交差点に入る順番が回ってきた私も当然交差点の中で待つ。

私の右車線にいるドライバーは私以上に前に車をせり出させ、交差点の中で停めて待っている。左右から来る車は彼のせいで交互通行を強いられる。だがもう少しあけろよと文句を言うような様子もなく、彼の前のぎりぎりに開けられたスペースを縫って交差点を抜けて行く。私は彼のような真似はせず、左右の車に配慮し、相互通行できるくらいには前をあけて停めてある。

そのうち、「パー、ポー、パー、ポー」とどこかで聞いたことのある大きな音が聞こえてきた。ヨーロッパの映画でしばしば耳にしたサイレンの音だ。救急車が右の方から交差点に近づいてきた。スピードをほとんど落とすことなく私のとなりの車と私の前のわずかなスペースを縫って通り抜けて行く。こちらの救急車というのはずいぶん大胆な運転をするものだなと感心したくらいスピードを落とさなかった。

その救急車の後ろ姿を追って左に目をやると、高速道路を示しているように見える標識が目に入ってきた。

「おっ、高速だ。乗ろう。こんな渋滞に漬かっていてもしようがない。この先に何かいいものがあるという保証もないし」

おりしも、救急車の熱い走りとサイレンの強烈な音に刺激を受け、単細胞の私は渋滞でじっとしていられなくなっている。

横から来る車がないのを確認の上、左折禁止の標識を無視し、強引に左折。私の信号は赤だったが、それも無視。ここは人間中心のルネッサンスを生み出した国、イタリアだから法よりも人の都合を優先させてもまあ許してもらえるだろうと自己都合で解釈しておいた。

その解釈が正しかったか、強引な左折をしても誰も文句を言うものもホーンを鳴らすものもいなかった。

片側2車線の広い道路だが、スカスカである。そこを飛ばして行く。左手に山。その山と道路の間に川がある。今まで車の左手には山が迫っていたが、ここは山がやや遠のき、開放感がある。右には商店、人家が建っている。

1分とかからない内に高速のゲート手前に到着。

その直前左にガソリンスタンドを発見。給油の必要はなかったが、地図を買うことにした。方向指示器を出さずに急ハンドルをきってガソリンスタンドに入ったら、うしろから来たフィアットにホーンを鳴らされた。イタリア人というのはさっき私がしたような交通法規の無視は気にしないが、今のようなマナー違反にはうるさいということになるだろうか。考えてみれば、これは当たり前のことで、イタリア人だけでなく、どこの国民でもそうだろうと思う。ドライバーにとって煙たい存在である警察が扱う交通法規より、ドライバー同士の交通マナーの方が重要な意味を持つのは当然だ。私はドライバーとしてちょっとマナーが悪いところがなきにしもあらずなので、マナーに気をつけよう。片手を上げてリアウインドウ越しに挨拶をしておいた。

ヨーロッパの道路地図は日本で買うと高いに決まっているので、現地で調達するつもりでいた。当然のことながら、本屋でもないこのガススタンドにはイタリア語版のものしか置いていない。だが、本ではなく地図だから文字がロシア語で使うようなキリール文字でなく英語と同じなら道を調べるのに差し支えなかろう。
クレジットカードで200万分の1のヨーロッパ道路地図を買う。そのレシートに現在の時間が書いてある。3時52分だ。

そのまますぐアウトストラーダに乗る。
進むに連れ、山が多くなり、道路にトンネルが増える。そのトンネルに照明がまったくないのは驚きだ。真っ暗である。道に何が転がっていてもまったく見えない。ヘッドライトをつけざるをえないが、点灯してもトンネル内はものすごく暗く、スピードも緩めざるをえない。速度を落とさせるためにわざと暗くしてあるのだろうか？　単に資金不足なだけなのか？

疑問2「イタリアのここらへんのトンネルにはなぜ照明がまったくないのか？」
トンネルを出て目に入るのは右手にコバルトブルーの海、そして左手に低い山また山、その山肌を覆うくすんだ緑の常緑樹、そして冬枯れの木立だ。山肌は山砂の色。つまり白っぽい色だ。山というより白っぽい石の崖と言った方がいいようなところもある。山砂色の山肌は土というより石あるいは砂から成っているという様相である。日本の山と比べると、木の幹が細いし、背が低い。
家は常に見えるのだが、人の姿が見えない。一般道を走る車も見えない。まぶしいくらいの明るい日が当たっているのに、そして砂漠ではなく緑もあるのに、何かもう少し活気がほしいなという風景だ。まだ早春で人も動植物もまだ動きが鈍いのだろうか。

春を告げる雪柳がたくさん生えている崖もある。野生ではなく、人が植えたものらしい。畑の土留めの役割を果たしているのだろうか、それともモナコあたりの花屋を賑わすべく栽培されているのだろうか？　山肌に平行に何段にもキチンと列をなして植えられている。早春の今を盛りに白く咲いたその花が細い線のようにたなびいている。崖にはこの雪柳以外に何種類もの植物が植え付けられている。ただ、春が早いためか緑がまだ輝いておらずくすんだ色をしている。

山肌にあるのは植物だけではない。家もあそこに1軒、ここに1軒という風に立っている。すべて白い壁にオレンジ色の屋根の家である。色だけ聞くと、なんとなく美しそうだが、実際にはどの家も薄汚れて見える。サイズも小さく、古そうなのが多い。今にも朽ち果てそうな家もある。だが、古いといっても中世風の歴史的建築物とまではいかない。歴史的建造物なら、たとえ朽ち果てそうになっていても納得できるし、風雪に耐えてきた味というものがあると思うが、ここらへんのは単に手入れが悪くて汚れていたり、朽ち果てそうになっているだけだ。

経済的に豊かでない土地ということが明らかである。人影も見えず、モナコの華やぎはここまでは届いていない。やや誇張して言えば、ゴーストタウンのようである。ダム底へ埋まる直前の過疎村とも言えるかもしれない。手すりが取れかけているなど手入れの悪い家が多い。

農作業用の小屋だろうか、ボロ小屋のそばの地べたに錆びかけた小さなフィアットが置かれている。車のそばには杭につながれた老犬が尾を垂れている。近くに人家はないところからすると、自宅からここまで車で来て作業をしているのだろうか。

ここはイタリアだ。だから、もしかしたら、この静けさに終止符を打つように、離れたところにある自宅の勝手口からスカーフで頭部を覆った体躯の好いおかみサンがひょいと現れ、この山のどこかで仕事をしている、やせ細った旦那サンをそのアルトの美声で食事に呼びに出てくるかもしれない。

山肌では作物の栽培もしている。緩やかな斜面をそのまま使っており、段々畑にはしていない。オリーブの木があり、グミがある。庭梅か、プラムか、梨か、ともかく白い花を咲かせるフルーツも栽培している。

それらの植物の傍らに温室もある。だが、この温室は美観を損ねている。手入れが悪く、ビニールが破れてヒラヒラ風に舞い、その隙間から収穫したあとのアスパラやソラ豆がボウボウと蒂草のように伸びている。まあ、しかし気取りがなく、人間臭くていいとも言えるが。

イタリアの南部は貧しく、北部は豊かと聞いていたが、北がこれだと南はどうなっているんだ？　もっとも、ニース、モナコの高級リゾートを見たあとの目だから、貧しく見えるという可能性もある。

「このあたりはリビエラっていう別荘地じゃなかったけ？」と女房は言う。「リビエラ？車なら知ってるけどな。昔そういう名前のフルサイズのアメ車があったよ……。美しいスタイルの持ち主だった」と私。女房の言うように別荘地だとしても、このアウトストラーダから見る限りの光景にかつての美しきアメ車ビュイック・リビエラのようなあでやかさや豊かさは微塵もない。

白い山肌に、オレンジ色の屋根、白い壁、そして若干の緑、どこまでも青いコバルトブルーの海と空と言葉で言うと実に美しそうであるが、現実はそうではない。如何せんここらへんの景観は「もう少し家を凝った造りにしてもいいんじゃない？　ここはイタリアなんだから、実質重視じゃなくて粋ってもんが必要じゃないかね？」とついつい言いたくなるような様子である。見ていても面白くもない。そろそろ飽き飽きしてきた。この果てしなく続くかのようなくすんだ風景から抜け出したい欲求にかられる。山中を縫うように走っているアウトストラーダは市街地から離れて造られているのだろうか。いい加減この景色から脱出し、街の看板やビル群を見たい。そして早めに投宿し、ゆっくりしたい。

このアウトストラーダを走っている車もフィアットのパンダやプント、チンクエチェント、あるいはウーノなど小さなものが多い。日本で言うと、軽にあたる車たちだ。しかも洗車などされていない。無駄に大きな車には乗らないという信念があるというよりは、まわりの様子からすると、そういう車にしか乗れないから乗っているという感を免れない。

ときどきメルツェデスのEクラスや最新型のBMW、あるいはアウディが目に入るが、大多数は軽自動車に毛が生えた程度の車である。フェラーリやランボルギーニはおろか、マセラーティさえ1台も見かけない。アルファロメオはけっこう見るが。

そんな中、サンレモから1時間ちょっと走った頃、大きな都市が現れてきた。その都市も薄汚れている。ジェノワだ。午後5時半を過ぎているので宿を探すことにする。

アメリカであれば、フリーウエイを走っているとモーテルの看板が必ず見えてくるのだが、こちらではさっぱり見えてこない。見えてくるのは、日没が近いせいか陰気な暗さを持つビルばかりだ。日本でなら必ず見かけるような看板もネオンもない。そんなビル郡に囲まれて走っていてもしようがない。アウトストラーダから降りて宿探しをすることにする。ジェノワへの出口が3箇所であることを示していると思われる表示が出た。2番目が街の真中かと思い、そこでアウトストラーダを降りる。

出口で高速料金1万4千リラ（約760円）を払う。無人の精算所があり、クレジットカードを使うことができた。

このあと下界でわれわれを待っていたのは地獄であった。

地獄のジェノワ

ほこりにまみれた古色蒼然たるビル郡の中を走る。建物の高さは4、5階建てくらいだろうか。どれもレンガ造りのようだ。「中世からここに立っています」というような顔をしている建物が多い。古い建物に挟まれた2車線の一方通行の道路を進んでいると、なんとなく子供の頃行ったことがある西武園のユネスコ村にいるような錯覚を覚えた。もう40年以上も前のことであるが、子供心にもユネスコ村は安っぽく、かつ清掃が行き届いていないために薄汚れているように思ったものだ。この街の建物の第1印象は、安っぽさはともかくとして、ユネスコ村の方がきれいだったなというものである。

表通りに出ると、歩道側の車線は駐車車輌で埋まり、片側2車線が実質1車線になっている。交通量が多い。道路は渋滞中か渋滞寸前である。その中で目立つのがモーターバイクである。4輪車がのろのろしていると、バイクの集団がこちらの対抗車線にはみ出して堂々と近づいてくるではないか。私が東京でバイクに乗るときにやっているようなことをこちらでもやっていると、仲間意識を感じてしまう。こちら側の車線にいる車は気をきかせて右の方によけてやっている。

ただし、走っているバイクは小さなものが多い。上限はせいぜい250ccくらいだろうか。多くは普通の自転車に原動機を付けただけといったものだ。エンジンは50ccくらいだろうか。普通の自転車という感じだから、正に自転車用という感じの極細タイヤが惨めに見える。車体が普通の自転車にエンジンを付けた自転車があったが、アレに毛が生えたようなものだ。何か直視したくないような乗り物だ。ヴェスパなどの洒落たスクーターなどがいてもよさそうだが、一向に見かけない。日本の原付の方がはるかに風格があり、かつお洒落だ。


そんな中、流れに合わせて走っているものの、自分が今どこに居て、どこに向かっているのかまったくわかっていない。地図にジェノワの詳細を示す拡大図はあるのだが、なぜか道路標識に書かれている地名や道路名らしきものがどこを見ても記載されていないのだ。ここが拡大図に載っていないということは、今うろついているところはジェノワの中心地ではないということだろう。それにしては、薄汚れているとは言え、如何にも街の中心にありそうな建物が立ち並んでいるが……。

ホテルがある場所を知った上で走るなら途中の町並みを楽しむことができるが、今はホテル街がある方向に向かっているのかどうかさえわからない状況である。もしかしたら東京で言うと都心から世田谷区の住宅街にあたるような地域に向かっているのかもしれないなどと思うと、不安、苛立ち、そして疲労感がつのってくる。

さっきも述べたように、アメリカなら街になると高速道路脇にニョキニョキとモーテルの看板が出てきて、すぐ宿を見つけられる。そして宿を確保したあと、ゆっくり町を流して様子を見るということができるのだが、イタリアはその点ものすごく不便だ。そう言えば、アメリカは旅行案内所（地図に旅行案内所があるかどうかが明記されている）つきのサービスエリアに行くと、その州の宿のクーポンが1冊のパンフレットになっており、そのパンフを獲得しさえすれば高速から離れた宿であっても所在地がわかる。その宿が馴染みのチェーン店なら、その宿の料金から近辺の相場までわかるようになる。おまけにクーポンをフロントで出せば割り引きも受けられるのである。このようにアメリカは車旅行者にとって非常に便利なシステムができあがっている。イタリアも車好きな人間が集まっている国なのだろうから、もっと工夫してほしいものだ。これでは日本並だ。

鉄道の駅が見えてきた。道路の右が新橋駅のガードのようになっていて、駅から通勤客が出てくるのが見える。横断歩道の前で信号待ちしている。今の時間に大勢の通勤客が出てくる駅ということは、当然ここらへんは住宅街だということだ。ホテルなどありそうもない。でもどっちに行きゃいいんだ？

その通勤客たちもわれわれ夫婦と同様に疲れた表情を浮かべている。彼らが身につけている服にもこちらの目を慰めてくれるような色彩はない。イタリア人は服装に金をかけて楽しんでいるのではなかったのか？

どうもイタリアに入ってから、お洒落だなあと思わせてくれるものがない。イタリアというのは色彩感覚が豊かで、お洒落を重視する国だと聞いていたが、どうも今のところそういう話を裏付けてくれるような光景にも人間にも出くわしていない。

ただ、彼らを見ていて思うことがある。

ちょっと話は飛ぶが、スペイン人とポルトガル人はこのイタリア人と同じような体格と顔つきなのだろうか？　同じラテン系だから、同じようなものかなと勝手に思っているが、どうなのだろう？　仮に同じようなものだとしたら、ラテン系の人間が昔日本にキリスト教を広めに来たときわれわれ日本人の祖先は彼らにそんなに違和感を感じなかったのではないかという気がする。イタリア人を見ていて、ふとそんな思いがした。

目や髪の色は日本人とは違う人間がいるだろうが、からだつきがわれわれ日本人とそう変わらない。それにイタリアでは髪が黒い人間が多い。顔の彫りは深いが、額を含む顔の面積はわれわれとほとんど同じである。北の白人のようにでかくない。

日本人は下駄文化を生み出した国であるから、渥美清を典型とするような下駄顔の国民と言えるかもしれない。一方、白人は靴の文化だから、彼らの顔も靴のような形をしているように見える。イタリア人も顔の面積はわれわれと同じようなものだが、ホソオモテである。

ともかく外人さんが珍しかった安土桃山時代に日本に来ても違和感なく受け入れられていたのではないかと思う。ちょっと毛色の違う日本人といった感じで見られていたのではという気さえする。

１６世紀末に九州の大名たちがローマに少年使節を派遣した時、少年たちもローマ建築には感心した（当時の日本は安土城などが建築された華やかな時代だから、圧倒されるようなことはなかっただろう）かもしれないが、人間には特に圧倒されはしなかったのではないかという気がする。

だが、仮に信長、秀吉の時代に来たのがゲルマン人やアングロサクソンだったら、大分日本側の印象も違っていたのかもしれない……。北方の白人はからだつきが日本人とは大分異なる。彼らの、牛のように大きなからだに左右から押し潰されたような細い頭部の人間を見ると、現代人の私でさえ同じ人間なのかと思う。「異人さん」という言葉はラテン系の白人が渡来した頃から使われていたのだろうか？　それとも北方系の連中が来るようになってからだろうか？　町行くイタリア人を見ていて思わずそんな問いが浮かんできた。

いよいよ暗くなってきた。細い道に迷い込んだりすると、街灯は電柱に裸電球が付けてあるだけで、明るさなどほとんどない。日が暮れかかっている今、道路の左右に迫ってくるビルがより一層暗く、汚れて見える。その暗い風景が疲れたからだに陰鬱な気分を上乗せしてしてくれる。

どこかホテルはないのかね？

たとえあったとしてもここらへんでは駐車場付きなわけがない。路上駐車するしかないに違いない。だが、ここは音に聞くイタリアである。一晩停めて翌朝自分の車が無事、路上に停まっているという保証はないなどと思っていると余計落ち込んでくる。

路地から幹線道路、また路地へとうろついても一向にホテルのホの字も出てこない。このまま走っても埒があかない。幹線道路沿いにガソリンスタンドが出てきたところで車を入れる。給油の必要はまだない。歩行者でなくドライバーならどこかのホテルまでの道を知っているだろうと思ったからだ。

隅に車を停め、車を出そうとしていた40歳ぐらいの男に道を尋ねに行く。

話しかけて見ると、窓を開けてくれた運転席から返ってくるのはイタリア語だ。彼の口からまったく英語が出てこない。だが、私が地図を持っていて、しかも困っている様子が明らかだから、どこに行きたがっているのかを理解しようとしてくれる。ホテルを探していることはわかってくれた。車から出てきてじっくり話を聞いてくれる。私は自分の地図でここジェノワの拡大図を開き、ホテルはどこらへんにあるのか、そしてわれわれは今どこにいるのかと聞いた。だが彼はそれを見て、指摘してくれた。

「ここはジュネーブ（Gèneve）ではない、ジェノワ（Génova）だよ」と。

最初は「こいつ、何言ってんだ?!」と思ったが、よく見ると私がジェノワの拡大図と思っていたのは確かにジュネーブの拡大図だった。んー、相当疲れている……。

彼は自分のワゴン車のテールゲートを開け、中から地図を取り出した。今われわれはここにいて、ここをこう行けばホテルに着くと説明をしてくれた。「そう言われてもぴんと来ねーな」と思っていると、彼は私が手にしている手帳に、ホテルまでの道順を書いてくれた。彼の書いた矢印通りに進んでいけば左手にノボテル（ノボテルがホテル名であることはそのときわからなかったが、ホテルのことを言っていることだけはわかった）が見えると言っていることがわかった。「グラッツエ」と言って、青い目が印象的な小柄な中年男と別れた。

プジョーを幹線道路の左方向に向けて進入させるべく、車の流れが途切れるのを待つ。するとコンコンというガラスを叩く音が左側から聞こえてきた。振り向くと、先ほどの彼がニコニコしながらサイドウインドウをたたいている。窓を降ろすと、なんとさきほど私に見せてくれた彼の地図のジェノワの部分を持って行けと言っているではないか。丁寧に手で切り裂かれている。私は中腰になってのぞき込んでいる彼の肩をたたいて感謝の意を示し、再度グラッツエと言って別れた。地獄に仏とはまさにこのことだと思った。

その後彼のことを思い出すといつもこみ上げてくるものがある。髭をはやし、大分後退した額の下に浮かべていた素朴な笑顔を思い出すたびに、日本でイタリア人が困っていたら是非とも助けてあげたい、そうすることで恩返しをしたいと思わずにはいられなくなる。

仏再び現る

だが彼の好意を生かすことはできなかった。交差点の標識のイタリア語が車の速度で読めないし、読もうとしてゆっくり走るとホーンを鳴らされるし、車を停めようとしても路上駐車の列が途切れないし、しかも交差点がきれいな直角の十字路でないためにどちらに曲がるべきかわからないしで、わけがわからなくなったのだ。そのうちまたどこかの路地に迷い込んでしまった。ガソリンスタンドもなかなか現れないので、適当に停車して人に聞くことにする。だが、なかなか停められる場所がない。表通りも裏通りも路上駐車でびっしりだ。

如何にも裏通りという感じの通りに入って、ようやくあきスペースを見つけた。車道の幅6メートルくらいだろうか、歩道付きの一方通行の道である。日が暮れてしまっているというのに明かりも乏しい。

近くの車修理工場らしきところに作業着を着て立っている初老の男性に声をかける。「ホテル？　ああ、この先にあるよ」と指をさす。

歩いて行ってみると確かに1軒あった。だが、路地沿いの宿であるから駐車場がないのは言うまでもない。入り口から中を覗くと、いきなり階段である。階段が終わったところに受付けのデスクがある。薄暗い白色灯が天井からぶら下がっている。受付けのところでは黒ジャンパーにジーンズをはいた青年が後ろ姿を見せて立っている。宿泊の手続きを取っているのか？　あるいはフロント係の友人と雑談でもしているのか？　いやいや、映画「タクシードライバー」で見かけた、売春婦を連れ込むような種類の宿といった様子からすると、マフィアのチンピラが何か因縁でもつけているのかもしれない。ここはパス。

だが、あてもなくさまようためにまた車を出すわけにはいかない。車に戻ると、近くの店舗の前に1人の青年が立っている。リーゼント頭で、多少暴走族的な風貌を持っていたが、このさいより好みなどしていられない。地元の人間であれば、誰でもいい、手当たり次第に道を聞いてみよう。

私が話しかけようと近づくと、気を付けの姿勢になり、しっかり聞こうとしてくれる。英語で「ホテルを探しているんだけど」と言うと、"I cannot speak English"と英語が苦手なわが日本の同胞も言うようなことを言ったあと、何かイタリア語を口にしてすぐ近くにある喫茶店風の店の中に入って行った。私もついて行く。

店内では同じようなタイプの若者達が7、8人だろうか、紫煙の中で話をしていたが、彼の呼びかけに答えて英語が話せるものが一人出てきた。そして私がホテルを探していると言い、彼がイタリア語に訳すと他の連中が皆いっせいに大声で議論を始めた。すぐ結論が出たようだ。どこのホテルがいいことになったのかわからなかったが、道順をメモしようと手帳を出した。

ところが、なんと通訳君は別の20代後半くらいの青年を指して「こいつがバイクで誘導して行く」と言うではないか。皆に礼を言って、先ほど店に案内してくれた彼およびバイク君と一緒に店を出た。案内君に礼を言ったあと女房の待つ車に乗る。大人しそうな外見のバイク君がヘルメットをかぶり、暖気のため何回か軽くアクセルをあおってから、着いて来いという合図をした。

結構なスピードで駐車車両で埋まっている路地を行くのについていく。くるくる回ってやがて交差点に出た。交わっている通りは右に向かって登り坂になっている。迷っていたときに一度出た通りだ。先ほどと同様大渋滞である。例によって、赤信号でも交差点に進入して停まっている車たちの間に鼻を突っ込む。バイク君はとっくに坂を登って行ってしまった。

坂を登りきったところでバイク君が停まっている。私が追いつくと、ここだと右を指す。歩道に片輪を乗せて車を停め、助手席越しに右を見ると、ホテルだ。それもノボテルである。前回この坂も登り、このホテルの前も通ったのだが、見落としていたわけだ。さきほどのガソリンスタンドの彼が行けと言ってくれたのもノボテルだった。ホテルと言えば、この界隈ではここしかないのだろうか。まわりを見てもホテルがあるようには見えない。

それにしても、ガススタンドの彼、そしてこのバイク君。なんでここまで親切にしてくれるのか。本当に信じられないほどの好意だ。なんという積極的な親切心であろう。

ともあれ、私はグラッツエとサイドウインドウを開けて言った。バイクにまたがっている彼は「どういたしまして」という意味らしいイタリア語を笑みと共に一言口にしただけで帰って行った。

天文学的値段のホテル

30平米程度の狭いロビーに入り、「予約はしていませんけど、部屋ありますか?」と英語で告げると、「ありますよ」とフロントのメガネをかけた黒髪の女性も英語で答えた。朝食付きで45万リラとのこと。

45万！　なんという天文学的数字！　冗談だろ！　いくらインフレの結果すごい数字が並ぶようになっているとは言え、ちょっと数が大きすぎるんじゃないかい？　日本円に換算すると……1リラ何円だったかな？　忘れた。覚えていても今は計算する気が起きない。もともと暗算が苦手な上に、もう疲れ果てて計算どころではない。

計算が苦手でない女房に聞く。

「45万リラって何円だ？」

「100リラで60円くらいだから……、3万円弱だと思うよ」

「イタリアは物価が安いなんて誰が言ったんだ？！」

だが、これ以上ホテルを探す気力も体力もない。時間もすでに7時を過ぎている。ジェノワでアウトストラーダを降りたのが5時半だから、2時間近くも車でうろうろしていたことになる。人に道を聞いた以外はずっと運転しっぱなしだった。

チェックインの後、正面に停めておいた車を地下の駐車場に入れることにする。受付けでもらったカードを所定のところに差し込むと2メートル近い高さの鉄製の扉が厳かに開く。扉はクリーム色に塗られているものの、いかめしい感じはぬぐえない。日本のオートロックのマンションなら正面玄関以外の通用門とか柵などを乗り越えれば簡単に内部に入れるが、このホテルの駐車場は人が不法に侵入できるようなスキを残していない。ホテルの駐車場がこれほど厳重に外部からの侵入を防ぐようになっているのを見るのは生まれて初めてである。

ヨーロッパでの初走行となる本日はわずか253キロのドライブで終了した。

部屋に入るとさすがに高いだけあって広い。40平米くらいだろうか。きのうのイギリスのホテルより広い。だが、豪華な部屋ではない。イギリスの宿が1万3千円もし、高いと思って憤慨したばかりなのに、ここは3万近くもする！　イタリアのくせにイギリスより高いとは何事だ！　などとイタリアに対して失礼で差別的な思いも頭をよぎる。しかも駐車場代は別で2万リラ（約1100円）だ。

イタリアは物価が高いのか？　それともホテル代が特に高いのか？　それともこの界隈にホテルが見当たらず、ここが独占状態でほしいままに高値をつけているのか？　それとも……想像したくないが、疲れきっている私を見て絶対泊まるはずだと思い、本来もっと安い宿泊料を自分たちの小遣い稼ぎに高くふっかけてきたのか？　まさか……。それはない！……と思う……。フロント係は男性1人、女性2人で、3人とも若かった。若いから善良だとはもちろん単純には言えないが、こちらの足元を見るようなタイプには決して見えなかった。気持ちのよい若者という感じだった。

きのうのイギリスといい、このイタリアといい、まあなんとホテル代が高いこと、高いこと！　これから毎日こんな高い費用を出して宿泊しなければならないのかなあと思うと憂鬱になる。アメリカだと5000円も出せば快適に泊まれるのだが。まあ、ともかくこの旅の第3の疑問が出てきた。

疑問3「なぜこのホテルはこんなに高いのか？」（帰国後ミシュランで調べたら、四つ星である）

チェックインのさい、パスタとピザがうまい店を一応聞いておいた。「お勧めはこのホテルのレストランです」とフロント君が言うと、「シェフがスゴ腕なんですよ！」とフロント嬢達も異口同音に本当にうまそうに言う。三人とも宣伝がうまいなあと思ったが、その表情からすると、本当にうまいのかもしれないとも思わされた。

疲れ切っていて食事に出かけるどころではないということもあり、そのレストランのルームサービスをとることにする。注文したのはもちろんイタリア名物スパゲッティ。さてさて、フロント君たちが言った通りうまいのかな？　楽しみだ。

20歳前後の初々しいボーイ君が運んできてくれた。健康そうなピンク色の皮膚をし、カールしてキラキラ輝く金髪を、短く7、3にきちんと分けている。

このホテルはさすがに高い値段なだけのことはあると思ったのだが、テーブルほどもあるステンレス（銀かもしれない）のトレーをワゴンにのせてきた。大きなボールをひっくり返したような蓋をとると、スパゲッティ2品、付け合せの削り立てのパルメザンチーズ、スライスパン、袋入りクラッカー、フォークがトレーに載っている。この豪華なトレーと蓋の中に入っているのが彼らにとっては前菜に過ぎないスパゲッティであるというのが何か申し訳ない気にさせられる。このような豪華なしつらえで持ってくるというのもサービスのうちなのだろうか。これで42、000リラ（2、400円位）である。高いのか安いのかよくわからない。

ここで、ルームサービスに対してはチップを渡すべきなのかという疑問が湧く。アメリカだけでなく、ヨーロッパにもチップの習慣があるというのは聞いたことがあるが、どういうサービスに対していかほど出すべきかはよくわかっていない。ただ、スーツケースを運んでもらったら、スーツケース1個につき1ドル相当というのは聞いたことがある。「ドル」だから、アメリカでの話だろうが、ヨーロッパでも同じくらい出せば十分だろう。そう考えると、食事を運ぶのはスーツケースよりは楽だろうから、このボーイ君のサービスに対しては（チップを出す必要があるとして）せいぜい100円相当のリラを渡せばいいかなと思うが、その額のリラを現金として持っていない。持っているのは1万リラ札だけだ（1万リラで600円弱。チップとしては多すぎる）。

英語でボーイ君に「チップとして出せるような小銭をあいにく持っていない。申し訳ない」と言うが、私の言うことがさっぱりわかりわからないという顔をする。別の言い方で言い直しても通じず、困った顔をされてしまった。小さな声でイタリア語で何か言い始めたが、表情からチップなど渡してもらう必要などないと言っているようなので、「気にしないで。ともかく、どうもありがとね」と言うと、スパゲッティの蓋を抱えてほっとしたように部屋を出て行った。

疑問4「ルームサービスに対してチップを出す必要はあるのか？」

スパゲッティは、厨房からわれわれの部屋までの移動があったせいか、アルデンテ具合はわが家とそれほど変わらない。だが、味はいい。はっきり言ってうまい。確かにフロント君たちが言っていた通り、美味である。

以前バイク雑誌の読者欄の、「イタリアのスパゲッティを食べて、今まで日本で食べていたスパゲッティは何だったんだ？」という趣旨のレポートを読んで以来、本場の味はどんなものかと気になっていたのだが、確かにこのスパゲッティは日本のそれとまったく味が違うし、はるかにうまい。

このうまさは何から来るのかと食べながら考えると、麺は特に感心するようなものではない。素晴らしいのはソースである。スパゲッティは2品頼んだ。トマトソースが載ったものと緑色のソースがからまったものである。両方ともうまいが、特にトマトソースが素晴らしい。日本のものとまったく違い、酸味がきつくない。むしろ甘みがある。トマトそのものが甘いに違いない。日本のトマトとはまったく違う味を持っているようだ。

塩味は薄い。だが、それはまったく欠点になっていない。すっきりとした甘味によってトマトがうまみをしっかり出している。イタリア料理だからニンニクも使っているのだろうが、その香りはしてこない。全体に軽やかな味だ。

オリーブ油も当然使っているはずだが、実にさっぱりした味付けだ。だが、さっぱりし過ぎていて物足りないということはまったくない。われわれ夫婦は肉なしでは物足りなく思うタイプだ。油っこく、こってりしたものがないと寂しく思うのだが、このスパゲッティはさっぱりしているのに、物足りなさはゼロだ。付け添えのパルメザンチーズをかけることなど忘れて最後まで食べてしまった。

緑のソースのパスタもうまいが、舌にざらつきが残る。多分チーズだろう。バジルの香りがすがすがしい。付け合せのパンやクラッカーには当然手が出ない。十二分に満足してしまった。

写真を撮る予定だったが、気づいたときには皿が両方ともからっぽになっていた。

初めてのヨーロッパ旅行で大変な親切に接することができた喜びに浸りながら、そしてうまいイタリア料理を食することができた快感にも浸りながら、寝る態勢に入る。ここジェノワでホテル探しにエライ苦労をしたことなど吹き飛んでしまった。

私が風呂に入っている間、女房は洗面台のシンクで嬉しそうに洗濯をしている。何が嬉しいのかと聞くと、洗面台が綺麗だからだと言う。まあ、洗濯を嫌がられるよりははるかにマシであるが、理解しがたい思考である。

女房が風呂に入っている間に私は寝てしまった。時間はまだ10時くらいだった。

【5】緑の都ローマ　3月4日（土）

イタリア南下

二人とも午前5時ごろ目が醒める。よく寝た。

朝食のビュッフェにオープンの6時ちょうどに入る。ひとりだけ既にテーブルについている紳士がいた。落ち着いた辛子色のジャケットを着ている。ウィークエンドの服装だろうか。他に客はいないが、コーヒーカップがきちんとテーブルに並んでいる。さすがに4つ星ホテルだけのことがあり、テーブルクロス、コーヒーカップは高級そうだ。見回すと、なかなか広くもある。150平米くらいだろうか。

真ん中にテーブルがあり、いろいろな食べ物が用意されている。パン、シリアル、牛乳、何種類かのジュース、いり卵、ゆで卵、クロワッサン、胚芽ロール、ペイストリー、そして何種類かのハム、チーズ、ベーコン、フルーツコンポート、フルーツバスケット、コーヒー、紅茶など。

入り口近くに陣取り、料理を物色する。シリアルを容器に入れ牛乳をかけ、席へ戻る。女房はパン好きなので、小型の食パンをトースターで焼いている。

係の女性がコーヒーはどうかと尋ねてくれたが、断って紅茶にする。カフェラテは試して見たい気もするが、本場イタリアのエスプレッソはきつそうである。われわれのように胃の弱い人間は敬遠しておこう。

用意されている皿は直径が20センチくらいの大きなものなので、一度にいろいろと乗せられる。オレンジジュースも持ってくる。

ハム、チーズ、フルーツ、バター、それにいわゆる菓子パンが多種あったが、女房は甘いものには手を出さないでいる。

「バターケーキのようなのもあるぞ。試さないのか?」と聞くと、

「だってェ、イタリアといえばチョコレートケーキよ。あとでスーパーか市場で買ってみるんだから」

どういう理屈かよくわからないが、ホテルを出たらすぐどこかに朝市でも見つけて、うまそうなチョコレートケーキを買おうということだろう。バターケーキを今食べてチョコレートケーキを食う意欲がそがれるのを恐れているということか。

大きなショルダーバッグを提げたひとりの女性客が勢いよく入ってきて、やおら渦巻きデニッシュを2個皿に乗せ、奥の席についた。座ると同時に食べ始めた。新聞を読みながらだ。イタリア版キャリアウーマンだろうか。30代で、ダークヘアーだ。係の女性が心得たように彼女のカップにコーヒーを注ぐ。数分で食事を済ませ出ていった。

卵がない。なぜかと思っていたところ、係の女性が湯を入れた保温器の中にステンレスの

容器を入れて行った。女房がさっそく覗きに行くと、スクランブルエッグとボイルドベーコンである。もう空腹ではないはずだが、試食しようとしている。味はベーコンの香りがなく、平々凡々。

ふと目をやると、トマトジュースが小さなポットに入れてある。昨晩のパスタのトマトソースを思い出し、飲んでみる。何とさっぱりと甘いことか。もちろん日本のような、フルーツを混ぜた甘さではない。すっきりとしたトマトのみの甘さである。これでトマトが違うということをますます確信した。

牛乳も飲んでみる。外国の牛乳で記憶に残っているのはアメリカのものである。アメリカの牛乳はどこで飲んでもまったく味も香りもない。チョコレートなどで味付けしないと、飲みたくない代物である。イタリアのはどうだろう。アメリカの牛乳と違い、香りがある。やや草くさいのが難というところか。ただ、きのうニースで飲んだものよりはうまい。

バターも味、香りともに乏しい。雪印のバターの足元にも及ばない。チーズは何種類かある。スライスされたものとしては酸味の強いものとアメリカのアニメなどによく出てくる穴あきのスイスチーズがある。穴あきのは弱い苦味と酸味があるが、あまり印象に残る味ではない。包みにくるんだ小さなクリームチーズもある。スライスされたものも包み入りのものも香りが乏しい。朝食用のため、香りの強いものは控えているのかもしれない。特に感心するような味のチーズの種類はない。

かくしてほとんどすべてのものを試してみたことになる。ただ、それぞれを少しずつ食べたので腹は八分目だ。

バスルームに干しておいた洗濯物の中で靴下だけが乾いていなかったので、備え付けの強力ヘアードライヤーで乾燥させる。

女房が朝の支度をしている間、私は非常口に行ってみた。ガラス製のドアを開けて外に出ると、金網越しに外界が見える。ホテルの中が少し暑かったので、外の空気がヒンヤリとして気持ちがよい。その冷気に心地よくなって気を抜いたのだろう、うっかりドアから手を放してしまった。当然、ドアは外からはあかない。

とりあえず、ガラスのドアをドンドンと思いっきり拳骨でたたいてみた。われわれの部屋はこのドアからは遠い。だが、すぐそこにある部屋のドアがかすかにあいている。そこに聞こえるよう全力でたたいた。

だが、その部屋の宿泊者は顔を見せることもなく、ドアを静かに閉め、そのまま開くことはなかった。

「冷たいやっちゃなー」と一瞬思ったが、まあ、非常口の外から激しくドアを叩く得体の知れない人間のためにドアをあけてやる人間も少ないだろう。自分も同じ立場だったらそうしただろうと思う。仕方なく、非常階段で1階まで降りると、ホテル前の道路に面したドアが簡単に開いてくれた。空は曇っている。

7時40分にチェックアウト。フロントにいるのは30代後半ぐらいの黒い髪の毛のやや浅黒い皮膚の女性だ。クレジットカードで支払う。使っていない電話代が請求されているので、訂正を要求。書面では訂正せず、電話代は現金で渡される。

イタリア語の「ありがとう」にあたる言葉は知っていたが、挨拶の言葉も覚えておこうと思い、彼女に教えてもらうことにした。彼女の発音を私がメモ帳に、こんな綴りかなと思いながら、書き留め始めると、「そうじゃないわよ」というようなことを言って自ら私の手帳に正しい綴りを書きこんでくれた。ｉ以外は全部大文字で（もしかするとｉも大文字?・）。「おはようございます」はBUON GiORNO「こんにちは」はBUONA SERAである。「今晩は」は何て言うのかと聞くと、「こんにちは」と同じだと言う。「ありがとう」の綴りも聞いてみるとGRAZiEと書いてくれた。「グラッツィエ」と彼女の口真似をしてみるのだが、本場の発音は不器用な私にはなかなかできない。

駐車場から車を出す。ホテルの脇の細い道をはさんで向かいにあるガソリンスタンドでクレジットカードを使い、初給油。リッター１あたり２０６０リラ、およそ１１２円。きのうの燃費はリッター１当たり１４・８９キロである。セルフサービスではなかった。

ガソリンスタンドとホテルの間の道を行けばアウトストラーダだと、ガソリンを入れてくれた青年店員に教わった通りに行くと、確かに高速券発券所が見えてきた。ただイタリアは高速道路が有料である。間違った方向に走るとその分余計な出費になる。慎重を期す。

発券所の手前でなぜか停車しているフォルクスワーゲン・ゴルフのそばに私も車を停め、

道を聞きに行く。これから家族総出でドライブに行くとおぼしき親子4人が乗っている。運転席の30歳前後に見える若い父親はサイドウインドウをたたく私を見て一瞬緊張した表情を浮かべたが、すぐ窓を開けてくれた。

「ローマに行きたいが、このアウトストラーダでどう行けばいいのか」と英語で聞いたのだが、英語がほとんど理解できていないということがありありと伝わってきた。英語に自信がないと顔が語っている。「困った、オレ、英語苦手なんだよ……」という様子がはっきり伝わってくる。私の英語力などお粗末なものなのだが、彼の自信のなさを見ると、「そんなに困らなくてもいいんだよ、オレだって英語の力はお宅とそんなに違わないんだから」と言ってあげたくなったが、それは言わないでおいた。ともあれ、このイタリア人を見ていると、何か英語が苦手な日本人を見ているような気さえしてくる。もっとも、ギリシャ彫刻のような彫りの深い顔立ちはわれわれとは違うが。

助手席の奥さんが夫に助け舟を出している。「アウトストラーダじゃなくて、下の一般道でローマに行きたがっているんじゃないの」と夫に言っているように聞こえた。彼女が喋っているのは混じりっけなしのイタリア語だが、なぜかそう聞こえた。そこで、私がそうでなくアウトストラーダで行きたいんだと念を押すと夫婦ともわかってくれたようで、彼は私にリボルノ方面と書いてある標識にしたがって行けばよいと教えてくれた。念のため持参のメモ用紙に道順を書いてもらう。いやな顔もせずに書いてくれる。グラッツエと言うと、気持ちのよい笑顔が返ってきた。

彼のおかげで、無事ローマ行きのアウトストラーダに乗る。

時速130キロくらいで進む。最初のころは、左右に山がある。かなり険しく、山肌に畑がない。その後、山はなだらかになり、畑も見えてくるが、曲がりくねった山道であることに変わりはなく、あまり速度を上げる気になれない。


われわれのプジョーのサスペンションは硬めなのだが、カーブになると、なぜかけっこうロールする。左ハンドルなので、特に左カーブが怖いと感じさせるくらいにロールする。

このプジョーに乗っていて私は12、3年前に乗っていたDOHCエンジンのカローラFXを思い出した。乗り心地がそっくりである。エンジン音もパワー感も似ている。カローラと似ているということは何の特徴もないということでもある。ただ、フットワークと言うかカーブでの怖さはカローラと違い、際立っている。

斜塔の町

アウトストラーダで、女房はパソコンを取り出し、起動させる。デジタルカメラの画像をパソコンに保存し、スマートメディアをからっぽにする。更に、気づいたこともパソコンへ入力する。

前述のように、このアウトストラーダはカーブが多く例の真っ暗なトンネルの連続である。

山は枯れ木が多いが、花を咲かせているものもあり、幾分春を感じさせてくれる。

8時46分、雨が降り始めた。9時少し過ぎに半島部に入る。山が減り、カーブが少なくなる。それと共に、まわりの様子が何となく豊かな印象を与えるものになってきた。住宅のサイズが大きくなり、家と家の間隔も広くなってきた。

しばらくするとアウトストラーダの標識にピサ◎とあるのが目に入ってきた。それを見て、女房がいきなり「ピサに行きたい、斜塔が見たい」と言い出した。あの◎印は斜塔を表わすのではないかと言う。◎の印にしたがって進んで行けば斜塔へ着くはずだと根拠もなく言う。まあ、別にスケジュールなどない旅だから、ピサの斜塔を見学することに何の異存もない（あとでわかったのだが、◎はシティセンターを意味しているのであって、斜塔の意味ではなかった）。

ジェノワから2時間弱のところにあるピサの町でアウトストラーダを降りる。クレジットカードで払った高速道路料金のレシートに現在の時間が印字してある。9時38分だ。料金はジェノワから2万リラ（約1100円）である。

町の中心に行けば斜塔があるだろうと思って進むが、なんとなくきのうのように迷うのではないかと恐れを感じた。出口からすぐのガソリンスタンドに入り、そこにたむろしている青年たちに道を聞く。

一番利口そうな若者がきちんとした英語で答えてくれた。彼によると、斜塔に行くには次の出口でアウトストラーダを降りなければならないとのこと。

再びアウトストラーダに戻り、教えてもらった出口で降り、斜塔に向かう。田舎道を抜けて町らしきところに出たが、ジェノワと比べようもないほどこじんまりしている。ただ、もう少しのはずというところで迷い始めたので、歩道を行く人を捕まえて道を聞くことにする。

一人目の青年には地元の人間ではないと英語で断られた。二人目のサングラスをかけた中年女性には、イタリア語だろうか、何かをまくし立てて立ち去られてしまった。何か叱られたような感じがした。3人目の若い女性がすぐそこだと教えてくれた。

50メートルほど車を進めて、左を見るとそこに、教わったレンガの壁が確かにある。どうやらピサの斜塔の近くらしい。

さて、車を停めて見物に行こう。駐車場は観光地らしくたくさんある。少し離れたところなら、あいているようだが、近くは観光バスも泊まっていて満車である。しかも駐車場はどこも有料のようなので、うちは路上駐車をすることにする。

少し戻ると、道が二又に分かれて行く直前に駐車車輌が道路の左右に鼻と尻を向ける形で停まっている。要するに、道路が広めになっている部分があり、その真中にゼブラゾーンが設けられていて、そこに車が5、6台停まっているわけだ。その列の一番外側に停める。ゼブラゾーンは目一杯停まっているので、その外に停める。目の前がこじんまりとした八百屋だ。八百屋のオッチャンが薄汚れたエプロンをかけて店の前に立っている。「そんなところに停められたら、うちのトラックが停められないよ」と文句を言われるかなと思ったが、何も言わない。

小雨が降り始めてきた中を歩いて壁のところに戻る。近づくにつれ、壁越しにあの有名な塔が傾斜して立っているのが見えてきた。倒れないよう2本のワイヤーで引っ張られている。入場料をとられることもなく、中に入って見ると、思ったよりも斜塔はかなり大きくかつ太く感じられた。

壁から200メートルほど歩いて斜塔のふもとの方まで行くと、土木工事が行われている。20メートルくらい手前までしか近づけない。傾きの反対側になるこちら側の下の方には、コンクリまたは鉛のブロックが20段弱積み重ねられている。そうすることで地面を押さえ、塔のこれ以上の傾斜を防いでいるようだ。塔の最上部だけは傾きにやや逆らって垂直方向に造られている。倒壊しないようにあれこれ手が加えられており、保存への努力がひしひしと伝わってくる。

壁の内側は城壁都市なのだろうか。寺院なのだろうか。斜塔のとなりには角張った大きな石造りの古めかしい建物が立っている。壁のすぐそばには巨大でどっしりとした円柱型の、凝った石造りの建物がある。斜塔、その手前の角張った大きな建物、そして壁のそばにある円柱型の建物はどれも白い石で造られている。3つとも同じ石が素材になっているようだ。

この3つの建物に囲まれた、3000坪くらいだろうか、芝生を植えた長方形の広場に観光客が200人くらいいる。東洋人もけっこういる。広場の反対側に、つまり3つの建物の向こう側に観光客相手の商店が並んでいる。

アメリカでも大都市と観光地以外では東洋人を見かけることは滅多にないが、ここヨーロッパでは東洋人と会う機会は、このような観光地以外では、もっと少なかろうと思うといささか心細い感じがしないでもない。これまでニースでもジェノワでも東洋系の人はまったく見かけなかった。

そう言えばアフリカに行ったときも、大都市以外は白人と黒人だけだった。アフリカと言っても南部の国、南アフリカとその北にあるナミビアであったが、そこでは東洋人を見るのは珍しいことだったのだろうか、随分現地の人たちに注目してもらったものだ。車から降りると、みんなわれわれのことを物珍しそうにニコニコしながら見ていた。私が挨拶代わりに、手を振ると、あちらも手を振ってくれた。楽しい思いをさせてもらったものだ。だが、そのように楽しめたのはアフリカだったからではないかと思う。ここヨーロッパでわれわれが注目を集めるとしてもネガティブな意味でしかないかもしれない。ただし、きのうのような親切なイタリア人がいたことを思うと心強くなる。

まだ昼食には早い10時ちょい過ぎだが、食物を仕入れに行くことにする。この斜塔のすぐそばにスーパーがあるのを来るときに見かけてある。

八百屋の前に停めたわがプジョーはまだ無事停まっていた。車を出し、1分もしないところにあるスーパーに向かう。

スーパーの建物が入っている敷地で車道に一番近いところにある狭い駐車場に駐車し、スーパーに行こうとしたら、目の前の洋品店から女店員がすかさず飛び出してきて、「ここはウチ専用の駐車場よ。ダメダメ」と言われてしまった。「すぐ裏のスーパーに買い物に行くんですよ」と言ったら、スーパーに専用駐車場があると言う。

アメリカなら自分の店の駐車場に車を停めた人間がとなりの店に行ってもなんの文句も言われないが、イタリアではそういうわけにいかないようだ。まあ、土地の広さと人口密度がヨーロッパと米国ではまったく違うのだから仕方がない。それに加えて、きっとこの無料駐車場はピサの斜塔見学に行く人が停めるために肝心のお客サンが停められないということが何度もあったのだろう。だからこうも速く反応するのではないかと思う。

専用駐車場の入り口で駐車券を係の爺さんから受け取り、300坪弱くらいの、決して広くない駐車場に車を置いて店に向かう。

自転車で買い物に来ている人も多く、まるで日本のスーパーのようだ。外国のスーパーと言えば、私はアメリカのそれがすぐ頭に浮かぶけれども、かの地では自転車で買い物に来る人間は見たことがないので、外国でそういう姿を見ると何か意外な発見という感じがする。

建物の中はきのうのニースのスーパーと同じ程度の広さの、どこにでもあるようなレイアウトの店だ。ただ、手提げかごがない。用意されているのは大きなカートだけである。買い物の点数が少ない客は皆手に持っている。うら若き女性も胸に牛乳などを乗せて店内を歩いている。うちもそれに倣うことにする。

菓子とパン売り場で女房が「プリーズ、ジス」という簡明な英語とともに身振り手振りでほしい菓子を詰めてもらう。買ったのは希望していた通りチョコレートのかかったプチシュークリーム3個、チョコレートコーティングされた菓子1個だ。

この売り場にはきし麺様のものを揚げて砂糖をかけたような菓子もパックに入れて売っている。数人の客が手にとって見ている。われわれも興味があったが、量が多すぎ、口に合わなかったら困る……と思うと、手が出ない。

そのとなりの惣菜コーナーと言うか、ハム・チーズ、味付けされた肉や魚（生のままでなく）を売っているコーナーではどうやって店員に声をかけてよいのかわからない。私は店員からちょっと離れたところにある鰊のオリーブ漬けに興味があって、その前で店員の方に目をやりながら待っているのだが、忙しく客をさばいている店員は一向にこちらの方を向いてくれない。

じれったくなり、"Excuse me"と声をかけると、彼はイタリア語で何か返事をしている。だが、私にはその意味がわからない。すると店員のそばにいた男性客が私に片言の英語で整理券を取るんだと、発券器を指して教えてくれた。番号を呼ばれるのを聞いたら注文しろと言う。

その番号は20と印字されていた。その客と店員がイタリア語の20を発音してくれるのだが、さっぱり聞きとれない。まあ何とかなるだろう。2分くらいして私の順番になったところでまだそばにいた先ほどの客が私のことだと合図をしてくれた。

鰊のオリーブ漬けを無事1尾買ったあと、牛乳1本、りんご1個を買う。先ほどのチョコレート菓子とあわせて、合計10、110リラ、およそ550円である。高くはないが、安くもなしという値段だ。

途中さきほどの客とすれ違う。私が軽く頭を下げて微笑むと、彼もニコリとしてくれた。果物と野菜はニースと同様自分で目方を量るシステムである。レジで清算し、車に戻る。

イタリアのスーパー初体験であったが、ひとつ気がついたことがある。それは意外にもスーパーの中が整然としていることだった。

以前アメリカはテキサスのダラスで、とあるスーパーに立ち寄ったことがある。その出入り口がやけに賑やかであった。ヒスパニックの連中が店頭で市を開いていたのだ。黒服の正装にソンブレロをかぶり、弦楽器などを奏でてラテン音楽の生演奏もしている。「きょうはヒスパニック系の縁日か何かかな」と思いつつ、店に入ると、雑然としている。どこがどうだったかまでは覚えていないが、ともかく店内がぐちゃぐちゃしていたという強烈な印象が残っている。特に記憶に残っているのは床にものが落ちていることだ。りんごが落ちていたり、とうもろこしのカワが落ちていたり、ピーマンや唐辛子がこぼれていたりする。きちんと包装されているはずの菓子が剥き出しなっていたりもする。大人か子供かわからないが、誰かが味見をしたのだろう。更にそれらは人に踏まれ、そのままにされている。だらしがないと思ったが、従業員も客も細かいことは気にしていないようだった。店にいるのは全員ヒスパニック系であった。白人どころか、黒人さえいない。われわれは何か違和感を感じ、落ち着かなくなり、そうそうに店を出たものだ。何と言うか、やや誇張して言えば、映画「ブレードランナー」の冒頭シーンが醸し出しているような猥雑さがあったのだ。そういう雰囲気がいいという人もいると思うが、われわれはスーパーに関しては清潔な方がよかった。

車を出し、町の様子を見てみると、店に入る前は特に意識しなかったが、町を歩く人間も車を転がしている人間も皆ヒスパニックであった。つまりそこはヒスパニックの居住区だったのだ。

その町を出て、やがて見つけたアメリカの「普通」のスーパーに入ると、その清潔さ、整然とした様子に安堵感を抱いたものである。われわれ夫婦にはヒスパニック系でなくアングロサクソン系のスーパーの方が合っていると思った。

だが、このイタリアのスーパーは同じラテン系（「同じラテン系」とひとくくりにするのは乱暴か？）にもかかわらずまったく乱れはなかった。土曜の午前とあってか、客がたくさんいたが、店内は整然とし、清潔で、気持ちがよかった。これがラテン系でもヒスパニックにより近いスペインのスーパーあたりだとどうなのだろう。

まあ、イタリア人はれっきとした白人であるのに対し、ヒスパニックはインディオの血が流れているのだろう。そういう民族差あるいは人種の差があろうし、その上イタリアとテキサスのヒスパニック社会との間には経済力の差もかなりあるだろうから、「同じラテン系のスーパーなのにどうしてこうも違うのか？」という問いをすることに無理があるかもしれない。しかも、ヒスパニック系のスーパーを見たのは1軒だけだから、それについて評論的なことを言うのは飛躍も甚だしいとも言える。ただ、一応疑問は出しておこう。

疑問5「イタリア南部およびスペインのスーパーは整然とし、清潔か？」

駐車場の出口で買い物レシートを提示すると、駐車料金はかからなかった。スーパーからそのままアウトストラーダに向かう。早くローマに行きたいからだ。

アウトストラーダに乗るとすぐサービスエリアが出てきたので、そこで昼食。きのうの機内食で手をつけずに持ってきたサンドイッチもあわせて食べる。

鰊の油漬けは魚に多少生臭さがあり、塩もきつかったが、魚肉の歯ごたえがなかなかよく、オリーブ油と魚そのものの油もまずまずの味だ。ただ、また買って食べてみたいと思うほどのものではない。

チョコレートはシュークリームも菓子の方もミント入りだ。イタリア人はミント好きだからこそ偶然選んだ2つのチョコレート菓子に入っているのだろうが、ミルクがたっぷり入ったチョコレートが好みのわれわれにはあまり嬉しい香り付けではない。

アウトストラーダに戻る前にトイレに立ち寄る。個室の方に入ると、あるべきものがない。なんと、便座がないのだ！　別の個室に入りなおす。だが、またもや便座がない！「なぜだ?」わけのわからないまま中腰で用を済ませるしかなかった。踏ん張りにくい態勢ではあったが、出すものは出せた。

疑問6「イタリアの高速道路のサービスエリアに便座がないところがあるのはなぜか?」

トイレゾーンの外に出る前の、男女それぞれのトイレの間になぜかひとりの爺さんが座っている。入るときはいなかったのだが、たまたま席を外していただけなのだろう。彼の前の小卓には金が入った皿が置いてある。ここではトイレを使わせてもらったらチップを出さなければならないのだ。私はトイレでチップを出すという頭がまったくなかったので、現金を用意せずに来てしまった。まさかクレジットカードで払うわけにもいくまい。

やむをえず英語で「今小銭がない、もうしわけない」と言ったが、英語がまったくわからないらしい。むっつりとした表情のまま下を向いてしまった。なんと言うか、先生に質問されたのに、答えられないで困っている生徒のような様子だ。私が「チップを出せなくて申し訳ない」と謝罪の言葉を繰り返しているときも、そのまま顔を下に向けたままだ。完全に降参の姿勢というか……。日本の大人しい老人が外人に話しかけられたときにするような、この反応に私は申し訳ないことをしたなあという気分になった。老人をそっとそのままにし、私はある種の罪悪感を感じながら外に出た。

チップは硬貨もあったが、1000リラ札もけっこうあった。1000リラというと大金そうだが、換算すると55円くらいである。あとで女房に聞いたら、女子用のトイレにも便座がなかった、そしてチップは500リラ払ったとのこと。

ついでに売店も覗いてみると、サンドイッチを売っているのが目についた。丸パンに生ハムやチーズをはさんだものが多い。パンはピタパンのようなものや普通のコッペパンや丸パンである。ヒースロー空港で買ったような、そして日本でも普通に売っているような、食パンをスライスして具を挟み、三角形にカットしたいわゆるサンドイッチは置いていない。1個5000リラ（300円弱）くらいで、決して安くはない。

このサンドイッチ1個では決して腹は満たされない。女性でも2個は軽い。とすると、たかがサンドイッチ2個で600円前後払うことになる。日本でさえ100円の菓子パン1個、コロッケ1個買うにも迷った挙句買わないこともあるわれわれなので、たとえ今空腹だとしてもこれを買う気にはなりそうもない。サービスエリアだから、この値段なのだろうか。他の客はけっこう買っている。きのうのノボテルの宿泊料金もバカ高かった。一方、スーパーでは特に高いとは思わなかった。イタリアは旅行者にとっての物価が高いのだろうか。

疑問7「イタリアの物価は旅行者にとって日本より高いのか？」

ローマに入る

本線に戻り、再び南下。

30分くらいで、それまで走っていたアウトストラーダA12が終わってしまった。料金所があり、ピサからここまで7500リラ（約410円）をとられる。今12時34分である。

そのあとはローマの手前まで一般道だが、自動車専用道路になっている。しかし舗装状態がアウトストラーダよりさらに悪い。ただし、飛ばすのに差し障りがあるほどではない。

先ほども触れたが、周りの風景はきのうのジェノワ以前の様子と比べると一戸一戸の家が大きくなり、豊かそうになっている。のどかな農業地帯で、オリーブ、麦、ぶどう、アーティチョークの畑が目に付く。羊も放牧されている。なかなか美しい風景である。曇りだった天気も明るくなった。やがてローマに近づくと右手に地中海が見えてくるようになった。

すべての道はローマに通ずると言われるが、ここまで走ってきた道はアウトストラーダを含め一貫して片側2車線のごく平凡な、いや、前に述べたようにトンネルに照明もない、更には路肩もないところさえ多いなど、日本の自動車専用道と比べて貧弱なものだった。ローマまであと何キロという距離表示もない（ローマ方面行きという標識はあるのだが）。少なくとも目に付かない。

アウトストラーダのローマ方面の標識

やがてローマの直前になると、アウトストラーダが復活。だが、高速券の発券機がない。道そのものも変わらない。相変わらず貧弱な道路だ。ただ、中央分離帯は広くなった。途中料金所があり、一律3000リラ（160円くらい）を徴収される。

まもなく環状線が出て来たが、それには乗らずまっすぐローマの中心部を目指す。中心地近くになると、アウトストラーダは3車線に増え、路面もよくなった。

午後2時50分に、都心に行くという標識にしたがってアウトストラーダを降りる。出口でまた一律3000リラ取られる。やはりイタリアは、旅行者、特に車で移動している人間にとってカネがかかるという印象だ。

ローマの市街地を走ると、さすがに大都市で、ピサのように簡単に中心地を見つけられない。バチカン市国やコロセウムがあるあたりに行きたいと思うのだが、どう行ったらいいかさっぱり見当がつかない。地図にローマの拡大図はあるものの、さきほど降りたところはまだその圏外である。われわれが乗ってきたアウトストラーダも載っていない。だから、拡大図に掲載されているところまでは勘と地元の人への質問に頼るしかない。

もちろん、イタリアだけ、あるいはローマだけの地図を買えば道探しは楽になる。だが、イタリア、およびローマの地図を買ったらドイツ、フランス、イギリス各国の地図、更にはミュンヘン、ベルリン、パリ、ロンドンという各都市の地図も買わなければいけないではないか。これでは財布が苦しい。帰国するときの荷物も重くなる。重くなるからと言って、捨ててしまうのはもったいない。地図に絡む思い出も捨てることになる。

ここローマでもジェノワと同様ウロウロすることになった。ただ、まだ外は明るいし、疲れも出ていない。道路の幅も広いので、イライラ状態に陥ることはない。

大通りに面して8、9階程度の高さのマンションが立ち並ぶ街路に出た。どれも薄汚れたベージュのモルタル塗装だ。日本の安マンションとまったく同じ外見である。洒落た建物などとは決して言えるようなしろものではない。いやそれどころか、スラム化しているのではないかと思えるほどだ。大通りに面しているマンションでも堂々と洗濯物を干している。英語で言うと awningという日除けを窓に装着している部屋もところどころある。色、素材ともに不統一であるし、どれも薄汚れている。決してカラフルとは言えない。イタリア人は色彩感覚がすばらしいと聞くことがあるが、ここらへんのマンションを見ていると、その感覚は活かされていない。もっとも、生活感はおおいににじみ出ている。

ただ、このローマの街には電線がない。したがって電柱もない。この華やかでないマンション街にもない。すっきりしている。ピサには電線が張ってあった。その前のジェノワはどうだったか、記憶がない。

ローマのマンション —— 洗濯物が外干ししてある

大通りから離れると、白く高い壁に囲まれた一戸建てが続く。如何にもお洒落な南欧住宅という様子である。高級そうだ。洗濯物がヒラヒラなどという光景も一切ない。

そんな住宅街をうろついていると、一人の中年女性が家から出てきた。広い道路の真中が駐車場として利用されているのだが、そこに駐めてある車に乗って出かけようとしている。

車を停め、彼女に近寄って、声をかける。エンジン始動の直後であったが、道を尋ねているとわかるとそれを止め、わざわざ車から降りて説明してくれた。私を警戒する様子はまったくない。疑うことを知らない育ちのいい家庭で育った婦人だからか？　それとも私が人品卑しからぬ人間に見えたからか？　ここはローマだから、お登りサンが多く、私のように道を聞く人間に慣れているというのが恐らく実情であろう。

私が持っていたノートに自ら道順まで書いてくれる。基本的にイタリア語だが、パノラマとかファウンテンとか英語の単語を交えながら丁寧に説明をしてくれた。だが、けっこう複雑そうだ。

彼女と別れたあと、教わった通りに進む。すぐにパノラマ状にバチカンを一望できる住宅街の高台に出た。うーん、素晴らしい景観だ。薄茶色というかセピア色あるいは赤茶色のビルがパノラマ一杯に埋まっている。緑も豊かだ。日本はおろかアメリカでも決して見かけることのない、都市の色彩だ。

ゆっくりその景観を眺めたいけれども、今は目的地に到着するのが先だという精神状態になっている。まずはバチカンやコロセウムの所在地を把握しないと気分が落ち着かない。「だいたいこの景色もローマの中心部のものかどうかわからないじゃないか」などと自分に言い聞かせてそのまま通過してしまった。今にして思うともったいないことをしたと思う。写真の1枚でも撮ればよかった。

そのまま坂に沿って下ると、教えてもらったファウンテン、つまり噴水も道路の右脇に見えてきた。順調である。しかし下界に入ると、やがてまた交差点でどの方向に進んでいくべきかわからなくなった。路面電車が通る大通りに車を停め、修道女なども混じっている通行人たちに教えてもらう。

ようやくバチカン市国の近くに出た。都心らしく景色が大きい。道路もゆったり広くとられている。

川が見えてきた。橋も頻繁に出てくる。この川が世界史で教わったチベリス川かな？　広い川だ。

大きな交差点で信号待ちをしていると、交差点に立っている警官がバイクのライダーを止めた。何か違反したのだろう。ライダーの顔はヘルメットで見えないが、若いヤサ男風の警官の顔が話をしている内にやけにニヤケてきた。へらへらしている。ライダーと馴れ合っているという様子だ。何が楽しいのか最後は手を振ってライダーを送り出している。誤認取締りをしてしまったのだろうか。それでバツが悪くなって笑っているのだろうか。いずれにしても警官なんだからもっとキリッと引き締まってほしいものだ。何かダラケているという印象を受ける。

さて、教皇領はどこから始まるのか？　この川が境界線なのか？　それは地図からもここの様子からもわからない。幅広い川と幅広の道路が作る広い空間を挟んで古く、風格ある、重厚な石造り、あるいはレンガ造りの建物が並んでいる。現代的な建物はない。

川向こうの高い土台の上に大きな建物が立ち並ぶ。地図によると、どうやらその背後に、しばしばテレビなどで紹介されるサンピエトロ寺院や広場があるようだ。だが、ピサのように気軽に路上駐車して見学するにはその場所は高すぎるし、遠すぎる。

観光バスが高台の下にある駐車場への地下道に入っていくのを右に見ながら、私はそのままバチカンを迂回する坂を登っていく。高いかもしれない駐車料金を払ってまで見学に行く気は起こらなかった。皇帝ネロのときにキリスト教徒が虐殺された場所であり、使徒ペテロが埋葬されているところだというのは昔勉強したことがあるが、仏教徒である私には是非とも見ておきたいという気持ちを湧かせてくれる史実ではない。それよりはローマの都心全体の様子をできるだけ見ておきたい。古代ローマ以来の伝統の地がどんな雰囲気なのか体感しておきたい。

少し行くと大通りに出て、何とかの泉と呼ばれていそうなところが右手に見える。観光客がたむろしている（あとで地図を見ると、トレビの泉ではなかったようだ）。そのまま行くと道路正面にコロセウムが見えてきた。途中右手には発掘中の広い遺跡がある。

コロセウムを取り囲む道路は片側1車線で珍しく路上駐車がない。うちの車だけ停めるのも憚られたので、減速し、建物を右手に見ながらゆっくりとコロセウムを巡る道を進む。坂を下ったところに、コロセウム見学者用の入り口があった。アプローチの部分で車道が入り口方向に若干広がっている。

その広がった部分の歩道脇にアウディが1台停まっているので私もそのうしろに停める。車から降りると、北部アフリカ系と思われる大人しそうな青年が私を見つめている。路上駐車へのうしろめたさがあって違法駐車を非難されるのかなと思ったが、何のことはない、ただのカーペット売りだ。

コロセウムは想像していた以上に巨大な建物である。直径200メートルはあるのではないか。私の経験の範囲内で、これに匹敵する大きさの建物は何かと考えるが、思いつかない。似たような形を持っている建物としては、武道館くらいしか頭に浮かんでこない。だが、この巨大さは武道館の比ではない。まったく比べものにならない。ただ、独身時代エジプトに行ったことのある女房に言わせると、ピラミッドと比べれば大きさも年季もまだまだとのこと。

謎の館

ローマ市内に泊まると、ジェノワのように高い料金を取られそうだ。それに明日は北に行きたい。そこでとりあえずローマを出て北に向かうことにする。北行きのアウトストラーダがどこにあるのかはローマの拡大図に載っていないので、とりあえず環状線を目指して市内を北に進む。磁石の用意はない。太陽の位置から判断して北上する。
ローマに到着した時、周囲には高層マンションが立ち並んでいたが、コロセウムから北に向かうここらへんはオフィス街のように見える。何となくニューヨークのマンハッタンを走っているような錯覚に襲われた。建物の色、外観が似ているのだ。もちろん、歴史から言って、あちらがこのローマの雰囲気を模倣したに決まっている。

環状線はすぐみつかった。環状線に乗って間もなく南北に道が分かれる分岐点に来た。当然北に向かう。フィレンツェ方面と書いてある標識を見て曲がった……はずである。ところが何か変だ。北半球の午後なのにどう見ても太陽が右の方に見えるではないか！　標識にはフィレンツェでなくローマより南にあるナポリという文字もすでに何度か出てきている。フィレンツェという文字を見て環状線から出たはずなのに、イタリア語が読めないせいか、環状線を離れるポイントをどこかで誤ってしまったようだ。今南下しつつあることは断固たる事実だ。
環状線とここまでのアウトストラーダは無料なので、気軽に出口で降り、北に向かい直すことにする。

北方面の入り口に向かおうとして下の道を走っているうちにホリディインが目に入った。時間はまだ4時ちょっと前である。それに白亜に輝く外見からすると、少し高そうだ。しかし今日も何度か道に迷い、そろそろ疲労が溜まってきていたので、まあ料金次第では泊まろうという気持ちになってきた。値段を聞いてみよう。

ホリディインは1階の一部が駐車場への入り口になっていて、遮断機が降りている。向こうを見ると観光用らしき大型バスがこちらに後ろ姿を見せて停車している。バスからは観光客らしき人々が降りている。

遮断機を上げて駐車場に車を入れると駐車料金を請求されるかもしれないので、その手前、遮断機へのアプローチがやや広めになっているところに停める。

駐車場前の道路は幹線道路から直角に曲がって入る路地である。幅4メートルあるかないかの細い登り坂の道で交通量が極端に少ない。というよりこの坂道を10メートルほど奥に進むと行き止まりになっている。黒い鉄格子が立ちはだかっており、道はそこで終わっている。だから、この路地周辺の建物に用のある通過車輌しか通らない道である。

道路の反対側は白く高い塀になっている。向こうの庭から何本かの大木がその塀を越えて葉を生い茂らせた枝を伸ばしている。木の葉で陰になっているこのあたりは寂しいくらいの雰囲気である。

それとは対照的に駐車場は賑やかだ。観光バスから降りた客たちでごった返している。どこの国の人間か知る由もないが、みな白人である。老人が多いようだ。私は歩いて遮断機を通り抜け、その客たちの間を縫って歩き、ホテルのフロントに行った。

ロビーでも客がごった返している。フロントの従業員たちは応対に忙しそうだ。そんな中やっとひとりの男性の手がすいた。スーツをかっこよく着こなし、茶色い髪に茶色い口ひげをはやしている。背丈も1メートル80近くあり、威風堂々たる様子だ。30代半ばくらいであろう。なんとはなしにイタリア人というよりアングロサクソン系のようにも見える。

料金を聞いてみると、滑らかな英語で答える。30万リラ（約16、000円強）だ。きのうのノボテルと比べれば外見がはるかに美しいにもかかわらず、ずっと安い。すぐ申し込む。ただ、申し込みには二人分のパスポートとサインが必要と言う。女房が二人分のパスポートを持っていたので、車のところに戻ると、女房はノラ猫と遊んでいた。

パスポートを持ってフロントに戻ると、なんと「申し訳ない。さっき部屋が空いてると言ったのは間違いで、今日は観光客で部屋が埋まってしまっていた」と謝ってきた。ただ、スイートルームはあいていると言う。

さすがにスイートルームはきのうのノボテルより高い。高いと言っても日本のように10万円とかそれ以上というわけではなく、円換算して3万円台である。まあ、それくらいの値段なら泊まってもいいかな、スイートに生まれて初めて泊まるのも一興かなと一瞬思ったりもした。だが、二晩続けて2万円も3万円も出すような余裕ある身分ではない。このホテルはパス。

「ノーサンキュー」とやや不満そうに言うと、受付け氏は別のホテルに電話してあきがないか聞いてみると言う。だが、そのホテルも満室だった。更に別のホテルの行き先を紹介してくれる。そこはグレード的には落ちるが、まだあいているはずだ、是非行ってみろと確信ありげに言う。

行き方を英語で説明してくれるのだが、私の通ってきた道の様子とは違った印象を受けた。駐車場から出てすぐのところにゲートがあり、呼び鈴を押せば開けてあげるから、それを通って行くとホテルがあると言う。

とりあえず車を停めてある道に戻ったが、どう見ても呼び鈴がついているゲートはない。行き止まりのところに前述の鉄格子のゲートはあるのだが、呼び鈴がついていない。いやそれどころか格子と柱が鎖でつながれている。呼び鈴で連絡すればボタンか何かで開くという代物ではない。ホテルの駐車場に別の出口があるのだろう。ここの寂しいくらいの雰囲気からすると裏口のようで、正面ゲートは別のところにあるのだろう。だが、混雑している駐車場にまた入って正面ゲートを探すのは面倒だ。

狭い道路を挟んだ向かい側は白くて高い塀である。その塀はわれわれの車のやや右前でいったん途切れ、黒い鉄格子の門扉になっている。まさかとは思うが、この門扉のことをフロントの彼は言っていたのだろうか、などと思いながら、近くに行くと、すぐ向こうにオペル・ヴィータがこちらに鼻を向けて停まっている。ガソリンエンジンがかかっている音が聞こえる。ただ、人は乗っていない。

その向こうには200坪くらいの庭園が見え、それに面してこじんまりとした城のような、白い瀟洒な建物が立っている。石造りのようだ。ホテルには決して見えない。金持ちの屋敷という印象だ。あるいは企業の保養施設かもしれない。表札のようなものが出ているが、イタリア語らしく解読できない。車のすぐ脇には屈強な番犬がはいつくばっている。

そのとき偶然鉄格子を開けて、一人の大人しそうな青年が出てきた。彼にホリディインで聞いたホテルの所在を聞いてみる。フロント氏が書いてくれたホテル名を見せたのだが、知らないと言う。彼を追うようにして出てきた中年の男性に聞いてくれたが、彼も知らないと言う。ただ、よく似た名前のホテルなら町にあるとのこと。

小柄な中年男性が続けて言うには、自分は今車で自宅に帰る、その方向が町に行く途中まで一緒だからついて来い、そのさきはまっすぐ行けば町に着く、最初の信号の右にそのホテルが見えるとのこと。自分が自宅方面に曲がるときは手を振るから私はそのまままっすぐ進めと強いなまりのある英語で言ってくれる。青年の方にはその場で礼を言い、私は女房の待つ車に戻り、男性の運転する車のあとについた。


彼と別れる場所まで5分近く走っただろうか。その間われわれ夫婦はさきほどの建物は何だったのか気にしていた。

瀟洒な一戸建てのように見える建物は堂々たる風格を持っており、英語で言うmansionと言ってもよいくらいの大きさの建物だった。その青ざめた白さを持つ石造りの建物を取り囲む3メートル近い高さの白い塀。ドーベルマンではなかったが、屈強な番犬。うっそうと茂る木々がまるで森のように庭園を取り囲む静かな敷地。

あの大人しそうな、いや陰のあるようにさえ見えた青年はあの館の家人だったのか、今先導してくれている中年男性は自宅に帰ると言っていたが、そこに勤める下男みたいな人物なのか。ここはイタリア、もしかするとマフィアと関係がある人物の家なのか……などといろいろな想像を掻き立てる雰囲気を持っていた。

三ツ星ホテル

やがてサイドウインドウを開けて手が振られるのが見えた。感謝の警笛を鳴らし、われわれはまっすぐ進む。

すると教わった通り信号のある交差点に出、すぐ右手に目当てのホテルが見えてきた。確かに名前は似ている。だが、ホリディインと同じ4階建てであるものの、外見は薄汚れ、貧相である。ともかく、ホリディインが教えてくれたホテルでないことは確かだ。ホリディインから遠すぎる。

駐車場に車を入れ、石でなくコンクリ造りの建物をよく見ると、なぜかすべての窓にシャッターが降りている。外壁には☆印が2つ貼ってある。☆のことはよく知らないが、数が多いほど高くなると聞いたことがある。☆2つは安宿なのだろうか。ともかく、外見的には完全に安宿だ。清潔感がなく、フロントも暗く、ヒトケもない。「営業してんの?」という感じだ。泊まる気分になれず、車を通りに戻す。

さいわいこの界隈は賑やかである。すでにホテルが何軒か見えている。レストランもガソリンスタンドも複数ある。通りの向かい側にあるホテルが、日が当たって輝いているせいか、少しよさそうに見えた。ただ、そばによって見るとまたもや各部屋の窓にシャッターがある。シャッターが完全に降ろされている部屋もある。だが、先のホテルよりは清潔感があるし、☆も3つだ。泊まることにしよう。

入り口は建物正面ではなく、となりとの境の塀に面する形で脇の方にある。中に入ると、外はまだ明るいのだが、ロビーは暗い。だが、出てきた受付けの親父さんはなかなか好感の持てる人物だった。外見はアメリカ映画にマフィアの親分役とか警察官役で出て来る俳優、ロバート・ロッジアにそっくりである。だが物腰はまるで日本人を見ているようだ。クレジットカードを渡してサイン用の用紙がプリンターから出てくるのを待つ間、如何にも客を待たせているのが申し訳ないというような表情を浮かべたのだ。プリンターに速く速くと促すかのように首をわずかに上下させる。それと同時に視線を下に向けたまま、ニコニコとした表情をこちらに浮かべて見せている。「もうすぐだから気を悪くしないでほしい」という気持ちがはっきり伝わってきた。アメリカでは如何なる場所でも一度も見られなかった表情、仕草だ。

料金は18万リラ（約9千8百円）。やっと安い宿に行き当たった。

ノボテルで言われたのだが、イタリアでは法律上外国人の宿泊者は全員パスポートの提示と宿泊申込書への署名を求められるようだ。ノボテルでは10歳くらいの子供もサインをさせられていた。当然この宿でもそうだった。そう言えば、さきほどのホリディインでもパスポートを要求された。

ところで、このホテルでは、ノンスモーキングルームがあるかと聞くと、「そういう部屋はありませんが……」という返事だった。きのうのノボテルでは禁煙室が用意されていた。女房はヤニのにおいがすると気になって眠れないタイプなので、部屋を見ておく必要がある。「部屋を見せてもらえませんか」と頼むと、快くＯＫが出た。

部屋を案内してくれたのは別の初老の男性である。側頭部を残してすっかりはげあがった頭がピンク色にピカピカ輝いている。立派なひげを蓄えているが、温厚な人物に見えた。女房は彼に強い印象を受けたらしく、「ホテルのボーイ業に命をかけている感じがする。絵になる」とあとで語っていた。この二人の６０代、もしくは７０代の人物二人で経営している宿なのだろうかと思いながら彼と一緒にエレベーターに乗り、部屋を見せてもらう。エレベーターには入った側の反対側にも扉があり、降りるときはそちらを使った。

意外にも部屋はよい。広い。ノボテルと同じくらいある。しかも天井はもっと高い。清潔である。ヤニのにおいもしない。背の高い木製のドアがなかなか古風でよい。泊まるのに何の抵抗もない。

部屋に荷物を置き、バスルームに行くと、ノボテルにもあったものがある。ビデである。

便器に向かい合う位置に設置されている。男が大便をし、同時に女がビデを使うとしたら、対面することになる。便器と同じ形状をしている。ただ、便座に該当するものがない。ウオシュレットで言うとノズルが出てくるあたりに水道栓があり、栓をひねると加減次第で水か湯が出て来る。

女房は「使い方がわからない」と言う。蛇口をひねると水は小便のように下向きに出る。確かにどう使ったものか悩むのも頷ける。イタリア女性のは日本女性と違う付き方をしているのか？　あるいは手で水や湯を掬ってから使うのか。

このような疑問をもってよくよく観察してみると、ビデの背面に黒いゴム製の栓が鎖でつながれてきちんと置かれているではないか。ビデに湯を溜め、ここに尻を沈めて洗浄するのだろう。ビデの背後にはご丁寧にも専用のタオルが掛けてある。

日本にビデは普及していない。というより洋式トイレと別に設置されているのは見たことがない。偶然泊まった2軒のホテルにビデがあるということは何を意味するのか？　イタリアの女性は清潔好きで、日本の女性はそれに比べると不潔ということなのか？

湯と尻と言えば、ウオシュレットと同じ発想である。血行をよくするために温めるのは気持ちよさそうだ。しかし、である。便座のない便器に尻を突っ込む姿を想像してほしい。このビデの高さは向かいの便器とほぼ同じ高さである。その差は気持ち低いかなという程度だ。その高さで尻をビデの中に沈める姿勢を続けるというのは辛くないのか？　どこかの国の後輩いじめにありそうな姿勢ではないか？　それとも尻をこの器具の底にペタッと落としてしまうのだろうか？

ホテルにあったビデ、使い方が？？

女房が言うには「ウオシュレットと同じ役目を果たせるわけだから、股ズレにいいんじゃない？」と。イタリアに温かい日が多いとしたら、女性に股ズレが発生する確率が高いのではないかと言う。

股ズレ以外に、ウオシュレットと同じ機能ということを考えると、イタリアではもしかすると、痔主の男も使用するのかもしれない。パスタ、ピザを食べる量が多いとしたら、大便の量も多いだろう。大便の多さが痔につながる確率を高めるとしたら、イタリアには痔主が多いという可能性がある。そう考えると、男も使う可能性はますます大きくなる。フランス人もパンという穀物を沢山食べるならば、その尻がイタリア人と同じ憂き目にあっているかもしれない。するとフランス男もビデを使っている可能性があるということになる（だが、ビデはその後イタリア以外のホテルでは見ることがなかった）。

疑問8「イタリアのビデはどのような場合に使われるのか？」
疑問9「イタリアの女性は日本の女性より清潔好きなのか？」
疑問10「イタリアおよびフランスの男性もビデを使うのか？」

もうひとつバスルームで気になったのはタオルである。生地が薄く、硬い。水の吸収が悪そうだ。テレビや映画で執事が腕に白い布をかけているのを見かけるが、アレではないかと思う。そう言えば部屋を案内してくれたホテルマンが執事を連想させる人物だった。彼の趣味で、そういうタオルを採用しているのだろうか。ノボテルでは普通のタオルだった。

疑問11「執事が使う布のようなタオルをなぜ使うのか？」

女房が忘れ物をとりにロビーを通って車に行ことしたとき、「執事」氏はまるでダンスのステップでも練習するかのように大股で軽快に歩いていたが、女房に気づくとすかさず走ってきて女房がドアに手をかける前に開けてくれたそうだ。このようなレディーファースト的対応はまるでアメリカ人だ。ここイタリアでも男は一般に女に対してこのような態度をとるのだろうか。それともこのハゲの親父さん、実は初老にしてなお現役のプレイボーイで、女の前ではついつい格好よく決めようとする個人的な癖がついているのだろうか。

疑問12「イタリアはアメリカと同様レディファーストなのか？」

マフィアか

きのうの好印象から、きょうもまたパスタ、ピザが食べたいと思っていたので、そうした店が近くにないかと受付けの「俳優」似の爺サンに聞いておいた。

通りを歩くと、商店や住宅が立ち並んでいる。新興市街地では決してない。かと言って、ローマやジェノワのように何百年もそこに立っていますというような伝統ある建物があるわけでもない。せいぜい20世紀になって建てられたという感じの建物ばかりである。芸術的な建物などはなく、実用一点張りのコンクリート作りだ。だが各戸にたっぷりと植樹がなされている。植樹でなく自然のものを保存してあるのかもしれない。結果、町全体が緑豊かという印象である。先ほどの「謎の館」あたりも木でうっそうとしていた。

歩道に街灯は立っているが、昼間見たローマ市街と同様、電柱、電線がまったくない。狭い歩道を行く。すぐ脇に路上駐車の車がぎっしり詰まっている。路駐の車はどれも汚い。通りを走る車は多いが、歩道を行く人間はほとんどいない。


そんな中、教わった方に歩いて行くと、ピッツェリアが2軒あった。だが、聞いていたのと名前が違う。客の入りはまずまずである。なぜこの一番近い店を紹介しなかったのかと思いながら、そのまま進むと確かに聞いてきた名前のレストランがあった。その名はなぜか英語で**Big Ben**である。外に吊るしてあるメニューをめくると日本語で書かれたページがある。なるほど!

ただ、私が英語で用を済ませたせいか、店員が日本語を話すことはなかった。と言うか、私が「グッドイーブニング」と言った途端にひとり店番をしていた店員は奥へ引っ込んでしまった。英語が苦手と見た。

女店員が出てきて私の応対をしてくれた。紺のジーパンを履いた180センチ近い巨体の女店員は少々不機嫌そうで、「ここで食べんの、それとも持ち帰り?」と英語で聞く。口の聞き方がずいぶんぶっきらぼうで、私の方をろくに見もしない。

持ち帰りでガーリックピザ1人前を頼む。

そのあと、1組だけいた客がチョコレートソースがたっぷりかかったティラミスを頼んだのに触発され、われわれもそれを頼んだ。ティラミスのとなりにナスの油漬けがある。どんな味か興味があったので、追加注文。

そのうち男の二人連れが入店してきた。女店員が奥へ声をかける。するとコック服を着た年配の人物が出てきた。この店のあるじだろうか。

客に飲み物を尋ねた。ひとりは何か注文し、もうひとりは断った。老コックはカウンターの裏で注文の飲み物を作ると、おちょこのような小さな器に入れて出した。客がそれを飲み始める。カウンターに椅子はなく、立ったままだ。もうひとりは無言で一歩下がって付き添っている。用心棒か。なんか恐い顔をしている。まるで「兄貴に手を出そうものならただではすまねえぞ」というような気迫を感じる。一方、コックと「兄貴」も無言である。だが、目と目で会話をしている。女店員は奥へ行ったきりだ。どういう関係なのか。借金取りだろうか、それともみかじめ料でも徴収に来たマフィアだろうか。そんなことを思わせる雰囲気の男たちだ。

われわれのピザができた。日本のピザ屋のとまったく同じ硬めの箱に入れてある。会計はピザを持って出てきた若いコックがしてくれた。全部で26、000リラ(1400円ちょっと)。

ホテルへ戻る途中小さな商店に飲み物を買いに立ち寄る。コンビニと言えるほどの広さはないが、日本の昔の町家ような、ウナギの寝床型の暗い店内にいろいろなものが置いてある。だが、飲み物コーナーは品揃えが貧弱で購買意欲を湧かせる商品がない。もっとも、ハムとパンのコーナーは充実している。そのパンであるが、どう見てもここではそれを切り売りしているようである。棚の上に切りかけのパンが乗っている。当然まな板状の板とナイフも用意されている。きのうのピサのスーパーでもそうだった。結局買いたいものがなく、手ぶらで出る。

ホテルに戻り、部屋まで階段を登ろうとすると、さきほど目に付かなかったものを発見した。プラモデルカーがガラスケースに陳列してあるのだ。すべてアルファロメオである。レーシングカーのスケールモデルもある。最近は日本でもアルファを見かける機会が増えた（帰国後の5月14日（日）の朝環七を走っていたら、私のいる真中車線を挟んで左右の車線に新旧のアルファが並ぶという経験をした直後、側道に入って信号待ちをしている際、目の前を別のアルファが横切るということがあった）。アルファのファンならこのモデルカーの主と少なくとも一晩は語り明かすことができるのではないか。宿の名はRAGANELLI HOTEL（住所は後で紹介する）。関心のある方は泊まってみてはどうだろうか。

部屋に戻って箱を開けると、真丸の入っている。厚みはないが、直径は30センチくらいある。ナイフもフォークも入っていないので、手で引き裂いて食べる。

ピザはきのうのパスタ同様うまい。パン生地ではない。かと言ってクリスピーでもない。その中間で、どちらかと言うとクリスピーに近い。薄く延ばしたパスタのようでもある。張力があり、なかなか引き千切れない。

ソーセージの厚切りがのっているが、塩辛く、肉臭い。その塩加減がひとつのアクセントを与えてはいるが、はっきり言ってこのソーセージはまずい。

にんにくはうまい。「にんにくがうまい?」と思うかもしれないが、現にうまいのだ。5ミリくらいの厚切りで生っぽいにもかかわらず辛くないのである。ピザに合っている。きのうも思ったのだが、さっぱり味のにんにくだ。日本のとは違うのだろう。

疑問13「イタリアのにんにくは日本のと違って生で食べても辛くないのだろうか?」

トマトソースもきのうと同様さっぱりしていて、塩味が薄くうまい。チーズもさっぱりしている。使われているのはモッツアレラチーズだろうか。

ティラミスはまあまあである。ただ、チョコレートにまたミントが入っている。今回のはわずかだったが、それでもどうもわれわれの口には合わない。ただ、ミントのせいで、さっぱり味にはなっている。

これだけ「さっぱり」がならんでいるとイタリアの料理は全部さっぱり味かと思ってしまうが、まさかそんなことはなかろう。われわれが食べたものはイタリア人には前菜でしかないに違いない。かつて村山元首相がナポリサミットで慣れない油っこい食べ物で体調を崩したという報道があったが、彼もわれわれと同様前菜だけにしておけばよかったのかもしれない。

ナスの油漬けは少し癖があるにおいを持っていた。油がかなり生臭かったのだが、それはそれで悪くはないと思った。

満足し、洗濯をしたあと風呂に入り、寝る。きょうの走行距離は650キロであった。

【6】雪のアルプス　3月5日（日）

謎のトイレ

カーテンを開ける。いい天気だ。

シャッターはきのうから半閉じのままである。われわれはシャッターにまったく手を触れていない。宿の人がシャッターを下ろしに来ることも上げに来ることもなかった。ノボテルにはシャッターはなかった。シャッターは強盗が窓を割って入って来ようと思えば簡単に侵入できるくらいに開いている。防犯でないなら、日除けか？　それならカーテンで間に合う。何のためにシャッターをこのような状態にしているのか不思議だ。

ただ、早春の早朝、まだ6時前だというのに日差しが強い。夏になると、朝ゆっくり寝ていられないほどの日が差し込んでくるだろうから、カーテンより遮光性の高いシャッターが必要なのだろうか。だが、当然方角がうちのホテルとは違う向かいのホテルにもシャッターがある。

もしすると、朝の日差し云々ということではなく、ここは情熱の国イタリアだから、昼でもムーディな雰囲気を演出するために、日差しを完全にシャットアウトできるこのシャッターが必要なのかもしれない。

疑問14「なぜイタリアにはシャッターが設置されているホテルがあるのか？」

宿泊代に含まれている朝食を取るべく1階にある食堂に行く。もう6時半なのに、食堂はまだ真っ暗だ。

私の足音を聞いてフロントの奥から出て来た「俳優」氏が「朝食は7時半からですよ」と相変わらず愛想のよい顔で言う。きのうのホテルは6時からやっていたが、きょうは日曜だからこんな遅い時間に始まるのだろうか？

時間になって降りて行くと、受付け氏の奥さんだろうか、それとも禿頭が美しかった「執事」氏の奥さんだろうか、初老の婦人がきっちりスーツを着こんで食堂の当番をしている。髪は赤茶色（染めているのかもしれない）で、オールバックだ。ひとりだけいた先客の若い女性とひどくしわがれた大声で雑談中である。

「ボンジョルノー」ときのう教わった挨拶の言葉を投げかけると、「ボンジョルノー」としわがれ声が返ってきた。

昨日と同様ビュッフェ形式である。窓際の席を確保する。

とりあえず、コッペパンとジャム、バター、クリームチーズ、牛乳をとる。オレンジジュースは欧米の朝食に付き物だろうが、それ以外に西瓜ジュースみたいな赤いのがある。好奇心から飲んでみると、意外にもオレンジジュースだ（後日ドイツの朝食で出されたフルーツコンポートでわかったのだが、オレンジの果肉はいわゆるオレンジ色と真赤と2種類あるのだった。グレープフルーツなら赤い果肉はありだが、オレンジにも赤いのがあるのは初めて見た）。

食べ始めるとお喋りを中断して彼女がコーヒーか紅茶かと聞きにきた。イタリア語だがそう言っていることくらいはわかる。二人とも紅茶を頼むと、ティーポットを持ってきてくれた。あとはまたお喋りに戻っていく。

ノボテルと比べると用意されている食べ物の種類は大分少ない。さきほど紹介したもの以外にはコーンフレーク、木の実、果物、溶かした砂糖をかけたクロワッサン、バターケーキ状のパイなどがあるだけだ。だいぶ寂しい感があるが、値段が3分の1なのだから、このくらい出れば、まッ、十分だろう。

「お茶のお代わりはいかが?」

われわれが飲み終わるのをちゃんと見ていて、婦人が絶妙のタイミングでお代わりをすすめてくれた。お喋りに夢中になるあまり客のことを忘れるということはなかったわけだ。さり気なく気を使いつつ、きちんとサービスを提供するというプロの仕事だ。もしかするとチップを払うべきだったのかもしれない。

出かける前に洗濯物の乾いていない部分を備え付けのヘアードライヤーで乾かす。

8時半にチェックアウト。

領収書を見ると、住所らしきものとして、di Tentoni M.Valentina Via Aurelia 734/738-00165 ROMA-P.I.00942950585とある。ここはローマなのだろうか?

きのうは気づかなかったが、ホテルのすぐとなりはアルファロメオのディーラーになっている。

さて、車を通りに出そうとした……そのときである。

「グァラーン、グォローン、グァラーン、グォローン」

まるでブリキのでかいバケツを何個も階段から転がり落としているかのような轟音が襲ってきた。

「やかましい！　なんだ、この音は!?」

ホテルの前にある教会の鐘であった。町中に鳴り響いている。

きょうは日曜だ。礼拝に来るのを忘れるなと言っているのだろう。こんな小さな町の教会でもこんなにうるさいのだから、今ごろバチカンはさぞ賑やかなことだろう。


きのう寄ったホリディインが立つ丘のふもとにあるシェルに立ち寄って、ガソリンを入れる。セルフ給油なのだが、店員が窓を拭いてくれた。チップがほしいのかなと思ったが、拭き終わった彼に礼を言うと笑顔で去って行った。きのうの燃費はリッターあたり13・93キロである。リッターあたりの値段は2014リラ。


8時40分シェルをあとにし、アウトストラーダに向かう。

きょうはアウトストラーダをまっすぐ北上するだけだから楽だと思いながら、すぐそこの高速に入る。時速約130キロの巡航を開始。

このアウトストラーダはA1という名称である。その1という数字からすると、日本の国道1号線のような重要な幹線なのだろうか、路面状態がよい。きのうと比べると直線部分も多い。

ローマを過ぎると田園地帯になった。広い。いやただ広いだけではない。左右どちらを見ても見事なまでに真平らな地平線が見える。その真平らな土地に畑が広がっている。栽培されている作物は多様である。中でもソラマメとアーティチョークの株が青々としているのが印象的だ。

アーティチョークは我が家で以前鉢植えで育てようとして失敗したことがあるのだが、高速で走っていてもハッキリと見分けられるほど株が大きい。きのうのスーパーで小さめのアーティチョークを売っていたのが思い出された。アーティチョークとしては小さくても、大きなグレープフルーツほどもあったあの蕾がこの大きな株から生まれると思うと納得できる。

もちろん小麦も育てている。この広大な平野の中を走っているとアメリカでドライブしているかのような気にもなってくるのだが、アメリカと比べると家と家の感覚が狭いので、その錯覚はすぐ解消する。

この平野の走行は都合2時間半くらいであった。途中サービスエリアにトイレ休憩のため立ち寄った以外は平均140キロくらいで走った。サービスエリアには5分くらいしかいなかったと思うが、仮に30分いたとして計算すると、時速140キロ×2時間=280キロにも及ぶ平野であることになる。東名高速の用賀からだと浜松の少し先、岡崎の手前といったところまでずっと大平野ということになる。イタリアはその細長い国の形、そしてベスビオス火山などのイメージから何とはなしに日本のような平野の少ない国土を持っているのかなと思っていたが、どうしてどうして、そんなことはない。日本など比較の対象にならないくらい広大な平野の持ち主である。

そのサービスエリアの女子トイレは掃除中かその直後だったためか水浸しだったそうである。「今使っちゃいけないという表示が出てないから、使っちゃおう」と思って、個室のドアを開けると、黒い便座になんと左右とも靴の跡がついていたそうだ。別の個室を見てみたが、そこも同じ。他も全部足跡で汚れていたそうだ。個室の壁、便器の蓋、便座すべて水浸しだったが、その足跡は拭われていなかったと言う。そこで便座の汚れが最も少ない個室に入ったとのこと。なんで足跡が付いているのかはあまり深く考えず中腰で用を足したそうな（あとでドイツのサービスエリアで手洗いに行ったときのことだが、あれがイタリアでよかったと、ここのトイレのことを振り返っていた。ドイツで便座がないとしたら、中腰にさえなれないくらい、便器の位置が高く、途方にくれただろうとのこと）。

それにしても不思議だ。便座というのは足を乗せると滑りやすいし、便座そのものもガタつく。下手をしたら、便座から落下する恐れもあるのではないか。いろいろ不安定要素があるのに便座に足を乗せて用を足すイタリアの女性は運動神経あるいはバランス感覚がいいのか？　それとも勇気があるのか？　バアサンなんかだとどうするんだ？　靴の跡は横向き、縦向きさまざまだったと言う。もしかすると、その靴跡は単なるいたずらだった可能性もある。だが、それはそれで、なぜそんなつまらないいたずらをするのか不思議だ。

なお、床はトイレ全体がグレーチング、つまり細かい鉄格子になっていて、その下を汚水パイプが通っていたと言う。

手を洗おうと蛇口をひねると、またびっくりしたようだ。洗面ボールの下に配水管がなく、そのまま水がグレーチングの下に直接落ちる仕組みだったそうである。排便の汚水はさすがに目に触れないようパイプで通すが、それ以外はパイプなしというわけだ。節約のひとつのあり方だろうか。

ここのトイレにはチップを待つ番人はいなかったし、チップ置き場もなかったとのこと。そして便座が汚れていた。きのうのトイレは番人がいて、便座がなかった。しかしトイレはきれいだった。一般論として、チップを受け取る人物がいるということとトイレが清潔に保たれているということは十分関係がある。だが、そういう人間がいるということと便座がないということは関係があるのだろうか？「チップが要るところ、便座なし」というのが原則なのか？ひょっとして、便座がないところでは番人に頼むとそれをレンタルしてくれるというシステムになっているのだろうか？

疑問15「イタリアにはなぜ便座のないトイレがあるのか？」
疑問16「イタリアの女性はどういうスタイルで用を足すのか？」

いずれにしても便座のないトイレへ行くには脚力が必要である。また脚まわりの筋肉を鍛えることにもなる。まあ旅行中は運動不足になりがちであるからちょうどよいかもしれないとも思ったが、このようなトイレは幸か不幸かイタリアを出たあとは見かけることがなかった。

女房がトイレで苦労している間、私は給油所を見ながら待っていた。ガソリン、軽油だけでなく天然ガスもある。Cクラスのベンツが排気管近くからクダを差し込んでガス補給をしていた。

その近くの売店ではなぜか素焼きの赤い鉢を売っている。日本でもよく見かけるあのイタリア製の素焼き鉢である。このへんの土地も同じ赤い色をしているから、ここらへんが産地なのだろうか?

なお、このサービスエリアにはホテルありという標識が入り口に立っていた。東名の足柄サービスエリアにあるような簡易宿泊所なのだろうか?

アウトストラーダに戻る。プジョーは相変わらず快調に走ってくれる。私にとって乗るのも運転するのも初めてのフランス車であるが、前述したように私が以前所有していたカローラFXとの違いはきょうのようなまっすぐな道路になっても感じられない。

シートの座り心地もまったく印象に残らない。強いて言えば、細身の人間の多いフランス人にあわせてであろうか、アメ車などと比べるとシート幅がやや細めだなということくらいだ。ただ、この椅子は長時間乗っていると尻が痛くなる。

プジョーに乗って、やはりフランス車の乗り心地は日本の車と違うなあという感想はまったく抱けない。この乗り心地がよくてフランス車が買いたくなるなどということは想像できない。ごくごく平凡な乗り心地の車である。カローラとどこが違うのだろうという感じである。もし私が借りた1・1リッターのこの車(日本に輸入されているのは1・4リッターエンジンが最低排気量)を買うとしたら、この愛嬌のある独特のスタイルだけが購入理由になるだろう。

ほぼ全開の160キロで走るわれわれの車であるが、それをぶち抜いて行く車がかなり多い。アウトストラーダ1号線は交通量が多く、その分速い車も多いということだろう。広大な平野の中を走るこの道路にストレート部分が多いということも速度を上げるのに貢献しているに違いない。

だが、彼らはカーブになると速度を落とす。私がカーブでも全開のまま曲がって行くと彼らは必ず私に引き離される。イタリア人はストレートだけで飛ばすというタイプが多いということがわかった。彼らは意外と慎重なのかもしれない。

アルプスを見ながら

きのうと同様、アウトストラーダを走っていて家が視界から消えることはない。北の方に来ると、大平野に低い丘がポツンと、ときどき登場するようになるが、その頂上または丘腹に古城あるいは古い教会が立っている。ジェノワから南下したときには由緒ありそうな城や教会がほとんどなかったのとは対照的だ。

集落がミニ・エアーズロックのような巨大な岩の上に乗っているところがけっこうある。そういうところでは建物の壁とその下の岩が一体化している家がある。岩をそのまま基礎にしているわけだ。家々が、城か教会を高台に戴いて、丘の上に集中しているのを見ると、その丘全体がひとつの要塞のようにも見える。日本は言うまでもなくアメリカでも見られない光景だ。やはりヨーロッパである。

前方を見ると、はるか彼方にアルプスが見える。かなり下の方まで雪におおわれている。オーストリアを越えてドイツに行くにはあの山脈を越えて行かなければならない。アルプスのアウトストラーダは雪道だろうかと思うと不安になる。

飛行機から冠雪したアルプスの峨々たる姿を見た後なので、私はスイスを避けることにして、女房がミラノ→スイス→ドイツというルートを取りたがっているのを無視し、オーストリアのインスブルック経由でドイツへ向かうことに決めてある。女房はこともあろうにマッターホルンを眼前に見たいなどとのん気なことを言っていたが、無視する。

大都市の雰囲気を持つフィレンツェを過ぎ、更にボローニャも過ぎる。このボローニャにはヨーロッパ最古の大学、ということは世界最古と言ってもよいかと思うが、ボローニャ大学がある。大昔、世界史の授業で教わったこの大学を見てみたいと思ったが、今回は割愛すたいという欲求の方が強い。今はイタリアのローマからドイツのミュンヘンまで1日で走破してひとつの思い出にしたいという欲求の方が強い。

モデナ近くまで来ると空腹を覚えた。この町で昼飯にしよう。

ローマからここまでの高速料金3万6千リラ（約2000円）をクレジットカードで払い、モデナで降りてみると、フェラーリで有名な町の割にまわりは田園地帯である。そのまま市の中心地に向かう標識に従って進むが、一般住宅と高層団地はあるものの一向に商店街はおろかレストランも見えてこない。街の雰囲気はジェノワやローマと違い、こざっぱりしており、裕福そうだ。高層団地も建物が新しい。

やっと見つけたスーパーは残念ながら閉まっている。歩道を行く人も見かけず、走る車もあまりない。きょうは日曜だから、人々は家で安息しているのだろう。よい天気なのに、寂しい感じがする。

団地以外は高い建物も見えず、市の中心までまだ距離がありそうだ。

せっかくモデナで降りたのだから、フェラーリの本拠地マラネロへはこちらというような道路標識があれば、見に行ってもいいかなと思ったが、標識はない。私の地図にもモデナの拡大図がないのでアウトストラーダの出口からどのくらいの距離なのかさっぱりわからない。

それに今日の天気はよいものの、あしたになるとわからない。アルプスの雪を見ると、天気が崩れるとしたらあしたはアルプスを抜けるアウトストラーダが雪で閉鎖される恐れもあるのではないか。いやきょうすでに閉鎖されているかもしれない。できれば今日中にアルプスに入って道路状況を知っておきたい。

というわけで、これ以上モデナの街に深入りして行っても時間が惜しいと思い、アウトストラーダに戻る。今日は運転だけだからカロリーも使わないし、朝も結構食べておいたから昼は抜きでもいいかとも思った。

だが、モデナからそれほど行かない内にレストランつきのサービスエリアの標識が見えてきた。給油も兼ねて入ることにする。

ガススタンドに行くと、ひとつのガソリンポンプ前にピカピカのハーレーが停まっている。彼女を後ろに乗せているドライバーが日本でよく見かけるような警官スタイルをしているのが面白い。あんな格好をしてハーレーに乗るのは日本人くらいかなと思っていたのが、裏切られたような感じだ。そのハーレーの前方にはユーロピアンスタイルのバイクの集団がいた。カワサキ、スズキ、アプリリアといろいろいる。きょうは日曜日だし、天気もよく気温も湿度もちょうどよい。絶好のツーリング日和だ。そう言えば、イタリアの街中で見かけたバイクはローマのも含めて小さいのがほとんどだったが、このガススタンドではハーレーはもちろん、ヨーロピアンスタイルのバイクも750または750オーバークラスだ。彼らは街中用とレジャー用で使い分けをしているのだろうか。もちろん小さいバイクは速度が足りないためアウトストラーダで走るわけにいかない。だから、高速上で見かけるバイクは当然大型に限られるという側面もある。

ここのガススタンドではセルフサービスにも対応している。順番待ちで運転席に座っていると、左の方にある給油ポンプのところで暇を持て余しているのか、中年男が私の方をじっと見ている。東洋人が珍しいのだろうか。黒い髪の毛に黒っぽい服を着ている。オールバックにした彼の顔は如何にもイタリア人という感じの顔立ちで、テレビ映画で見かけた俳優に似ている。私が試しに挨拶のつもりで「いよっ」という感じで左手を上げてみると、虚をつかれたかのような顔を一瞬したあと、やあという様子で顔を崩した。その照れたような笑顔は人のよさを感じさせるものだった。

イタリアのセルフのガソリンスタンドは給油の仕方が3通りに制限されている。1万リラ入れるか5千リラ入れるか満タンにするかを選ぶしかない。イタリアはきょうでお別れにしようと思っているから、リラを使い切ることにする。1万5千リラ残っていたので、まず1万リラを給油機の紙幣吸い込み口に入れる。その分のガソリンを入れ終わった後、5千リラ分を給油する。満タンにはならないので、燃費の計算はしない。値段はリッターあたり2090リラ。

給油後レストランに入ると大変な混みようだ。ビュッフェがあり、行列ができている。うまいから並んでいるのかと思い、列に加わる。前の人たちのまねをしてまず皿とナイフ、フォークを取る。フランスパン風の小さな固くて丸いパンを女房が1個とり、私はその場で切ってもらうローストポーク、係の女性にとってもらう2種類のパスタのうち片方（それぞれ中に何かが入っているのだが、何かはわからないので、適当に決定）、最後に女房はキャラメルプリンを選んだ。

支払いは盆に載った品目を見てレジ係が計算する。一定料金を払ったら、あとは何を取ろうと自由、何回おかわりしようと自由というアメリカ式のビュッフェとは違う。

バルサミコ酢風味のソースで味付けしたローストポークは焦げ目のところはうまいが、肉そのものがうまくない。ぱさぱさしていて脂分が少ない。ソースも特に印象に残るようなものではない。パスタはアルデンテである。歯ごたえがしっかりしていて気持ちよい。中に豚肉だと思うが、肉が入っている。しかしクリームで味付けされたこのパスタは飽きる。味に変化を与えようと思って調味料を探したが、テーブルにはソースも塩も用意されていない。パンはぼそぼそしていてまずい。

代金は二人分で3万1千400リラ（約1700円）。二人分と言っても通常で言うところの一人分の量しかない。日本と同じで、サービスエリアの食事は高くつくし、うまくないと言えるのかもしれない。食後、女房がコーヒー／紅茶券を持ってバーへ行った。ほとんど全員がエスプレッソコーヒーを頼んでいるが、女房は紅茶にした。

暫くすると、小さなポットと茶碗を持ってカウンター席へ戻ってきた。別に感心するような紅茶ではない。客が集まっているのはここの味がよいからではなく、どうやら一般道沿いの食堂が日曜で閉まっているせいかもしれない。

ちなみに、イタリアは家庭料理がうまいと聞いたことがある。だから、ドライブをするときもイタリア人は手弁当を持っていくに違いないと勝手に思いこんでいたのだが、ここの盛況振りを見ると、実はそうでないのだろうか？　それとも、手弁当の家族が多数派で、ここにいる人々は少数派なのだろうか。このビュッフェにいる人たちを見ると、単身でなく、子供を連れた家族連れが多いが。

疑問17「イタリア人は家族ドライブするとき普通は弁当を作ってこないのか？」

混んでいるレストランの中で東洋人はわれわれ以外に女性をひとり見かけただけだった。さきほどのガソリンスタンドの男のように注目してくれる人間がいるかなと期待したが、誰もものめずらしそうには見てくれなかった。ビュッフェでパスタをとってくれるおばさんもわれわれを特別扱いしてくれるなどということはまったくなかった。こちらの人たちは外国人慣れしているのだろうか。

その後トイレに行った女房がすぐ戻ってきた。トイレ番がいて、しっかりチップの回収にあたっていると言う。きょうは日曜で稼ぎ時であろう。つづまやかな女房はここでの用足しを諦めたようだ。と思ったが、女房いわく、有料道路のトイレで金を払うことに納得がいかなくなったからだと。ここが一般道のトイレならチップもしかたないと言う。要はまだそれ程急を要していないということか。

駐車場に戻るとき、メタルシアンのフェラーリを見かける。細かい名前は忘れたが、V8エンジンのやつだ。そいつがアウトストラーダ本線に向かって走り出しているのだが、フェラーリサウンドが聞こえるほどにはわれわれは近くにいないし、フェラーリの方も高回転にしていないのが残念だ。イタリアで見たフェラーリはこれとローマ近くのアウトストラーダの路肩に停まっていたシルバーのテスタロッサだけである。両車ともイタリアンレッドでなかったのは遺憾である。アウトストラーダを疾走する姿も見られなかった。

オーストリア縦走

さてまた北上を開始。サービスエリアからほどなくして山道になる。

山岳地帯になっても家が散見される。アウトストラーダに山が迫り、耕作面積が狭いここらへんでも家が絶え間なく見える。その家々はきのう見かけた山間部と同様山肌に建てられている。ただし、屋根はこれまで見てきたようなオレンジ色でなく、暗い色になった。山肌は普通の土色だ。大平野部と違い、ひどく貧しい感じがする。やせた土地からの少ない収穫でほそぼそと暮らしていると言った印象だ。ところどころ集落ができており、やはりその中心部には城または教会が立っている。

山腹は一面ぶどう畑である。女房は子供のころ読んだ童話に「宝物はぶどう畑」という言葉があったことを思い出したと言う。どこかの山中の村でぶどうが大金を稼いでくれるという話のようだが、ここでは建物の様子からすると1軒当たりの収入は大金とまでは行かないだろう。

Sクラスのベンツをぶどう畑の中に停めて眺めている人物がいる。ぶどうの買いつけ業者だろうか。さきほど立ち寄ったモデナはぶどうを原料とするバルサミコ酢が名産だと聞く。

城も多い。やけに多い。まわりに人家を従えるでもなく、ぽつんと山の中の小高いところに立っている。少し行くとまたぽつんと立っているという具合に次々に出て来る。城のオンパレードである。城というより地主の館だろうか。だが、見た目は如何にも西洋の城だ。こんな貧しそうな地域でこんなにたくさんお殿様がいるとしたら不思議だ。まあ、どの城もこじんまりしている。一城あたりの領地も狭いのだろう。あるいは、少数の城主がそれぞれ複数の城を所有しているのかもしれない。今は観光客目当てのホテルにしているところもあるのではないか。

同じ貧しい地域に立つ建物でも、ここでは、サンレモからジェノワにかけての様子と違い、見ていて飽きるということがない。あちらの建物は、失礼ながら、安普請という感じであったのに対し、こちらのはどう見ても築何百年も経っている建物である。城だけでなく民家もだ。やはり、建築コストがかかった建物だから、見ていて飽きないのだろうか？

「オォ！　屋根から木が生えている！」と女房が叫ぶ。

アウトストラーダのすぐ脇に立っている城の屋根を木が突き破っているのである。早春のためその木は芽吹きのときを迎えている。城は朽ち果て、崩れ落ち、土に帰ろうとしているようである。

そこまで行かずとも、城も民家も壁が崩れかけたりしていて大分傷んでいる。だが、そのような古さが長い歴史の流れを感じさせてくれる。周囲の景色とも合っている。

また訪れてみたい地域である。もちろんじっくり見られるようにアウトストラーダでなく、一般道でだ。

左右と前方に山又山が続く中を走る。これだけ山が連なっていれば確かに国境になっていてもおかしくないという感じである。険しくもある。ちょうど群馬県と長野県の県境のような様子だ。ここの山はアルプスにつながるから本格的な山であるのは当然だ。サンレモあたりのは山というより丘である。

アルプスに入っていくにつれ、山々は険しくなる。家は集落をなさなくなり、山肌や尾根に点在するようになった。土砂崩れが怖い日本では決して建物を建てないような、かなり急な山肌にも建っている。

谷には家がない。谷あいの地は山からの雪解けの時期に水が流れ込み、住むのに具合が悪いのだろうか。ただ、山肌もしくは尾根に建つ家々は別荘という可能性もある。別荘なら見晴らしのいいところに建てるに決まっている。

ただ、家と家の間の山肌には相変わらずぶどう畑がある。となりの家まで行くには、距離的には大したことないものの、心臓破りの坂を越えて行く必要がある。互いにそういう位置に家々が位置している。城も数は減ったが、点々と出てくる。

電柱、電線が見えない。ここらへんでもローマと同様電線は地中に埋めてあるのだろうか。それとも自家発電だろうか。よもや、今の時代、蝋燭ということはあるまい。だが、車の姿も見えず、雰囲気的には現代文明から隔絶した感のある場所である。

もうすぐオーストリアとの国境というところで、雪の情報を聞くべくサービスエリアに立ち寄る。ガソリンを入れた（ローマからの燃費はリッター当たり12・33キロ）あとカウンターの親父サンに「この先、オーストリアのアウトバーンに雪はありますかね?」と英語で聞くと、「はっ? スノー? ノー、ノー」と言う。雪はまったく問題ないということだろう。「グラッツェ」と言うと、「チャオ」と言った。礼を言ったあと「チャオ」と言われたのは初めてだ。今まではよく聞き取れない言葉で私の「グラッツェ」に応えてくれていた。「チャオ」と聞いて、そういう聞き取りやすい応え方もあるんだなあと思った。

雪がないという情報に気をよくしてアウトストラーダに戻る。2時50分である。オーストリア、更にはドイツが近くなったせいかベンツ、アウディ、BMWの数が増えてきた。私のプジョーを抜かして行くのはそれらドイツ車か、さもなければボルボである。

坂道を下りながらふと反対車線を見ると、事故になっている。ピックアップトラックが横倒しになり、その前部が破壊されている。傍らには大型トラックが停まっている。ピックアップと絡んだのだろうか。私の車は130キロで下っているから細かいところまではよくわからない。ただ恰幅のよい男性がうつぶせになって路上に倒れているのは確認した。回りの人が男性を見下ろしていた。うつぶせのままというのは手をつけられない状態だったのだろうか。すでに死んでいたのだろうか。まだ救急車も来ていないのに、彼のそばに死体を入れる白い布袋のようなものがあったようにも見えた。大型トラックの直後からは車の列だ。すでに車からおりている人が何人もいる。中には車の外に立ち、開け放ったドアにもたれて携帯電話をかけている人もいる。前後の車にどうしたのかと聞いている人も見かけた。同じ速度で走って5分近く渋滞が続いていたから大渋滞と言ってもよいであろう。

その後まもなくオーストリアとの国境になる。直前で料金所が現れ、アウトストラーダが終わる。モデナから2万3千5百リラ（約1300円）である。料金を払った時刻は4時15分。この国境はフランス・イタリア間の国境と比べると、広大である。あちらは道路の幅が国境検問所になっても大して広がらなかったが、ここは東名の東京料金所までは行かないが、かなり道路が広がり、その先に料金所ならぬ検問所が出てくる。もちろん、今は検問所に人はいない。

検問所の少し先にはサービスエリア風のところがあるが、店舗らしきものはすべて閉まっている。立ち寄る人も少なく、儲からないためだろう。

このあとオーストリアも有料道路であることがわかった。オーストリアの南北を縦断するアウトバーンの真中くらいで突然「関所」が出現し、金を徴収されたのだ。110オーストリア・シリング（約840円）。クレジットカードで払えた。オーストリア縦断は100キロくらいの距離だ。それでこの値段は高い。

だが逆に言えば、1時間弱でクリアー可能なオーストリアだからこそ単に通過するだけの車も多かろう。この国の立場になれば、自分の土地で自分たちのために整備した道をヨソモノが通過するためだけに利用するのを黙って見ていられるはずがない。金を取りたくなるのも当然だ。

100キロで800円ちょいだから、日本の馬鹿げた高速料金からすればタダみたいなものだ。日本だと、例えば中央道の高井戸から甲府南までがおよそ100キロであるが、料金はなんと4550円である。

料金所での時間は4時44分。すでに空は薄暗くなっている。今日はここオーストリアで泊まることになるのか。

オーストリアに入ってすぐ気がついたことがある。家が少なくなったし、城も教会もぱったりと見かけなくなったということだ。そして速度制限の標識もなくなった。交通量もかなり減っている。

進むに連れ、山に雪が多くなってきた。道路のまわりの地面も真っ白になってきている。

高速のすぐ脇でスノーモービルに乗って遊んでいる家族がいた。路肩には大根おろし状になった雪が乗っている。この先いつ雪道あるいはアイスバーンになるかと、ハラハラしながらの運転になる。

ミュンヘン

そんな中、雪道になることもなく無事オーストリアを通過。入国から出国までのおよそ100キロの所要時間は1時間弱である。やはり、いつ雪の積もった状態になるかと思いながらの運転だから、速度が落ちる。

ドイツへの入国は検問所跡に関してはあったかなかったか、はっきりしないようなありさまだったが、道ははっきりと違うものになった。5時26分にドイツに入った瞬間からコンクリートの道路になったのである。イタリア、オーストリアの道路とまったく違う。

アメリカの道路も州が変わると、その瞬間に舗装具合が変わるものだが、このオーストリアからドイツに入った瞬間の道路の変化は経験したことがないほどの激変である。感激ものである。

いやいや、この道路はホントにいい。まずなんと言っても、なめらかである。そしてタイヤのグリップが格段によい。飛ばしてもまったく不安がない。これは飛ばせるぞ！　雪ももうないだろう。

やがて道路は下りになった。まわりの山から雪が消え、山そのものも徐々に姿を消し、そのうち平野になった。またもや大平原である。そんな中ミュンヘンまで65キロという表示が出る。やがてビルが見えるようになってきた。日は今にも地平線に沈もうとしている。だが、空はまだ明るい。やがてミュンヘン中心地と書かれた標識が出る。その標識にしたがってアウトバーンを降りたのが6時ちょっと前である。

残念ながら、降りる前にホテルもレストランも見かけなかった。それらがあれば目指して行く目標になってくれるのだが。高速道路からそうした目標物が見えないところはイタリアと同じである。

ミュンヘンの町並みはイタリアとまったく違う。第1に道路が広い。第2に建物がまるで違う。私が見た通り沿いの建物はすべて美しかった。ローマで見たようなスラム化したマンションなどまったくない。お洒落なペンションといった建物が立ち並んでいる。すべて石かコンクリ造りのようだ。

同じ夕暮れに入った街、ジェノワとは対極的だ。あちらはイタリアらしく（?）建物は清潔感がなく、暗く、建物の間を縫う道路も狭かった。

まだほんの一部を見ただけだが、この街は清潔でお洒落すぎて人間臭さに欠ける。一戸建てはまったく目に入らない。すべて高級マンションか高級ホテルのように見える。ただ、ホテルという看板がかかっていないからホテルはないのだろう。オフィスビルも中にはあるのだろうが、日本にあるような近代的なオフィスビルは目に入ってこない。

道は碁盤の目状というわけではなく、けっこう曲がっている。

都心に向かいたいのだが、いつになっても賑やかなところに出ない。車を停め、歩行者をつかまえて道を聞くことにしよう。

外に出ると寒い。トランクからコートを出し、マフラーをしっかりと首に巻く。風が強く、ピリピリする冷たさが身を刺すようだ。

ある青年に声をかけたのだが、英語がまったく通じない。だがホテルを探していることはわかってくれた。大きなからだをしているが、シャイな感じの好青年だ。ホテルがどこにあるかは知らないが、今いる通りをまっすぐいけば都心になる、そこらへんならホテルもあるはずだ、と答えたくれた。いかにも実直そうな若者だ。

説明を聞いている間に、「ここはもうイタリアではない、ドイツだぞ、『グラッツエ』と言わないように頭を切り換えろ」としっかり自分に言い聞かせておいた。ちゃんとドイツ語で「ダンケ」と礼を言って別れる。

確かに賑やかなオフィスビル街になった。商店もある。鉄道のガードにホテルの看板がかかっている。

看板の大きな矢印に従って進むと確かにホテルがあった。だがわれわれ夫婦のような庶民が泊まるところではない。城のような立派な造りだ。しかし、他に見えるのも日本で言えば第一生命本社のような姿の威風堂々たるオフィスビスばかりである。

歩道を歩く人はけっこういる。ひとりの中年婦人をつかまえてホテルが近くにないか聞いてみる。婦人は近づこうとしている私の方を最初見ないように下を向いていたが、声をかけ、私が地図を持っているのを見ると自然な笑顔で話を聞いてくれる。きちんとした英語を話す婦人で、自分は今この通りの先にあるホテルで暮らしている、だが1泊280マルク（約1万5千円）もする高級ホテルだと言う。まだマルクを円に換算することに慣れていない私が軽い気持ちで、それは高いと適当に相槌を打つと、「それより安いホテルは知らない、役に立てなくて申し訳ない」と言って立ち去った。

車に戻り、このまま進むことにする。この先に1軒ホテルがあるのだから、他にもホテルがあるかもしれないからだ。

するとネオンも賑やかな商店街に出た。賑やかと言うと語弊がある。歌舞伎町のような明るさはまったくなく、非常に静かな雰囲気だ。ただ、マクドナルドがあるし、中華料理店もある。われわれが走行する大通りに交わる路地の奥の方を見ると、店が並んでいるようである。

そのとき、ふと前を見ると200メートルばかり先にホリディインのネオンが目に入った。グッドラックだ！　10階くらいあるだろうか、かなり高く見える建物は繁華街からやや離れたところに立っている。

正面玄関に乗りつけ、フロントで値段を聞いてみる。220マルク（約1万2千円）。駐車場27マルク（約1500円）。

時間がもう7時を過ぎているし、他にホテルもない。それにきのうの3つ☆ホテルと比べれば高層で白く立派な外観のホテルだから、割安とさえ思え、泊まることにする。


今日の走行距離は996キロである。ローマとミュンヘンの間は思ったほど距離がないことがわかった。アメリカなら、特に言及するほどのない走行距離である。

入室するとテレビがついている。「メイドさんが消さなかったのか、だらしないな」と思ったが、画面を見ると私の名前が出ている。宿泊を感謝するメッセージを送っているのだった。

部屋は今までになく広い。50平米近くあるように見える。大きなベッドが2つ並んでいる。ミニバーも付いている。窓から見える光景は、広い街路にペンション風の外見のオフィスビルと、まさにミュンヘンの印象そのものだ。

繁華街の建物は日本と同じような白いモルタル塗装のコンクリ造りが多かった。だが、このホリディインのあたりまで来るとペンション風の洒落た建物になる。もっとも、ホリディイン自体は白いコンクリ造りだ。

ディーゼル

荷物を置いて夕食に出る。ホテルのレストランはパスし、街に出る。当然さきほどの商店街に向かう。運動を兼ねて歩いて行く。

風が冷たい。だが、歩く内にからだが温まるだろう。コートのチャックを一番上まで上げ、マフラーをしっかり首に巻いて出かける。

途中ガソリンスタンドが2軒ある。1軒はなぜか通りから50メートルくらい離れた奥の方に給油スタンドがある。そこまでは駐車場のようだ。もう1軒は普通のタイプだ。壁に掛かっている価格表示を見ると、ガソリンは1939マルク(約108円)、1989マルク、2039マルク（約110円)、対して軽油は1519マルク（約82円)。

日本と同じく軽油の方がはるかに安い。イタリアでも軽油の方が安かった。そして乗用車にディーゼル・エンジンが多かった。

だが、イタリアで走っても日本で悩まされるディーゼルの悪臭はまったく感じなかった。日本では平日の都心を車で走ると、いや休日でさえ一台でもディーゼルが前を走っていると私は喉と鼻をやられる。サイドウインドウを開けられないどころかダッシュボード上のボタンを外気導入モードにすることさえできない。

だが、ヨーロッパに来てみると、イタリアでは平気で窓を開けていたし、常に外気導入モードにしてあった。たとえ大型トラックあるいはバスが前にいてもだ。排気ガスは確かにガソリンのものと違うとわかる。しかしディーゼルの甘いにおいと言おうか、私にはそのように感じられるのだが、そういう排ガスのにおいがしてくるだけで、日本でディーゼルの排ガスを吸ってしまったときに感ずる強い刺激臭もなかった。

軽油の成分が違うのだろうか。エンジンの燃焼構造が違うのだろうか。イタリアのディーゼル車の排気管に微粒子除去のフィルターが装着されているという話は聞いたことがないが、もしかしたら私が知らないだけで装着されているのかもしれない。

ドイツでは、日曜の日没後の都心という交通量が少ない状況しか経験していないから、まだ何とも言えないが、ホテルまで外気導入モードのまま運転して来て何の問題もなかった。

悲惨な夕食

商店街に行く途中、シボレーのC／Kトラック（5700ccまたは7400ccのV8エンジンを載せた全長5メートル強、幅2メートル強のフルサイズのピックアップトラック）を見かけた。V8特有の豪快な排気音を轟かせながら走って行った。そう言えば、イタリアではアメ車と言えばチェロキーしか見なかった。

ホテルから20分くらい歩いて商店街まで到着。女房はからだが冷え切ったと言っている。私は温まったが。誰か専門家が「皮下脂肪には血管が通っていない。一旦皮下脂肪が冷えてしまうと運動して血液が温まっても脂肪が厚い場合には脂肪のすみずみまでは熱が伝わらない」と言っていた。今晩は冷たい風が強く吹いている。脂肪の外気に近い部分が風で冷され、よけい寒くなったのであろう。

以前3月上旬シカゴに行ったとき、冷い風が強く吹き、気温氷点下7度の中を、女房は私と一緒に車から降り、5分くらい歩いたことがある。そして暖かいビルに着いても女房は30分以上歯をガタガタさせて震えつづけていた。冷却された厚い皮下脂肪は本当に温まりにくいようだ。これでは夏の冷房にも弱いというのも頷ける。

さきほど見かけたマクドナルドに行くぞと言うと、女房は少々不満そうだ。せっかくドイツなのだからドイツのファーストフードであるソーセージが食べたいと女房は言っていたのだが、そのソーセージを売る店が見つからない。「まあ、寒くて震えているんだから、さっさと店に入った方がいい」と言ってマックの中に入る。

アメリカではバーガーキングやウエンディーズと比べるとマックは野菜が少なく肉が圧倒的存在感を持っている。われわれは野菜が多いバーガーキングなどの方が好みなのだが、マックも決して嫌いではない。そしてヨーロッパのマクドナルドの味はどうかなという興味もあった。

手前の店ではシシカバブを売っている。ドイツにはトルコから来た労働者がおおぜいいるからシシカバブの需要があるのだろう。それにも引きつけられたが、アメリカのうまいハンバーガーと同じものがここでも食べられるかどうかの方が気になる。それにシシカバブは羊の肉だろう。どうも今は食べ慣れないものは避けたい気分だ。うまくなかったら困る。

アメリカでもファーストフード店では、ほとんどクレジットカードが使えない。トラベラーズチェックさえ使えない場合もある。ドイツでも駄目かなと思って入店したが、案の定、店員にクレジットカードはもちろん、トラベラーズチェックも使えないと言われてしまった。マルクの現金を持っていなかったので、諦めて出る。

さきほどのシシカバブを含め、他に食べ物屋はあったが、やはりカードもＴＣも使えそうもない。使えそうな店があってもこちらが入る気がしない。寒い中、空しくホテルに帰ることにする。

さきほども見かけたのだが、商店街のはずれに韓国料理屋がある。寿司も出すと店頭表示がある。韓国料理と寿司と、どちらが本業なのか。経営者は韓国人なのか、日本人なのか。まさかドイツ人ということはあるまい……。

若い東洋人のカップルが店の表に張り出されてある献立を見ている。われわれも見てみたが、もう8時である。今更こんな遅い時間にあらたまってレストランに入り、食事するような気力がわかない。そんなことをメニューを見ながら日本語で喋ったのだが、若いカップルの方はまったくわれわれのことを無視し、黙ってメニューを見ている。日本人ではないのだろうか。

ホテルにそのまま戻ることにする。

ホテルに戻ってＴＣの交換を頼むと、１００マルクのトラベラーズチェックが９５マルクのキャッシュになった。５％の手数料を取られたわけだ。ちょっと取り過ぎじゃないか？

以降これに懲りて、安易にTCを交換してもらうのはやめにした。ファーストフード店以外ではまずTCそのもので支払いを試みるようにしよう。

ホテル内のレストランに入る。と言っても、部屋に持って行って食べることにする。部屋でなら、くつろいだ姿で食べられるし、食後すぐ寝られるからだ。

地元のバイエルン料理の店に入る。もう1軒地下にイタリア料理の店もあったが、ここはやはり地元のものを食べてみようというわけだ。

ドイツと言えば、まずはなんと言ってもビールである。われわれはふたりとも酒は飲まないのだが、本場のビールはどんなものかとずっと興味を持っていた。だが、この寒さの後にはビールという気分ではない。ビールと並んでドイツ的な食べものであるソーセージとじゃが芋を食べてみることにする。

都合よくじゃが芋とソーセージの料理がメニューに載っている。しかも1品料理の中で値段が最も安い。それを一人前だけ注文する。二人とも食欲があまりないからそれで十分だと思ったからである。

料理ができてきた。皿やナイフ、フォークは高級そうだ。

だが、部屋に持ち帰って食べてみると、期待は裏切られた。はっきり言ってまずい。スライスされたじゃが芋は香りがない上に水っぽい。やはりスライスされたソーセージはマリネードされているものの、ソーセージそのものの味が薄く、香りもない。量も少ない。ドイツと言えば、じゃが芋とソーセージと思って注文したのだが、驚くべきまずさである。ドイツ人はこんなまずいじゃが芋とソーセージを年中食べているのか？　このホテルの料理人がたまたま下手なのか？　われわれが東洋人だからわざと家畜のエサにしかならないようなまずいところを出したのか？　不満とともに、いろいろな疑問が湧いてくる。

あとは洗濯をし、風呂に入って寝る。

【7】ブランデンブルク、ブランデンブルク　3月6日（月）
アウトバーンを行く

5時ごろ目が醒める。まだ暗い。やがて6時前に明るくなった。6時半から始まるビュッフェスタイルの朝食に行く。

食堂は縦長で、ノボテルより広い。200平米近くあるようだ。白い壁に、真っ白いテーブルクロス、その上に生け花。非常に清潔感がある。シャンデリアも豪華だ。ただ、食器はノボテルの方が高級である。

入り口で部屋番号と名前を確認された。イタリアではどちらのホテルでも部屋番号も名前も確認されなかったが、考えてみればそうするのが当たり前である。イタリアで泊まったホテルはどちらもロビーが狭く、よそものが食堂に入りこまないよう目が行き届くので必要がなかったのかもしれない。

さて食事内容であるが、これは今回の旅行の中でベストの朝食であった。きょうが旅程の最終日ではないのだが、これ以上の朝食はあり得ないと確信できるほど、すばらしいものである。

まずテーブルに置かれている品目が多い。ベーコン、香りのいいサラミ、パプリカが入ったソーセージ、しゃけとさばの燻製（両方とも生臭い）、コハダの酢漬け（食べなかった）、フランクフルトソーセージ（うまい）、バジル入りのソーセージ、大豆スープ（大豆をそのまま煮ただけで大豆特有の甘さがそのまま出ている。まずい。ドイツ人に味噌スープを教えてやった方がよい）、スクランブルエッグ（まずまずの味だが、千葉駅近くの某ホテルの方がはるかに上手）、目玉焼き、多種類のチーズ、トースト、クロワッサン、プレッツエル（塩味が効いていて、ちょっと柔らかいクラッカーのようでうまい）、ジャム（苺、マーマレード、杏、ラズベリー、プルーンの各種）、バター、フルーツコンポート、フルーツポンチ、パルメザンチーズを載せた焼きトマト（トマトが非常に甘い。イタリアのトマトソースに使われているのと同じなのだろうか）、プラム、メロン、キューイフルーツ、ぶどう、桃、梨、パイナップル、トマトジュース（やはりトマトが甘くうまい）、ミルク、オレンジジュース、様々なお茶（緑茶にミントを入れたものがあり、面白い飲み方だと思った）である。

概して肉と魚が多い。イタリアのホテルではハムはあったが、魚はなかった。ハムの量も少なかった。

お茶を取りに行った女房がポットの使い方がわからず不器用な手つきでティーバッグをポットに入れようとしていると、係の人が丁寧に教えてくれたと言う。日本のようにポットにヒモ付きのティーバッグを入れればあとは待つだけというやり方ではない。ふつうヒモがある部分までバッグが伸びているティーバッグをポットの取手にひっかけないと、ちゃんとティーポットのふたがしまらないしくみである。

アツアツのティー（一回目は日本茶＋ミントのハーブティ、二回目はアールグレイ……）はなかなかの味である（このアツアツが重要である。実はこのあと行ったフランスではぬるめの湯しか用意されておらず、お茶が美味しくなかった）。３０分くらい食事を楽しんだ。

日本で温泉に一泊すると、夕食・朝食付き、駐車場代込みで安くて一人1万3千円ぐらいだろうか。二人だとその2倍とられる。一部屋に3人以上詰め込めば一人あたり1万円で済むところもある。このホリディインは豪華な朝食付き、駐車場代込みで二人分1万4千円弱。まあ、夕食と温泉がついていないという点を考慮に入れれば、日本と大差はない値段と思う人もいるかもしれない。だが、日本のひとり一泊1万円ちょいクラスの部屋は広い畳敷きの安アパートのようなもので、決して快適ではない。このミュンヘンの部屋は快適の一言である。この快適さを日本で求めるなら、一泊一人少なくとも2万円が必要であろう。

ともあれ、夕べのレストランとはまったく違うすばらしいこの内容に、逆になぜあんなひどいものが夕べ出されたかという疑問が湧く。夕べは女房がひとりで注文し、私が待つ部屋に持ってきたのだが、ウエイトレスさんは感じのよい人だったと言う。人種差別をしてひどい食べ物をコックさんに作らせるような人には見えなかったし、うまく運んでいけるようにしつらえてくれたりもしたと言う。

ちらりと窓外に目をやると、都心方面に向かうらしい車線の交通量が増えていた。そして通勤者らしき人々が白い息を吐きながら歩いている。やっとドイツで人間臭い様子を見ることができた。

ドイツと言えば森、森と言えばシュヴァルツバルトと思い込んでいる私はそこを散歩してみたいと思っていた。そこで、チェックアウトの受付けをしてくれた20代前半くらいの女の子に聞いてみたが、どこにあるか知らないと言う。ドイツ人なのにシュヴァルツバルトを知らないとは……。そんなことありか？　ドイツ人にとってシュヴァルツバルトは日本人にとっての富士山みたいなもののはずだ。信じられない。もしかしたら私の発音が悪いのかと思ったが、「シュバルトって英語でブラックという意味だよね」と言うと、「その通りです」と返事をする。

彼女はコンシアージ（接客係）の長身細身の中年男性に私の質問をドイツ語で伝えてくれた。彼にイタリアで買ったヨーロッパ地図を見てもらう。当然彼は知っていて、すぐ教えてくれた。だが、その場所は北のベルリン方面とはまったく異なる西にある。

シュヴァルツバルトは諦め、ベルリンに向かうことにする。チェックアウト時間は8時40分。

アウトバーンはフロントで行き方を聞いておいたので、迷うことなく15分後に乗ることができた。

例のコンクリートの道路がまた出てきた。片側3車線。流れが速い。イタリアと違って車線が多く、道が広いせいか、皆飛ばすこと、飛ばすこと。

この「飛ばすこと、飛ばすこと」というのがこのアウトバーンに乗ってからのまさに第1印象そのものだ。その速度はイタリアをはるかに超えている。私はエンジンというものは始動から30分経過しないとレッドゾーンに入れない方がいい（タコメーターがない場合はアクセル全開にしない方がいい）と思っているので、とりあえず130キロで走り始める。

アウトバーンに乗ってすぐ風力発電の白い塔が3基ほど立っているのが目に入ってきた。カリフォルニアのパームスプリングだったか、よくテレビや雑誌に出てくるものと同じ格好をしている。最近東京電力のコマーシャルでも風力発電機として映像に出てきているやつだ。最近雪が降ったようだ。周りの畑や林がうっすら雪化粧をしている。路面もまだわずかに湿っている。

私が出している速度130では、もちろん、一番外側の低速車線である。この外側の車線には100キロくらいでもたもた走るトラックがいて、私はつかえつかえ走ることになる。

やがて私も飛ばし始める。プジョー206、1・1リッターのパワーはわずか60馬力。このエンジンでは下り坂でアクセル全開にしても170ちょっとが限界である。もっとも、スピードメーターは210キロまで刻んであるが。

150キロを越えると前輪が若干軽くなる。その状態で大型トラックを抜かすと、直後にかなりハンドルを取られる。ダウンフォースがほしいと真剣に思う。ここではフロントスポイラーもリアウイングもただの飾りではない（だが、アウトバーンではそうした空力対用をした車は一台も見ることはなかった）。最初からその手の空力付加物をつけているフェラーリやランボルギーニなら、アウトバーン上でその効果を十二分に感じつつ、リラックスして200キロ以上の速度で走ることができるはずだ。

ただ、このちっぽけなプジョーも、両手でスティアリングをつかんでいると怖く感じるが、片手で軽く押さえるだけにしているとハンドルの軽さが気にならなくなることがやがてわかった。170キロ近くで走る私をぶち抜いて行く車が1分に1台くらいの割合で現れる。きのうと同様ベンツ、BMW、アウディ、ボルボである。ゴルフもいる。時にはオペルのアストラも来る。そういう高速車を含めて周囲の車はほとんどどれも新型である。ベンツで言うと、丸いヘッドライトのEクラスだ。古いベンツなどまったく見かけない。アウディならA4、A6などである。イタリアとの経済力の差がはっきり感じられる。ただ、Sクラスのメルツェデスを見かけることは多くない。ドイツで見かけるベンツはたいがいEクラスである。Cクラスもあまり走ってなかった。

イタリアでもそうだったが、トラックがアメリカと比べて小さい。片道3車線のアウトバーンはアメリカのどこのフリーウエイよりもはるかに立派なものである。そこをアメリカのよりも小さなトラックが走っているというのはちょっと格好が悪い。格好はともかくもったいないではないか。アメリカ並のでかいのを走らせれば、効率がいいだろうに。都市間の距離が短いからそこまででかいのを転がす必要がないのだろうか。それともあまり大きな排気量エンジンは環境によくないということで禁止されているのだろうか。

疑問18「なぜドイツではアメリカ並の巨大トラックが使われないのか？」

第2車線の車を抜かそうとして追い越し車線にしばしば入る。私が遅い車を追い越しつつあるときに、リアヴューミラーを見ると高速車の鼻面が鏡面一杯に映って、どけどけと意思表示されることがよくある。そのさい、ハイビームをかけてくる車は少ない。ハイビームというのはマナー違反な感じがするから、ヨーロッパではやらないのかなと思っていたが、いることはいる。ただ、それよりは左折の方向指示器を出す方が多い。だが、最も多いパターンはただ単に前の車に迫ってリアヴューミラーに自分の姿を映すというものである。

威嚇的に迫ってくる車で特に多いのはアウディである。ベンツよりも多い。私は決してリアヴューミラーを見るのを怠るタイプではない。1・5秒くらいに1回は見ている。だが、そういう私のミラーにいきなり映ってくるのが彼らである。彼らは160キロで走行車線に戻る私の車を軽く抜き去り、すぐに視界のかなたに消えて行く。200キロ以上出していることは確実である。車の出力差を見せつけられる。アウトバーンなら、速い車は確実に速く目的地に到着できることを実感する。ただ、突出して速い速度ではない。私もまわりの車も160ちょいくらいで走っているから、目立って速いという印象の車は1台もない。

なお、アウトバーンを小排気量車で高速移動したいなら、オートマは避けた方がよい。流体クラッチのために滑りが発生するので最高速が伸びないし、加速も鈍るからだ。オートマが3段だと、高速ではシフトダウンもできないことになる。

女房にも国際免許を取らせてきたので、運転したいかと聞くと、「マニュアル車なんて運転できない！」と言う。昔は「マニュアル車しか運転できない」と運転の簡単なオートマ車を小ばかにしたような言い方をしていたものだが、家のオートマのアメ車に慣れてしまったせいか昔とは逆のことを言う。まあともかく、この高速の世界ではスピードを怖がる女房に運転させるのは無理なので、私1人で運転することにする。

なお、ドイツでも女性は比較的ゆっくり運転している。追い越し車線を飛ばしてくる女性でも、強圧的に迫り、「どけどけ」という感じでリアヴューミラーに映ってくることはなかった。他の車に対する態度を見ていても、前の車が車線をあけるまで距離をあけて待っている。やはり、ドイツでも女性の運転は穏やかだし、辛抱強いようだ。

低速車線を走る大型トラックとバスは、もちろんディーゼル・エンジンである。3車線道路の場合、法で禁じられているのだろうか、こうした大型車輌が一番内側の車線を走っていることはなかった。高速を走っている大型車輛は大排気量エンジンなので当然排出されるガスの量も多い。

トラックの場合、排気管は運転席の下、エンジンからすぐのところから排ガスを出している。アメリカでは運転席のはるか上にツノのように突き出ているのだが、イングランドを含めてヨーロッパでは運転席側の下で外側を向いている（日本のトラックは荷台の下で出す）。だから、左から抜かす一般乗用車はトラックの排ガスをまともに受けることになる。量が多いだけに息が詰まる。酸素不足になる。そこで外気導入モードを内気循環に切り換える必要が出てくる。

以前ヤナセで聞いたところによると、ベンツは内気循環モードでも外気を１００％遮断せず１５％導入するようである。アメ車もその割合で外気を入れるとＧＭの人間が言っていた。ベンツは密閉性がよいので、１００％にすると酸欠の問題が発生すると言う。だが、このプジョーは１００％遮断のようだ。まったく排ガスは入ってこない。

ただ、内気循環に切り換えるのが間に合わずトラックの排ガスの直撃を受けることもある。しかし、日本のトラックが出す黒煙、あるいはもっとひどい場合には白煙を吸わされた場合のように毒ガスを吸わされたという被害意識を持つことは一度もなかった。日本でのように、喉と鼻が煤塵によってほこりまみれになり、痰を吐きたくなるという実害を受けることはなかった。トラック、バスが真っ黒い煙を出して走っている姿を見ることもなかった。

私は日頃ディーゼルによる大気汚染に強い関心を持っている。いや関心を持っているだけでなく、日本でその汚染にひどく悩まされている。だからディーゼル車が多いと聞いていたヨーロッパでの汚染の度合いがどんなものか強烈な関心を持って訪欧した。

平日の東名を走ると、私は数多いトラック、バスによるディーゼル排ガスの汚染に悩まされるだけでなく、そのひどさに日本社会に異常さえ感じるのだが、ヨーロッパの高速道路ではどうなのかが知りたくてしようがなかった。ヨーロッパのディーゼルは黒い排ガスを出さないと人から聞いたりしていたが、自分の目で確かめたかった。

今回、イタリアのアウトストラーダ、そしてドイツのアウトバーンを走って、私はその大気のクリーンさに衝撃を受けている。大気の汚染度は日本の東名などと比べればゼロと言っても過言ではない。裏返せば日本の異常さを再認識させられたのだが、このディーゼルの問題については別の機会に詳しく論じたいと思っている。

ミュンヘンを出たのが9時ちょっと前。10時ごろニュールンベルク近くのサービスエリアで給油。セルフサービスである。燃費は前回の給油以降リッター13・7キロ。リッターあたりの値段はおよそ1・95マルク。マルクのトラベラーズチェックを使うことができた。

サービスエリアを出てまもなくBayreuthという町でスーパーらしきものがアウトバーン上から見える。昼食を買おうと思い、降りてみる。しかし残念ながらスーパーと思ったのはガーデニングの店だった。少し町を走ってみたがスーパーは見つからなかった。フェラーリのディーラーの隣にマクドナルドはあったものの、今はドイツならではのものが食べてみたい。

またアウトバーンに乗る。その町での滞在時間は10分くらいだった。

Hoffという町を過ぎたところにサービスエリアの標識があった。中にナイフとフォークのマークがある。昼食をとることにする。

エリア内には食堂もあったが、その手前に持ち帰りのできるファーストフード店もある。ゆっくり食事をするよりは速くベルリンに行ってみたいので、手前の店に入る。ソーセージがある。きのう食べたソーセージはひどい味だったが、けさのビュッフェのはうまかった。ソーセージ1本とフライドポテト1人前、そしてコーラを注文する。2人分にすると、まずかった場合食べ切るのに苦労するからだ。

カウンター越しに出された品を店の外に持ち出し、車のドアを開け放って食べ始める。

さて味は?

両方ともうまくない。熱した鉄板の上に置かれていたソーセージは日本の安ものソーセージと同じ味だ。フライドポテトは店員の女の子が目の前で揚げてくれたのだが、ミュンヘンのと同様香りがなく、つまらない食べ物である。きのうと言い、きょうと言い、ドイツ人は本当にこんなじゃが芋を食べているのだろうか。もしそうだとしたら、ドイツ人は味覚音痴……とまでは言わなくとも、味にうるさくない民族なのだろうか……。いずれにしろ、こんなまずいものを食い続けるという神経が私には理解できない。

疑問19「なぜドイツ人はこんなまずいじゃが芋を食べ続けているのか?」

食べ終わった紙の皿（発泡スチロールではない！）を捨てようと駐車場のすぐ脇にあるゴミ箱に行ったが、どこに何を捨ててよいかわからない。5つゴミ箱が並んでいるのだが、絵が描かれておらず、ドイツ語のみの表示。そこでふたを一つ一つあけて中を確認。茶色いビン専用、透明なビン専用、茶色いビン専用、缶専用、そして最後に普通のゴミっぽいものが入っている箱。最後の箱にゴミを入れる。

ベルリンの市境に着いたのは2時。ミュンヘンからベルリンまで590キロ。平均時速108キロである。途中1回アウトバーンから降り、2回サービスエリアに立ち寄り、更にはベルリン直前のポツダムあたりから道路工事のためにのろのろ運転を強いられたり、完全停止を余儀なくされたりしたことを考えるとまずまずのペースであろう。まあ私が借りた車ではこれが精一杯のタイムだった。

アウトバーン雑感

アウトバーンを走っていて気がついたことが2つある。

ひとつはドイツに大平原があるということである。「ドイツは森の国だ」とか「ドイツの地名ハイデルベルクのベルクは『山』という意味だ→ドイツは森の国である以外に山国でもある→森と山の国なら、地形的には日本と似ているのではないか→平野が少ないのではないか」などと勝手なイメージを抱いていた私にとってはこの大平原がまったく予想外の見物であった。大きな驚き、いや衝撃でさえあった。

ミュンヘンでアウトバーンに乗るとすぐ田園地帯になる。田園はきのうのイタリア北部と同様起伏のない真平らな大平野である。左右どちらを見ても真平らな地平線が見える。そんな風景がミュンヘンから450キロ強のライプチッヒあたりまで続いた。日本で言うと、東名の用賀から栗東の手前くらいまでずっと大平原ということになる。まるでアメリカを走っているかのような感覚に襲われた。米国と違うのはイタリアと同様人家が点々と絶えず見えることである。アメリカはまったく人家がない方が多い。

ちなみに、ミュンヘンの北には小麦畑だけでなく、ホップの畑だろうか、細い棒を無数に立てた正体不明の畑もある（帰国後判明したのだが、ぶどう畑であった。地面から棒が突っ立っていて、その棒にぶどうの木を巻きつかせ、地面に這わせないようにしている。イタリアのぶどう畑と違う。あちらでは日本と同様のぶどう棚になっていた）。林の木は針葉樹と落葉樹の混合である。どんぐりや唐松などさまざまのようだ。

もう一つ気がついたのはミュンヘンという都市を離れて田園地帯になっても、3車線が維持されていることである。私が使ったのはアウトバーン9号線であるが、ミュンヘンからライプチッヒを越えた地域までずっと3車線だった。500キロ近くずっと3車線ということである。これはすごいことだ。私はアメリカ合衆国でハワイ州とアラスカ州以外のすべての州およびコロンビア特別区（ワシントンDCのこと）を走った経験を持つが、その私の知る限り、アメリカでは都市を出てしまうとすぐ高速道路は必ず2車線に減ってしまう。高速道が2車線しかないと、トラックなどが追越し車線に出て来た場合、速い乗用車が減速を強いられる。遅いトラックが更に遅いトラックを抜かしているような場合は悲惨で、乗用車はトラック率いる大名行列に参列させられることになる。もちろん、交通量が多ければ渋滞の原因にもなる。

日本にも東名、東北道などに3車線部分があるが、それは各高速道のごく一部である。ドイツと比べて平野が極端に少ないのだから、日本全国の主要高速道の大部分を3車線にするというのは現実的でないだろうが、車線が少ないために大名行列が発生しやすく、そのために減速と加速を強いられ、燃費が悪くなる分石油資源の有効活用という点で、ドイツに比べ日本がはるかに不利なことは間違いない。移動の速度が落ちるという欠点もある。

スピードの出し過ぎは危険だと言う人が世界のどこにも必ずいるものだが、危険な速度とは時速何キロ以上なのか。そういう人は速度は遅ければ遅いほどよいと言うのだろうか。それなら車は停まっているのが一番いいことになる。時速100キロならいいのか。それなら110キロはなぜいけないのか。日本で時速100キロが制限速度として導入されたのは名神開通のときだろうか。アメリカでは全国一律55マイルの速度制限が第1次オイルショックのときに導入されたことがあるようだ。今アメリカはその55マイル制限を撤廃し、速度制限は州毎に異なっている。だが、55マイル制限を維持している州は少ない。65マイルにしている州が多いが、75マイルの州もあれば、速度無制限の州もある。

時速100キロとか55マイルとかの制限が設定された時代からすれば、今の車の高速安定性、ブレーキ性能、タイヤ性能は格段に向上しているはずである。そんなことを言うと車は進歩しても人は進歩していないなどと言う人が出てくるが、では高速性能が優れたものになった現代の車でも例えば時速130キロで走るのは危険だと言うなら、高速性能の劣っていた過去の車で時速100キロで走るのが危険でないと判断し、その速度までは法定許容速度としたのはなぜか。科学的に説明ができるのだろうか。日本もいささかでも高速道路の高速化が可能にならないかという視点で、実地にアウトバーンを研究すべきではないか?

ベルリンのスーパー

ライプチッヒあたりからは森林地帯になる。家も見えなくなった。ベルリンもその森の中にある都市である。改めて地図を見てみるとベルリンの周りには湖が多い。ベルリンは木と湖に囲まれた世界である。ベルリンという名はスラブ語で湿地帯を意味する言葉に由来すると聞いたことがある。そう言えばアウトバーンがベルリンに近づくにつれて木の幹の下部が苔むしてきている。あるいは苔ではなくカビだろうか。

やがて森が開けて都会になる。このままベルリンの都心に向かうことにする。だが、ベルリンの拡大図はあるものの、ローマと同様示されている範囲が狭く、今乗っている高速が記載されていないので、どこで降りてどう行けばいいのかさっぱりわからない。ミュンヘンと同様アウトバーン上からは宿泊施設も見えてこない。

やがて都心方面と書いてある出口が見えてきたので降りる。

だが、そのまままっすぐ一般道を行ったところ、ビル街が消えてしまった。見通しがよくなった向こうの方には鉄道が通っているのが見える。そして大きな団地の集落という様子になってきた。これではホテルはありそうもない。

スーパーらしき大規模店舗の駐車場があったので、車を入れ、買い物客に都心への行き方を聞くことにする。ところが大変愚かなことを私は犯してしまうことになった。

駐車場を歩いてきた青年3人組に声をかけた。女房がベルリンの壁で有名なブランデンブルク門が見たいと言っていたので、彼らにブランデンブルクに行く道を聞くと、どうも彼らの言うことが変である。たどたどしい英語で「悪いが、遠すぎて教えられない。アウトバーンで行くしかない」と言うのだ。「えっ？　アウトバーンで行く？　だってここはベルリンじゃないのか？　ブランデンブルク門もベルリンにあるんだろう。ベルリンって市内もアウトバーンで行き来しなきゃならないほど大都会なのか？」私は心の中でそう思った。「ここは同じ東京でも新宿から遠く離れた八王子みたいなところなのか？　都心方面という出口で降りたのに、そんな遠くまで来たのかな？」

現地の人間が「遠すぎる」と言っている以上そうですかと思うしかない。「そうなんですか。ともかくありがとうね」と言ってその場を立ち去るしかない。

ただ、若者たちは、前の通りを右の方に行けばアウトバーンがあるということも教えてくれた。

しばらく行くと確かにあった。ただし入り口は反対側車線にしかない。こちらの車線側は商店街になっている。道路の反対側は団地だ。

商店街をよく見ると、目の前がスーパーではないか。商店街の一画にスーパーが入っている。いつまたスーパーがあるかわからないから、ブランデンブルクに行く前に買い物をすることにする。駐車場はないようなのでスーパーの前に路上駐車。店内に入る。商品陳列は世界中のどこに行っても同じだ。

だが、ドイツでは今まで経験したことがない場面に遭遇した。

店に入るとイタリアのスーパーと同様カートはあるが、手提げかごがない。そしてイタリアと違って、買い物ゾーンに入る手前にゲートがあり、遊園地の入り口によくあるような腰くらいの高さのアルミ製の回転式パイプが設置されている。

このゲートの手前には受付け係がいて、かばんや袋を持っている場合はその係に預けなければならない。イタリアでは各自のかばんや袋を携帯していても、そのまま携えて買い物ゾーンに入り、まるで万引きでもするかのようにそれらの中に品物を突っ込み、レジで吐き出していたが、ここのスーパーではそれは許されない。

回転式扉は買い物ゾーンへの進入専用である。逆回転させられない。それを通って買い物ゾーンに入った私はひとわたり店内を見たので、買い物中の女房を残して外に出ようとした。

ところが、である。日本のスーパーの感覚で私は使われていないレジから出ようとしたのだが、係員のいないレジにはアルミ製の遮断機が降ろしてある。おまけにその遮断機には日本でも見かける赤地に横一直線の白線という進入禁止の標識が貼られている。他に、日本のスーパーでは出られそうなところに目をやっても進入禁止のマークが貼ってある。

いろいろ見た結果、係員の座っているレジを通る以外に買い物ゾーンから出ることはできないことが判明した。

そんなこととはつゆ知らずに、気軽に買い物ゾーンに入ってしまった私は困った。私は女房が買い物をしている間暇つぶしにどんなものを売っているのか見るためにだけ入ったのであって、初めから買い物などする気がなかったのだ。仕方がない。その時間（3時半ごろ）ひとりでレジ係をしていた中年婦人に英語で「すみません。買いたいものがなかったのでもう出たいんです。どこから出たらいいんでしょうか?」と聞いた。

愛想のよい顔で聞いてくれていたが、英語がわからないらしい。返事が帰って来ない。レジに並んでいた客の一人が小声で何か彼女に言った。男の声か女の声かわからないくらいのささやき声だ。私の言ったことをドイツ語に翻訳してくれたらしい。レジの女性は「このレジを通って出てください」という意味のことを私に向かって手振りを交えてドイツ語で言った。私は行列している客5、6人の背後を通らせてもらって外に出ることができた。

万引き対策に随分力を入れているスーパーだと評価してもよいのではないかと思う。それだけ万引きが多いのだろうか。それともドイツ人が疑い深い性格なのだろうか。

いやそうではなく、万引きをする気をそぐことによって人に犯罪を起こさせないようにしている善意の現れとも解釈できる。

ともかく、このようなスーパーは必ず何か買う目的で来ないと順番待ちの人々のうしろを通らせてもらって外に出るという面倒なことになる。覚悟して来なければならない。

女房の方はしばらくしてから水、牛乳、りんご、トマトジュース、生理用品を買って出てきた。手で抱えている。日本のようにビニール袋は渡さないというのが環境重視のドイツらしい。


スーパーのそばのカメラ店で使い捨てカメラも買った。日本から持って来たデジタルカメラが作動しなくなったからだ。その店でもう一度ブランデンブルクへの行き方を聞いた。店員の娘さんは英語は分かったが、「どうやって行くのか知らない」と言う。そして「ちょっと待って」と言って店の奥へ行ってしまった。

「ブランデンブルクは知っているが、そこへの行き方を知らないだと？　そりゃ、東京都民が銀座までの行き方を知らないのと同じことじゃないの？　いくら若い娘だからと言ってちょっとそれはないいんじゃない？　今朝のシュバルトバルトを知らない娘といい、最近のドイツの教育はどうなっているんだ？　いや、そうか、この娘は車を運転しないのかもしれない。バスや鉄道なら行き方を知っているが、車での行き方は知らないということか？　それじゃ教えられなくて当然か……」

そう思っていると、奥の方から父親だろうか、初老の男性を呼んで来てくれた。彼がもっぱらドイツ語で話しながら、私のノートにメモしてくれたところによると、先ほど聞いた通り、すぐそこのアウトバーンに乗り、次にアウトバーン2号線が出てきたらそちらに移る、するとやがてブランデンブルクという標識が出てくると言う。

やはりアウトバーンを使って行かなければならないそうだ。ここはベルリンの都心から遠いようだなと思いながら、店を出る。

駐車スペースでないにもかかわらず駐車違反のステッカーも貼られずに停まっていたプジョーに乗り、言われた通りの進路をとる。教えてもらった通りにアウトバーンを進むことができ、気分がよい。環状線とおぼしき個所は片側2車線しかなく、首都高なみの渋滞でのろのろ前進だが、2号線に移ると交通量も減り、車線もひとつ増え、アクセル全開にできる。

ベルリン迷走

だが全力疾走開始後2、3分たつと、何か様子がおかしい。森林地帯を走っているではないか。変だ……。ブランデンブルク門はベルリンという都市の中心にあるのではなかったか。最初に述べたようにこの旅行はヨーロッパのことをまったく事前に調べることもなく、いきなり来たわけだが、ブランデンブルク門がベルリンの市街地にあることくらいは調べなくても知っている。しかるにわれわれはどう見てもダウンタウンから遠ざかっている。

女房が見ている地図をとりあげ、滑らかな路面のおかげで高速でもまったくぶれないハンドルの上においてベルリンのページをよく見てみる。すると……ブランデンブルクという町の名前が太目の活字でベルリンの西に印刷されているではないか！　われわれは今ブランデンブルク門でなくブランデンブルクという町に向かっているのだ。みなその町のことだと思ったのだ。私が行きたいのはブランデンブルク門である！　ブランデンブルクではない！

ブランデンブルク直前の森に囲まれた寂しい出口で降り、Ｕターン。全速力つまり１７０キロでアウトバーンをベルリンに戻る。

全開走行中ガソリンスタンド併設のサービスエリアを発見。ガス補給と道を聞くべく立ち寄る。ガソリン代はマルクのトラベラーズチェックで支払うことができた。燃費は１６・０４キロ。脅威的にいい。入れ方が甘く、満タンにならなかったかな？　リッターあたりおよそ１・９５マルク。

道の方は支払いを終えたあとそのままカウンターで店員に聞く。彼は陳列棚から商品の地図を取り出して広げ、ここを通ってこう行くんだとかすかに口臭を交えながらドイツ語オンリーで語ってくれた。ノートを出して道順を書いてくれないかと言うと、乗るべきアウトバーンの番号と降りるべき出口の名前を書いてくれた。

スタンドを出てすぐミュンヘンから来たときに使ったアウトバーンに合流。再度そのアウトバーンを走り、見覚えのある分岐点に出る。スタンドで教えてもらったところではシャルロッテという出口でアウトバーンを降りろとのこと。だが、分岐点のどちらに進めばシャルロッテが出てくるのかまでは聞いていない。とりあえず前回と同じ方向にもう一度進む。都心はこちらと標識が出ているからだ。

しかしシャルロッテが出て来ない。シャルロッテまでスタンドから10キロくらいと聞いていたが、それをとっくに過ぎても出てこない。シャルロッテでない出口で降り、猛スピードでアウトバーンを引き返す。先ほどの分岐点を過ぎた最初の出口で降り、Uターンしてまたアウトバーンに乗る。分岐点に戻り、今度はもうひとつの方面に曲がる。だがそれでもシャルロッテは見えて来ない。

しようがない。賑やかそうなところを通りすぎないうちに降りるしかない。ビルが多く見えるところで一般道に降りる。

一般道をしばらく行くと、大きな交差点に出た。ここでどちらに進むかでその後の運命が決まる。

車を停め、歩行者に聞きに行く。ただ、捕まえた初老の男性はまったく英語が話せない。今われわれの立っているところが私の持っているベルリンの拡大図の範囲にまだ入っていないと言っていることはわかったのだが、その拡大図の地域にはどう行けばよいかと英語で聞くと、説明に自信がなさそうだった。しどろもどろという感じもする。酔っているのだろうか。だが酒臭くはない。

このオッサンはもうあきらめたかったが、「もういいです。結構です」と言って彼の見ているところで別の人間に聞くことはできない。いらいらしながら、オッサンから役に立つ情報をせめてひとつでも聞き出そうと思う。

ブランデンブルク、いやブランデンブルク門までだいぶ遠いらしいことだけはわかった。ただ、遠いというだけでは無意味だ。どちらの方角に行くべきかを聞き出さねば。今いる交差点をどちらにいけばよいかだけを聞き出すことにする。交差点を左に曲がって行けと指をさして言う。

彼の言う通り進むが、何か不安である。彼に道を聞いた地点の方がむしろ都心という感じだった。今は住宅が増えてきている。

歩道脇に車を停める。歩行者は数こそ多くないものの、途切れずにやって来る。

３０歳前後に見える黒いオーバーを着こんだ青年が路地から出て来た。忙しそうに歩いて来たが、私が声をかけるときちんと聞いてくれようとする。

彼は英語ができた。彼によると、今来た道を逆に行けとのことである。さっきのおやじさんとは逆のことを言う。だが、こちらの方が信頼できそうだ。

「駅が見える交差点がある。そこから先は今いる位置からは……」と言いかけて言葉に詰まった。英語でどう続けるべきか頭に浮かんでこないのだ。「遠すぎて説明できないわけだね？」と私が続けると、「イエス。イエス」と嬉しそうに言う。

駅のある交差点と言えば、さっきのおやじさんに尋ねた交差点に地下鉄の駅が見えていたではないか。おやじさんの説明は何だったのか？

今まで道を聞いた人はイタリアでもこのドイツでも皆親切に教えてくれた。教えられない場合はすまない、役に立てないときちんと言ってくれた。「あのおやじさん、何なんだ？ 5分くらい長々といやな顔もせず付き合ってくれたんだけどな……」それを聞いて「よくわかんない……」と言う女房は私が道を聞いている間車の中にいた。

ちなみに、女房が車で待っている間私はエンジンを切っておいた。寒かっただろうが、エンジンをかけっぱなしではどういう事態につながるかわからないという恐ろしさがある。強盗が車内に侵入し、そのまま車で逃走するとか、女房が何かの拍子で気が狂って車を暴走させるとか、何が起こるかわからないではないか。そこで、私は日本でもいつも、車を離れるときはエンジンを切る。

駅の出入り口がある交差点に戻る。交差点からちょっと離れたところに路上駐車の車を発進させようとしている中年女性がいた。

私が車から降りて前から近づいていくと、運転席の彼女は一瞬不安そうな顔を見せたようだったが、道を尋ねようとしていることがわかるとサイドウインドウを降ろし、親切に説明を始めてくれた。英語で話しながら、私のノートに曲がるべき交差点名、通るべき通りの名を書いてくれた。

本当は文字でなく地図で書いてほしいのだが、さっきのガソリンスタンドの店員もこの中年婦人も文字だけで書いてくれる。「図にしてくれ」を英語で何と言うかな？「する」はまさかdoじゃない。drawでいいかな？「図」は何だ？mapでいいか？……などと疲れた頭で考えている内にどんどんドイツ語で文字を書いている彼女にあらためて地図も書いてくれと言うわけにもいかない。だが、彼女は文字で書きながら、曲がるべき交差点がものすごく広いとか方角を身振りも交えて教えてくれたので、今回は平気そうだ。

教わった通りに行くと、出た。これぞベルリンの中心街と確信できるところに出たのである。

ネオンが明るい。われわれの知るミュンヘンと違って賑やかだ。カメラをぶら下げた如何にも観光客然とした人たちが大勢歩いている。ただ、カメラをぶら下げていると言っても日本人らしき姿はひとりも見かけない。みな白人だ。その向こうには動物園の看板が見える。

だが、ホテルの看板は目に入ってこない。すると折りよくハーツの営業所が出て来た。今このプジョーははるか南方のニースで借りたとは言え、同じハーツの車だから地図くらいくれるだろうと思い、オフィスに入る。

「お宅の車借りてるんですけど。ベルリンの地図くれませんか？」とハーツのキーホルダーを見せながら、フロント嬢に聞くと、「ええ。ちょっと待って下さい」と英語で答えてくれた。客もいないので、「えーっと、どこだったかな……」と言いながら、もう一人の女性とふたりでオフィス内をあちこち探してくれたが、あいにく在庫なしであった。

だが、ホテルを探していると言うと、ホリディインが近くにあると言う。３０メートル先の交差点を右にまがって行けば見えてくるということだった。

営業所のすぐ先に停めた車の前に交差点がある。これが曲がれと言われた交差点かな、30メートルにしては近すぎるかなと思いつつ、曲がって行く。ホテルは見えてこない。先にもホテルがありそうな明るさがない。さびしい感じになっている。

一方通行だったのでUターンできない。狭い通りで絶えずうしろから車が来るので、バックして戻るのも無理だ。別の通りを使ってさきほどの賑やかな方向に戻る。

賑やかな通りに出る直前に客待ちをしているタクシーの列があった。最後尾にいるタクシーの運転手に聞く。冷たい風が吹いていたが、わざわざドアを開けて話を聞いてくれた。サッカーのトルシエ監督そっくりだ。思わず「転職したんですか？」と聞きたくなった。

「ホリディイン？　ムニャムニャホテルのことか？　ならすぐそこだよ」と「監督」は言う。「ムニャムニャ」部分は聞き取れなかったが、ホテルならどこでもいい。疲れ切っていて早く投宿したい。

「イエス、イエス」と言うと、ブロークンな英語で身振りを交えながら教えてくれた。だが、もうこれ以上迷いたくないので、慎重を期して私がノートに矢印で方角を書いて彼に確認してもらう。彼の言うホテルは、その方向からすると、ハーツ嬢の教えてくれたものとは違うようだ。

ベルリンのやきそば

「監督」のおかげですぐホリディイングループのCROWNE PLAZAが見つかった。ベルリンにはホリディイングループのホテルが複数あるようだ。

ベルリンの中心地にあるにもかかわらず宿泊料199マルク、駐車場代25マルク、合計日本円で1万2千円強ときのうのミュンヘンと比べて高くはない。

笑顔を絶やさない可愛いブルネットの受付嬢に「都心なのに意外と安いね」と英語で言うと、「ファーストフロアー（つまり2階）で道路に近くうるさいから安いのです」との返事。

部屋に入ってみると、ミュンヘンよりは部屋もベッドも狭いものの清潔で気持ちがよい。窓は分厚く、道路からの音などまったく聞こえてこない。夜、街が寝静まった頃車が通るとうるさく感じるのだろうか。

きょうの走行距離は798キロだった。

食事に出る。中華料理店が何軒か目に付くが、きのう食べ損なったマクドナルドが目に入った。女房はまた嫌がっている。ミュンヘンでの朝食で意を強くし、ドイツ名産のハム、ソーセージの料理を食べたいと言う。きのうのソーセージ、きょう昼間のサービスエリアのソーセージがまずかったことを忘れている。「マックはきょうだけにするから、いいだろ」と伺いをたてる。「ハンバーグというのはハンブルクというドイツの地名から来ているんだし」と付け加える。

途中ナイキの販売店がある。2年前に行ったテキサスのナイキのアウトレットは非常に安かったが、ベルリンのはどうだろう？　あとで覚えていたら寄ってみよう。

マックに入ると、混んでいる。満席だ。座れなくて壁にもたれかかって食べている客もいる。

2、3人の列に並んでビッグマックセットを一人分頼む。今日は疲れていて食欲はそれほどなかったし、アメリカなら一人分でかなりの量になるので、ドイツでは米国人以上に体躯のいいドイツ人相手のマックだから一人分で十分だろうと思ったのだ。

ところが、である。出てきたのは日本のと同じサイズ。つまり、薄っぺらで小さい。味も日本のとまったく同じ。アメリカのジューシーなものとはまったく異なるものだ。パサパサしており、肉にうまみがまったくない。つまらない味だ。肉食のドイツ人がこんなものを食べて喜んでいるのだろうか？　店内にごったがえしていた客たちはドイツ人でなく、外国人観光客あるいは同じドイツでもマックがないような田舎から出て来て物珍しさに食べに来ているおのぼりさんなのだろうか？

黒人の子供がカウンターから立ち去るさい、うしろで順番待ちしていた私に、礼儀正しくもBitte「どうぞ」と言ってくれたのだが、どう解釈すべきか。観光客の子供だがBitteというドイツ語くらいは覚えてきたのか、しかし「どうぞ」という言葉は普通観光客が覚える言葉だろうか？　「これは何ですか」とかあいさつの言葉などは覚えるだろうが……。マックもないようなドイツの田舎に彼のような有色人種が住んでいるとは考えにくい。あるいは移民の親と共にベルリンに住みついたばかりの子でここのマックがまだありがたく、おいしい食べ物だと思っているのか？　あるいはきっすいのドイツ生まれ、ドイツ育ちだけれども子供だからうまいと思っているのか？

ともかく不思議でしようがない。なぜ肉食文化圏のこの土地でこんなつまらない味の肉入りサンドイッチが売られているのだろう……。食べているのはベルリン市民でないとしても、皆肉食文化圏の人間だ。つまり、われわれのような東洋人はひとりもいない。この連中は何が悲しゅうてこんな味の肉食品を食っているのか？　本当に理解に苦しむ。このハンバーガーのまずさがあまりにも衝撃的で、いろんな疑問がいちどきに湧いてきて、頭がくらくらしそうなほどだ。アメリカのあのうまいハンバーガーはアメリカでしか食べられないのか？あるいはアメリカでしか食べられない仕組みになっているのか？　うまいのを食べたければアメリカに来いと言うことか？　ちなみに、われわれの頼んだビッグマックセットは８マルク、４５０円弱だった。

疑問20「なぜ日本と同様なつまらない味のマクドナルドがベルリンで盛況なのか？」

コーラは万国共通だが、フライドポテトがまた、ミュンヘン、そしてサービスエリアで食べたのと同じ、なんとも情けない味だ。というより、味がないと言うべきだ。香りがない。やはりつまらない食べ物と言わざるをえない。きのうのホテルときょうのサービスエリアのポテトがまずかったのはたまたまということではなかったのだ。われわれが人種差別をされて家畜のエサのようなものを出されたのではなかったのだ。ドイツ人はこんな悲惨なものを食っているのだ。哀れなるかな、ドイツ人よ、こんなポテトしか食えないとは！　こんなじゃが芋を食べて一生を終えるとは！

ドイツ語はフランス人あたりから「馬の言語」と貶められたりするようだが、この「馬」鈴薯はまさに「馬の餌」と言いたくなる。

店を出て、宿に戻る途中、歩道が広くなったところ（帰国後に地図を見ると、カイザー・ヴィルヘルム記念教会の前の歩道）に屋台が4、5軒出ている。私はどうせ観光客目当ての屋台だろう、ベルリンに一生に一度しか来ない観光客を相手にいい加減な安物を売っているんだろう、などと1日の疲労でやられ、マクドナルドにがっかりさせられた神経で心の中で悪態をついた。

だが、その中の1軒の屋台が気になる。中国人風の男二人が料理している。

近づくと、焼きそば、もつ入りの野菜炒め、焼きビーフンの3種類が鉄板の上に山盛りになっている。彼らはチャッチャッと軽快な音とともに中華鍋で調理し、できあがった料理を鉄板に乗せている。まわりには会社帰りらしき男女が立ち食いをしている。男はネクタイに真黒な分厚いコート。女もネクタイを着用していないだけで真黒なコートを着ているのは男と同じだ。どう見ても観光客ではない。現地の人間だ。皆ひとりで黙々と食べている。

女房が食べてみたいと言う。焼きそばを一人分買わせてみる。4マルク（210円くらい）。

紙の皿に載せられたそれをまず私に食べろと差し出す。しょうがない。毒見役を引き受けてやろう。

この屋台の備え付けか、スツールのような形の1脚テーブルが一本すぐそばに立っている。黒いコートを羽織った会社員らしき金髪の若い女性がそのテーブルに焼きそばの紙皿をのせてひとりで黙々と食べている。上手に箸を使っている。私もそのテーブルに置かせてもらって食べ始める。

すると、なかなかうまいではないか。いやいや、単にうまいと言うだけでは適切さに欠ける。こんなうまい焼きそばは今までに食ったことないんじゃないかと思うくらいだ。

確認のため、また口に入れてみる。「んー、やっぱり、うまい。こんなうまい焼きそばは生まれて初めてだ」。１００％自信をもってそう断言できる。「おい、食ってみろ」。女房に箸を渡す。

なんという美味。感動すら覚える。この味は私の筆力では表現できない。あまりにも繊細な味付けだ。材料は中華麺ともやしだけ。もやしは焼きそばの熱で暖めただけという感じで、生の味がする。その生のもやしの香りがまた焼きそばの味付けと合っている。女房も私と同感だと言う。

私と女房は味にはうるさい。旅行以外では外食はめったにしない。うまい店がないからだ。女房の方がはるかにうまい手料理を出してくれるのに、わざわざカネを出して外に食いに行く必要などない。

マスコミで絶品とか言われているラーメン店などでも食べてみたことがある。恵比寿の一風堂にも行ったことがあるし、陳健一のマーボ豆腐も食べたことがあるが、是非また食べに行きたいと思わせてくれる味ではない。われわれが外食するのは地元中野にある中華料理店「高揚」のニラそば、そして信濃町にある「博文」の本場の味にしてもらったマーボ豆腐（本場の味と言わないと辛さや、山椒が足りない）くらいである。この2品は何度でも食べに行く価値があるものだと思っている。高級料理店での料理は、高い金を払う以上、素晴らしく美味なものもあるに違いないが、私の数少ない経験ではあるがまた行きたいと思わせてくれる高級店は今のところ1軒もない。

このベルリンの地で出会った焼きそばは日本のソース焼きそばのような味のきつさ（どぎつさと言ってもよい場合がある）はゼロ。塩がきついということもまったくない。日本の中華料理店で食べるような脂っこさもゼロである。

アメリカはハンバーガーだけでなく、中華料理もそれを食べるためにだけまた訪れてもいいくらいの魅力的な味がある。だが、そのアメリカ各地で食べた焼きそばさえ下品と思わせるほどの香りと味をこの焼きそばは持っているではないか。繰り返すが、大変な薄味なのに、奥深い味わいがしっかりとついている。

焼きそばを食べてこんなに感動したのは生まれて初めてである。その内に涙が出てきそうになったくらいだ。このやきそばをあしたもう一度食べたい、この屋台の別の料理も食べてみたい、そのためにベルリンにもう1泊してもいいと真剣に考えたほどである。少なくとも、いつかまたこれを食べるためにベルリンに戻ってきたいと思った。

【8】暗き北の大地　3月7日（火）

ベルリンの街角にて

翌朝は7時半くらいまでベッドでゆっくりした。

前日、道路からの騒音がありそうなことを受付けの女の子から言われたが、ノイズなどまったく聞こえてこず、よく眠ることができた。騒音があるから部屋代を安くしてあると言う以上、ドイツ人の耳にはこの状態でもうるさいのだろうか？　あるいは今は静かでもうるさくなるときがあるのだろうか？　確かに窓を開ければ外の賑やかな音がそのまま入ってくるが、閉めてしまえば何の問題もない。ドイツ人は音にうるさいわれわれ以上に神経質なのだろうか？

日本と違い、ここヨーロッパは静かである。日本の商店街だと演歌とかポール・モーリアなどを流していたりすることがあるが、こちらでは街頭音楽はさっぱり聞こえてこない。ベルリンだけでなく、もっと小さな商店街も至って静かである。ベートーベンやモーツァルトなどなど大音楽家の国なのだからそうした音楽くらい流してもいいんじゃないかと思うが、今回のヨーロッパ旅行では町の音楽に遭遇していない。

個々の商店によっては店内でバックグランドミュージックを流している場合もあるのだろ

うが、街を歩いている限りでは聞こえてくるのは人の発する音と車の出す音くらいである。その車もステレオをガンガン鳴らしたり、マフラーを改造して喧しくしていたりするものは見かけなかった。アメリカだとそういう車をよく見かけるが……（ただ、マフラー改造と言ってても日本の直列エンジンで出しているようなくだらない音ではなく、V8エンジンのサウンドを轟かせるものであり、なかなか聞かせてくれる）。

もちろん、人間の住む社会だから、ヨーロッパも優等生しかいないということはあり得ない。今は季節はずれだからいないのだろうが、暖かくなれば暴走族だって出てくるだろう。仮にそういう連中がいないとしたら、取締りがそうした連中の出現を厳しく抑えこんでいることになる。その抑圧された衝動はどこで発散されるのだろうか？（それがフーリガンになるのか？）

身支度を整えたあと、朝食をとりにグラウンドフロアーへのエレベーターのボタンを押す。扉が開いたとき驚かされた。見上げるような大男だらけなのだ。いや大女もいる。さすがドイツも北部に来るとからだの大きな人間が多い。身長170センチの私の頭を見下ろしているような彼らの視線を意識しつつグランドフロアーに到着するのを扉の前でじっと待つ。

食堂の入り口で部屋番号と名前を確認される。中に入ると、火曜日の朝、平日ということでビュッフェはビジネスマン風の男女で賑わっている。われわれも巨人たちの中に入っていく。

160センチの女房は「ウーン、まるで動く壁の中を歩いているみたい。私の目線はドイツ人の胸どころか、お腹の位置になってて、ちょっと悲しい。私ってチビだった？」と、情けなさそうな顔をしている。

そんな中でうまそうなものを物色する。地元の巨人たちの中にはハム、ソーセージ、スモークサーモン、チーズ、スライスきゅうり、スライストマトを皿に山盛りにして片手に持ち、もう一方の手にやはり山盛りの芥子の実をのせた塩味の丸パンを持っている人がいるかと思えば、甘い菓子パンとヨーグルト＋フルーツコンポートの組み合わせの人もいる。ヨーグルトとシリアルだけの人もいる。パンは歯ごたえのあるパンを選択している人が多い。どの人も皿に大盛りである。ジャムやバター、クリームチーズもしっかり大量に確保していく人が多い。

もう一つ気づいたのはお替わりに行くとき、既に使った皿を持っていくことである。これも環境に対する配慮だろうか。

飲み物はコーヒー派が圧倒的に多いが、紅茶の人もいる。女房はきのうポットの使い方を教わっているのでスムーズにお茶をいれてくるのだが、ひとりの白人青年が女房の手順を観察したあと、同じようにお茶を入れている。やはりこの形式のティーバッグとポットはドイツでも少数派なのだろうか？

いずれにしても彼らの朝からの食欲には瞠目すべきものがある。女房は昔の仕事では出張が多く、日本各地のホテルで朝食風景を見てきたのだが、この活気と食欲には驚かされると言う。この食欲ならドイツ人の体格がいいのも当然だと付け加える。

確かに、日本のホテルでビュッフェスタイルのところは量や品数面では決してこのベルリンのホリディインには劣っていないのだが、食欲となるとまったく違う。「アメリカも巨人が多いけど、こんなに大量の朝食をとっている人は見たことない」と言う（もっとも、われわれがアメリカで泊まるのは常に安宿だから、一般現象とは言えないかもしれない）。

ところが、アメリカ人は脂肪がたっぷりついている人間が多いのに対し、ドイツ人で脂肪の付きすぎの人はひとりも見かけてない。ここのところはどう解釈すべきなのだろう？

朝食はエネルギー源である穀物をしっかりと取り、夕食は消化のいい「飲む穀物」ビールとたんぱく質たっぷりのソーセージだけで済ませるのだろうか。もしそうだとしたら、なかなか合理的ではないか。

ビュッフェのテーブルにソーセージとハムがいろいろ揃えてあるのはドイツらしいが、私はひまわりの種をたくさんまぶしてある香ばしい茶色の生地のパンが気に入った。生地の香りも、ひまわりの種の香りもよい。

女房は芥子の実の丸パンを上下に分割し、ハム・チーズ・胡瓜の薄切りをはさんで食べている。まわりのドイツ人の真似をしてナイフでなくフォークでパンを上下に分割している。なぜかこのホテルでもまた朝食に焼きトマトがある。ミュンヘンのほど美味ではないがそれでも焼きトマトはうまいと女房は言う。私はそれほどとは思わないが。

冷たいソーセージを何種類か取って食べる。かなり酸味が強い。菓子パンもいろいろな種類がある。最後は紅茶を2人で4ポット飲んだ。

ゆっくり食事をしたあと、靴下をドライヤーで乾かすなどして10時近くになって散歩に出る。

外は寒くない。Gパンにセーター1枚、マフラーなしでまったく問題なしである。ミュンヘンから600キロも東北にあるのに、こちらの方がはるかに暖かい。偶然きのうのミュンヘンが寒く、きょうのベルリンが暖かいのだろうか？　昨夜のベルリンは寒かったが、ミュンヘンほどではなかった。「海に近いところは北でもミュンヘンより温暖だ」と旅行代理店に聞いていたが、そういうことだろうか？

まず、すぐそばにあるコンピューターショップにシステムエンジニアの女房がインターネットのための器具を買い求めに行ったが、扱っておらず、テレコムショップに行けばあるはずと言われる。

女房がコンピューター店にいる間、私は店の前の交差点の角に立って、行き交う車を見ていた。地図を携帯していないので自分が今ベルリンのどこらへんにいるのかはっきりとはわからないが、ここがドイツの首都であることは確かだ。だが、たまたま私の立っている地点で交差する通りは両方とも車線が片側2本で、決して広い道路ではない。だが渋滞もしていない。

走っている車はさすがにドイツ車が多い。中でも目立つのがスマートである。その小さなエンジンを全開にして急加速し、途中ギアチェンジのためにクラッチが放れた瞬間にガクンとつんのめりながらも一所懸命走る姿は乙武君を連想させる。車社会の中で生真面目に頑張っているという印象だ。

イタリア同様ディーゼル車も多い。バス、トラックがディーゼルであることは言うまでもないが、乗用車にもディーゼルが多い。ある統計によれば、ドイツの自家用車の新車販売に占めるディーゼルの割合は1993年で13%くらいだ。ちなみに、ヨーロッパの自家用車の新車販売でディーゼルの割合が一番多いのはフランスで、93年で50%近くになっている。イギリスはドイツよりも多く、93年で20%くらい、イタリアはドイツより少なく10%くらいである。

だが、新車登録された自家用車のことは置いといて実際に都会を走行している車を見ると、ディーゼルの占める割合はヨーロッパよりも日本の方がはるかに多い。バス、大型トラック、ダンプ、産業廃棄物を運ぶトラック、コンビニなどへの配送用の小型トラック、パジェロやデリカといったSUVやRV車などなど日本はディーゼルだらけだ。ベルリンの路上では、日本と比べると、ディーゼルの割合ははるかに少ない上、日本のように黒煙を吐き出しているものはない。かなり急な加速をしているディーゼルには、よく見ると薄い黒煙を出しているものもあるが、日本のようにモクモクと黒煙を出しているものは一台もない。
エアフィルターの手入れが悪いと黒煙が出ると聞くが、今目の前に見ている車のすべてがフィルターの手入れがいいなどということはなかろう。フィルターではなく軽油あるいはエンジン構造が原因ではないのか。日本のディーゼルには、軽油に変なものを混ぜているのか、2ストロークエンジンのように白い排ガスを撒き散らしているものも多い（特にダンプカー）が、そんなディーゼル車も皆無である。

石原都知事は東京の交通量の多い交差点では深呼吸する気になれないとおっしゃっている。私は東京の繁華街なら1車線の道路の交差点でもディーゼルが多数行き交っているために、決して深呼吸する気になれない。だが、このベルリンの交差点では深呼吸してもかまわないと思った。いや、きのうもっと広く交通量の多い道路の交差点でわけのわからないことを教えてくれたオッサンに長いことつき合っていたが、その間日本のようにディーゼルの排ガスに不快な思いを抱かされるようなことはまったくなかった。深呼吸をしろと言われれば、してもよかったぐらいだ。

清き空気

石原都知事が立場上おっしゃらなかっただけで、ご存知だろうと思うことがある。地方の道路でもディーゼルの排ガスが人々に不快な思いをさせているということだ。不快どころか苦しめてさえいるのではないかと思う。

国道20号線、通称甲州街道の諏訪のあたりを例にとれば、昔ながらの家並みが続くところだが、そこを片側1車線で甲州街道が走っている。平日に走ると大型トラックが非常に多い。平行して走る中央道の高速料金を節約してこの一般道を走っているに違いない。節約は仕方ないが、それらのトラックが真黒い排ガスを吐き出しているのは許せない。中には白煙を排出しているものもある。黄色いヘルメットをかぶって狭い歩道を家路に向かう小学生の小集団にトラック、バスが白黒の排ガスを吹きつけているのを見るといつも私は怒りを覚える。なぜ子供達のきれいな肺にこの排ガスを送りつけなければならないのか！　どのような権利があって子供のからだを汚染するのか！　杖をついたお年寄りが真黒いススを浴びせられて歩いている姿を見ることも多い。敬老精神もへったくれもなく、汚いものを撒き散らして突進している。

もちろん歩行者だけでなく、沿線に住む人々もディーゼルのひどい排ガスを吸わされているはずである。女房の実家は信州の片道1車線の国道沿いにある。同じ片側1車線であっても諏訪付近の甲州街道と比べれば交通量ははるかに少ないが、それでも庭に出ると、ディーゼルの排ガスの悪臭が漂ってくる。ましてや交通量の多い甲州街道などの方々の苦労は察するにあまりある。田舎は空気がよいというのは、このような街道あたりには絶対に当てはまらない。

ベルリンの街角に立って、ドイツの首都の空気がディーゼルの排ガスによって汚染されていないことを体感し、ローマの空気も決して汚れていなかったことを思い出し、更にはこれから行くパリもロンドンも、同じ西欧ということを思えば、大気汚染がないであろうことを確信し、私は東京などの日本の主要都市、更には日本という国全体が先進国でただひとり(日本が先進国と言えればの話だが)ディーゼルの排ガスによって極度に汚染されていることを実感した。

アメリカの都会でもディーゼルによる大気汚染は、日本と比べるとまったく問題のないレベルである。

だが排ガスに問題がないと私には思われる先進国であっても大気汚染が問題視されているという報道にしばしば接する。ローマやパリでディーゼル車の排ガスを警官がチェックする様子を、海外のニュースで何回か見たことがある。ドイツでは、1999年8月、環境省が大型貨物車だけでなく小型貨物車やディーゼル乗用車にも排ガス中の粒子状物質を除去する装置を装着すべきという見解を発表している。アメリカも軽油中の硫黄分を減らそうと動き出している。

そのような報道に接するたびに、日本はどうなってしまったのかと思わずにいられない。われわれ日本人は清潔好きと言われるが、空気の清さなどは求めなくなってしまったのだろうか？　繰り返すが、欧米の空気はきれいである。だが、その欧米でさえ自国の空気はまだ汚いと言っているのだ。

排ガスに対する敏感な意識を持っている彼らが東京の、いや日本のディーゼルによる排ガス汚染の状況を知ったら、どういう反応を示すだろう。もしかすると、自分たちは神経質過ぎる、日本人を見習うべきだと反省するだろうか？　それとも平気な顔をして暮らしている日本人が多いのを見て気味悪がるだろうか？

ちなみに、１９９９年、全米で最悪の大気汚染都市はテキサス州のヒューストンであった。その理由がすごい。環境基準レベルを年間で５２日、越えたからなのである！　アメリカのこの報道に接して私は日本という国の大気汚染に関する超後進性を改めて認識させられた。日本では「昭和５０年代以降の尼崎市では、ＳＰＭが環境基準を大きく超える状態が最近まで継続しており………」（尼崎公害訴訟の判決）というのが実情である。尼崎だけでなく「ＳＰＭは１９８９年から規制されているが、一都三県の自動車排気ガス測定局では基準値をクリアしたところは１箇所もないありさまである」（『現代用語の基礎知識１９９９』）。

私は大気汚染のまったくない空気が吸いたいと言っているのではない。せめて欧米程度の空気が吸えるようになってほしいのだ。ディーゼルの排ガスに悩まされずに車を転がしたいのだ。

日本は都会だけでなく、田舎でもディーゼルの排ガスが待ち構えている。安心して外気を導入してドライブをすることができない。ましてやオープンカーなどで走っても少しも楽しくない。ディーゼルの排ガスによってこんなにも空気が汚されている国は欧米先進国にはない。

そんなわけで、残念なことなのだが、私は日本でドライブをしてもまったく楽しくない。日本の都会の大渋滞も楽しさを殺ぐ一因だが、大気汚染はそれ以上だ。だから、私は欧米先進国やアフリカでしかロングドライブをしない。そしてこれを非常に悲しく思っている。日本が誇る豊かな緑の中で、気持ちのよいロングドライブができる日が1日も早く到来することを願わずにいられない。

今回西ヨーロッパで私は大型トラック、バスが高速道路を走行しているときに日本のように黒煙を出すかどうか関心を持って見ていたのだが、それを見ることはなかった。前にも書いたように、アウトバーンで排ガスの量の膨大な大型トラックの排ガスをもろに吸っても私の喉と鼻はまったく問題なしだった。大型トラックというものでさえ問題なしであった。ところが、日本ではディーゼルが黒煙を出していないとき、いやアイドリングしてるときでさえ、私の喉と鼻はひどい目に会う。この差は大きい。

しつこいようだが、西欧を走って抱いたひとつの感慨は、日本の都会ではディーゼル車が如何にも多いということだ。平日の昼間の幹線道路、特に東京の環六、環七、環八という環状線を走ったことがある人なら知っているはずだが、ディーゼル車だらけである。平成１０年の東京都のデータでは、都内の幹線道路を走行する自動車の中で貨物車とバスの占める割合は45・1%である。環状線だけで統計を取れば、その割合はもっと高いのではないか。大型ディーゼルはその45・1%の3分の1を占めると言う。幹線道路におけるこのディーゼル車の多さ、特に大型ディーゼル車の多さは他の先進国にはないと、実体験から断言できる。

欧米のトラックと違い、「動く掘っ建て小屋」のような、色彩感覚に乏しい塗装をされ、醜悪さしか感じないような大型トラック、ダンプ、宅配便業者の小型トラック、そして観光バスおよび路線バスが大量に蠢いている幹線道路を見ていると、経済活動の活発さに感心するよりも何か異常さを感じ、ゾッとさせられる。よく言われるように、都会を迂回する環状線が欧米のように整備されていないため、本来なら走る必要のないトラックや観光バスが数多く流入してきているということがその異常さを生み出していることのひとつであることは確かだ。だが、都心にやたらとあるコンビニに荷物を届ける、中小型ディーゼルトラックの多さも先進国には見られない異常な現象だ。

ベルリンを歩く

東西ベルリンの境界の一部になっていたと女房が言う川（運河か？）にかかる橋を渡る。わずか10年前まではこの川のほとりのあのベンチで、東や西のスパイが相互に偶然を装って、情報のやり取りをしたのだろうか……と、女房は私が読んだことのないフリーマントルの小説の世界に勝手に浸っている。わずか10年前までこの付近では、西へ行こうとする人々が本当に射殺されていたのだろうか？　そんな諜報世界に自分が立っているのが不思議な気がすると言う。すっかり若き日の小説の世界に浸り切っているようである。

そのまま進むと、近くにTiergartenという名の公園があった（帰国後、地図を見ると広い公園だ。日比谷公園の6倍くらいある）。その公園の端にある歩道を歩く。すぐ右は大通りである。交通量は日曜午前10時の新宿センタービルと安田火災ビルの間を通る通りより少し多い程度で決して多くない。きょうは平日だが、今のところこのベルリンでは渋滞をまったく見ていない。むしろ、道路はスカスカである。羨ましいと言うべきか？　それとも、経済活動が日本ほど活発でないのか？

入って暫くは人の姿が見えなかったが、やがて小柄だが、厳格な表情の老人がひとり向こうから歩いてきた。老人はわれわれの方を見て何か声を出したように思えた。私は彼に目礼したが、あいさつを返す様子もなくすぐ目をそらして反対方向にそのまま歩いて行った。

公園が終わったところで車道がロータリーになっている。ロータリーの真中に高さ20メートルはあるだろうか、巨大な記念碑（帰国後地図で見るとSieges Sauleである）が車道より一段高くなった歩道に立っている。観光客が10人ばかりかたまって碑のふもとにあるプレートを覗き込んでいる。

ホテルでもらった地元の地図によると、ブランデンブルク門まではまだ大分遠いと女房が言うので、のちほど車で行くことにし、また同じ道を通って宿に帰ることにする。公園では男二人のジョガーとすれ違う。彼らは最初から目線を下に向けて走りに集中している様子で、視線を合わせることはなかった。公園で出会ったのは先ほどの老人とこの二人だけである。

すれ違いはいずれも私が右側で、彼らが私の左側という位置関係だった。つまり互いに右側通行である。きのうのスーパーで、私が日本でのくせで左側ですれ違おうとしたら、向こうから来るネクタイにワイシャツの中年男が自分はどうあっても右側通行をするぞという断固たる意志を口元に表し、私に向かって来たので、私が右に移動せざるをえなかった。車が右側通行の国ということが関係しているのだろうか。同じ右側通行の国アメリカでも人々は右側ですれ違おうとする。私としては、左側通行の方が多くの人の利き腕である右腕をいざ誰かが襲いかかられたときに使いやすいし、他人という危険に対して心臓が遠くなることから、歩行者は日本のように左側通行の方がよいのではないかと思うのだが。

変な鳥がいる。その姿格好はカラスに似ているのだが背中が白っぽい。日本のカラスとは違う。街路樹の根元には犬の糞が残されていた。木々はまだ葉をつけておらず、寒々とした様子である。

川のそばでは団地を建築中だ。ミュンヘンで見かけたようなお洒落な建物でなく、日本の公団住宅の団地と同じようなものが出来ようとしている。ただ、工法が日本と違う。コンクリートの外側に断熱材を貼り付けている。これは驚きだ。日本と逆ではないか。思わず写真を撮ってしまった。もちろん断熱材の外には外壁を被せる。われわれが見た建物は一番下の階だけ断熱材が剥き出しで、2階以上は外壁が貼ってある。

断熱材を外にするということは建物にオーバーを着せるようなものだから、さぞかし断熱性がよかろう。夏の暑いときでも、内部を冷やした冷気が外に逃げないことになる。この環境フレンドリーを目指す時代に相応しい工法だ。

窓の結露は窓ガラスの周辺部分、サッシに近い部分から発生する。建物の冷えが窓に伝わるからだろう。その建物自体の冷えが少なくなれば、結露も減るだろう。結露によってカビが発生し、身体への障害になる。この工法はいろいろとメリットが多いに違いない。

建築構造のことはともかく、このベルリンでは、ミュンヘンと違い、お洒落だなあと思わせるような建物を見かけなかった。

女房が行けと言われたテレコムショップに着く。女房ひとりで入店する。だが、すぐ店から出てきた。向こうに見えるデパートの4階へ行けと言われたと言う。

そのデパートに着くと入り口の前で人が5、6名、開店を待っている。全員女性である。掲示を見ると、開くのは11時だ。まだ20分ばかりある。そこで、近くにある青空市場と中華料理の素材を売っているスーパーを見物することにする。

ベルリンの中心地で建設中の共同住宅——コンクリートの外側に断熱材が施してある

市場の方は、時間のせいか、客よりも店の人間の方が多い。屋台はトラックの荷台を改造したもので、野菜専門、チーズ専門、ハム・ソーセージ専門、魚専門、パン専門、パスタ専門、衣服専門、財布専門などさまざまである。骨董品らしい、壷や置き物の店もある。まだ店と店の間には余裕があるが、昼頃までには隙間がなくなっているのかもしれない。店によっては品物を並べている最中のところもある。昨夜の屋台の焼きそば屋と同じ如何にも中華という赤提灯を掲げた屋台も2店ほどある。「よってらっしゃい、見てらっしゃい!」などと声を出している屋台はないが、店員は目が会うと微笑んでくる。

印象に残ったのはひとりの客が魚の屋台で買ったコハダの酢漬けを生のきゅうりと一緒にパンにはさんで食べていたことである。今朝のホテルでもかなり生臭いスモークサーモンをパンにはさんで食べている人たちが大勢いた。ドイツ人が生臭い魚を食べるとは意外な発見だ。海に近い北部ドイツだから、魚を食べるのかとも思うが、きのうの南部の都市ミュンへンにもホテルの朝食にコハダの酢漬けやサバのスパイシースモーク、スモークサーモンが用意されていた。コハダはさすがに食べる気になれなかったが、サバとスモークサーモンを食べてみたところ生臭くてたまらなかった。ハッキリ言って二度と食べたくないものだ。そんなものをドイツ人はうまそうに食うのである。

中華のスーパーに行くと、その中はきのうと同じく一旦中に入った以上はレジを通らないと出られないようになっている。店員は中国人。100平米くらいと中華専門のスーパーとしては広い店内に客は5、6人しかいない。白人が1組だけいた。巨大な赤ら顔の中年男と中背のハゲ親父とコンビで買い物をしている。どういう関係なのか？　大きい方が何か怒鳴っている。彼ら以外は東洋人だ。

品揃えは日本より種類が豊富だ。日本からの輸入食品もけっこう売っている。信州そばなどもある。アメリカのスーパーではアメリカのうまい中華料理の味に近づきたいと思って日本製とは味が異なるキッコーマン醤油を買ったりしたものだが、きのうの焼きそばはとうていまねできる味付けではなかったので、特に買い物はせず店内をざっと見るだけというつもりでいた。ただ、ローストポークに赤い色と甘い味付けをする粉末があり。そうした甘味着色剤は今まで使ったことがないので好奇心からそれを買って外に出る。

ビニール袋が用意されていないので、そのまま商品を持って出る。前の客ももちろんビニール袋はもらっていなかった。と言うか、前の客はショッピングカート2杯分購入し、すべて持参の箱へ詰めていた。でかい箱に入った冷凍薄切りタコ、大きな醤油瓶、白米、中華麺、豆腐、もやし、きゃべつなどを購入していた。その量の多さからするとレストラン関係者のようだ。レシートでなく領収書をしっかりもらっていたし。やけに目に付いたタコの薄切りは間違いなく寿司用である。だが、中国語でレジ係と話をしていたし、顔つき、態度物腰からも日本人ではない。だいたい、日本人なら寿司ネタに既にスライスしてあるタコなど買うわけがない。

デパートに戻ると入り口の前は人だかりになっている。11時10分であるが、まだ開いていないのだ。人々は辛抱強くドアが開くのを待っている。女房が近くで待っている女性につたない英語で聞いたところでは、いつも待たされるとのこと。時間にルーズなデパートであるようだ。

そのまま10分くらい待ってもまだ開かない。ホテルのチェックアウトのリミットが12時なので諦めて宿に帰ることにする。

歩道を行く人間にくわえタバコをしているものが多い。成人の10人に1人くらいの割合だろうか。くわえているのは男だけではない。そう言えば、ホテルのフロントで煙草を吸いながら受付けをしてもらっている客もいた。歩道には吸い殻がたくさん落ちている。落ちているのはそれだけではない。木の根元に犬の糞が残されている。

ホテルをチェックアウトし、12時に車でデパートのそばを通って見てみると、デパート前の人だかりは大変なものなものになっていた（帰国後調べてみると、このデパートの所在地は旧西独地域であった）。

ドイツ人はみな几帳面と思い込んでいたが、この場合几帳面だったのは客の方だけである。これがイタリアなどであれば、陽気なラテン系ならそんなもんだろうと思っただろうし、フランスであればまたストでもやっているのかと思っただろうが、ここはドイツ、しかもその首都である。このルーズさは驚きである。

それにしても客が几帳面なのはいいが、きょうは平日火曜の朝だ。待っているのは年寄りだけではない。20代、30代もいる。しかも女だけでなく男もいる。仕事に行かなくてもいいのかね？　見ていると、どうも彼らは顔色が悪い。青白い顔をしている。待たされている怒りを押さえ込んでいるからだろうか？　曇天で街が暗いせいだろうか？

疑問21「ベルリンのこのデパートはなぜ時間にルーズなのか？」

ポーランド国境へ

今日は道に迷うこともなくベルリンを走ることができた。因縁のブランデンブルク門も無事にくぐる。門の近くは建設ラッシュだ。ベルリンを走っていて目に付くのは落書きである。旧東独だけでなく旧西ベルリンにも多く見かける。

やがてアウトバーンに乗り、あとは標識にしたがって国境方面に進む。アウトバーンの橋げたにも落書きがある。

さて目指すはポーランド国境だ。国境を見るだけで、ポーランドに入る予定はない。と言うか、本当は入ってみたいのだが、レンタカー会社から絶対にＥＵの外に出てはいけないときつく言われているのである。「東欧圏は車の盗難が心配だから」とHertzは言っていた。日本のスタッフもきのうホリディインの中にあったHertzの出張所のスタッフも同じことを言っていた。

ポーランドには入れなくても、国境には行ってみたい。独伊の国境はこの目で見たが、独波の国境地帯には地図で見る限り独伊のような山がない。そのような国境地帯が実際どういう風になっているのか見てみたかったのである。

仏伊の国境地帯は山が海岸に迫っており、フランスとイタリアという2つの国を自然に分けていた。山と海岸で挟まれた狭い部分にバリアーを設ければ、簡単には相手国に侵攻できなくなる。そういう位置に国境があった。だが、独波の間はただの平原のようである。ならば、楽に攻め入ることができる。

アメリカでメキシコとの国境やカナダとの国境を見たことがあるが、ここヨーロッパにおける国境はやはり民族の相克の長い歴史が関わっている。西欧諸国間の国境は既に一部見たし、これからもフランスに入るので見ることになる。だが、ドイツと東欧との境を見られるのはこれが今回唯一の機会だ。

ゲルマン人はポーランド人の土地に、ときには徒歩で、ときには馬や馬車で、ときには戦車で踏み入り、支配下に置こうとした、あるいは実際支配下に置いた歴史を持っている。ポーランドを通過してロシアにまで遠征したこともある。これから行こうとしているあたりも、その東方も、ゲルマンが東方進出にあたって、通過した土地であろう。ポーランド人も西へ進出するなど勢力を伸ばしたこともあるようだが、ゲルマンとロシアその他の強大な勢力の狭間でさまざまな干渉を受け、苦労してきた民族である。その弱い立場のポーランド人と強固なゲルマン人があいまみえたであろう歴史の舞台の一端を、一目見ておきたいというのが私の希望だった。女房も国境行きに特に異存はないと言う。

ベルリンからまっすぐ東に行くと、南北に流れる国境の川、オーデル川に出る。国境の川というもの自体は以前にも見たことがある。アメリカとメキシコの国境の一部がリオグランデという川になっている。それをわれわれは徒歩で渡ったことがある。もちろん、合法的に、だ。

ヨーロッパでも国境の川を見てみたい。だが、山も川もない国境にも同じ位興味がある。またアメリカの例になってしまうが、カリフォルニア州南端の小さな町にメキシコとの国境がある。町のメインストリートをまっすぐ進むと国境検問所になる。検問所ギリギリのところで「Uターンはここが最後」という標識が立っている。その標識の下にはパトカーがスタンバイしている。それを過ぎるとメキシコに入らざるをえない。レンタカーでそのUターン専用通路を通り越したら大変だ。アメリカで借りるレンタカーではメキシコに入ることを禁じられているからだ。一帯には山も川もない、そういう国境だ。検問所の向こうには道路を挟んでぎっしり商店街が並んでいる。まるで「こっちは安いから買い物においで」とアメリカ人に呼びかけているかのように、国境のこちら側にはっきり見えるように店の看板が出ている。だが、今行こうと思っているドイツとポーランドの国境には地図に町の表記がない。そんな国境がどんな風なのか見てみたい。そして国境からポーランドを遠目に見たあと、バルト海を見に行きたいとも思っている。

そこでベルリンからアウトバーン11号線で東北に向かう予定にする。そこはオーデル川が国境でなくなり、東に曲がってしまっている地域である。その後一般道で西北に向かいロストック（Rostock）というバルト海沿岸の町に至るというルートをとることにした。ロストックからはアウトバーンが出ている。そこからなら、南に向かうにも西に向かうにも好都合だ。

ベルリンの市街地を抜けるとすぐに森林地帯。いろいろな種類の木がある。その中で白樺が白髪のように目立つ。まだ3月のせいか、あるいは緯度が高いせいか寒々とした光景だ。木の葉があまり見えない。通る車も極めて少ない。寂しいところだ。

このアウトバーンはポーランド国境までサービスエリアもなかった。ガソリンスタンドなどもまったく見かけなかった。まあガソリンスタンドくらいどこかにあったのだろうが、アウトバーンからは見えなかった。

森が途切れたところには畑が見える。地平線まで続くその畑のはるかかなたに何軒かの農家がかたまっている。アメリカだと広大な畑の中に家が1軒もないか、あっても1軒だけぽつんと建っているのだが、ヨーロッパでは（あとで行く英仏も含めて）それとは対照的に農家は互いに寄り添うように建っている。日本のように集落をなしている。

きょうのアウトバーンは路面が荒れている。車の中は揺れどおしだ。車酔いしそうなくらいである。ミュンヘンからのあの滑らかなアウトバーンと同じ名前を冠せられた道路とは思えないほどだ。女房も落とすことを恐れてノートパソコンを取り出さない。代わりにミミズのような字でノートにメモを書いている。この補修具合の悪さは旧東独の経済状態を伺わせる。その悪路を直そうと道路工事をいろいろなところでやっている。

一度大規模な工場地帯が右に見えた。2車線しかないこの道路もアウトバーンであるし、交通量が極端に少ないから、振動さえがまんすれば飛ばせる。

国境の近くになった。今午後2時である。国境到着の30分ほど前から、平均時速140キロだったので、距離にして70キロぐらい前から森が開け、緑の田園地帯になっていた。田園地帯というとロマンチックだが、ここらへんは何かさびしい印象を与える風景である。ゆるやかに起伏する大地を緑の牧草が絨毯のように覆っている。牧草ではなく菜の花畑かもしれない。小麦畑もある。だが空は曇っている。農家が小さく貧弱だ。人影も家畜の姿も見えない。景色に人や動物の活気というものが感じられない。緑も色が薄い。まだ冬で生き物の活動が鈍いのだろう。

風が強い。ハンドルがとられる。ミュンヘン近郊でも見かけた近代的な風力発電の風車が遠くに何本か見える。地図からするとわれわれの前方がポーランドだ。その前方も緩やかに起伏する田園地帯が広がっているだけだ。アウトバーンが地平線のかなたに消えていく。イタリアとオーストリアの間で見たような、行き来を阻むような山などまったくない。このような平原を舞台にゲルマン、スラブ、ときにはモンゴルといった各民族が覇を競ったのだろうと思うと、ある種の感慨が湧く。これからの時代にもそうした闘争があるのかもしれない。それにしても、区切りとなり得るような川や丘がまったくない。この国境は人工的に設定されたものだろう。第2次世界大戦終了以前はこの国境の東側もドイツだった。もっとも第2

次大戦以前のドイツ・ポーランド間の国境地帯も、地図で見る限り、同じような平野に見える。

やがて国境に到着。ポーランドはEUでないため、検問所がある。このままアウトバーンを進むとポーランド入国ルートになる。国境ゲート直前にアウトバーンからの出口がある。当然、出る。

だが、そこは3000坪くらいある駐車場だった。そう言えばアウトバーンの出口を出たところにブースがあって中に1人の男が座っていた。彼には車を入れるさい片手を上げてあいさつをしておいた。彼の方は閉めたままの窓越しに頷いただけで何も言わなかった。アウトバーンの出口に管理人みたいな人間がいるのはなぜかと思ったのだが、駐車場の管理人だったのだ。

駐車場にはなぜか事故車を載せたトラックが何十台も停まっている。事故車はボルボ、ベンツ、アウディなどの西側の車だ。これからポーランドに持っていくのだろうか。乗用車はほとんど駐車していない。空からはパラパラと雨が降ってきた。

車から降りてみると風が冷たい。目を開けていられないほどだ。寒さが目にしみて涙が出てくる。コートをしっかり着込み、徒歩で近づけるところまで検問所に近づくことにする。駐車場に人影はない。キャンティーン（簡易食堂）と書いてあるバラックまで行くと、絶対に観光客ではないと断言できる男たちがふたり外に立っていた。さきほどの事故車を運ぶ連中だろう。

公衆トイレが食堂の前にある。寄ろうかと思ったら、険しい顔つきのばあさんが扉の中で座って番をしているのがガラス越しに見える。彼女にチップが必要だ。まあ、今は行かなくてもいい。

検問所は、日本で言うと高速の料金所と同じような外観だ。バスが何台かブースのところで順番待ちをしている。路線バスか、観光バスか、それともチャーター便か？　検問所とは金網で隔てられていてそれが認識できるところまで近づけない。見ていると乗客たちが次々とバスから降りてくる。ひとりひとりパスポートの検査を受けるのだろう。上を見るとドイツ国旗とポーランド国旗をそれぞれ掲げたポールが立っている。旗は真横になびいている。車から見た通り、国境の向こうもこちらと同じ寒々とした田園地帯だ。いつかはこの国境の向こう、アジアまで広がる大地でドライブしてみたいものだ。

ドイツの村人

さて、今来たアウトバーンを戻ろう。アウトバーンにどう戻るのかがまだわかっていないが、とりあえず駐車場から出なければ話は始まらない。出るときまたブースがあり、中に番人がいる。だが、テレビにかじりついていて、私の車に気づいていない。クラクションを鳴らす。寒風がひどく車の窓を開ける気がしない。閉めたまま手を上げてあいさつすると、遮断機を上げてくれた。

駐車場を出るとすぐアウトバーンへのアプローチがあると思ったら、さにあらず。外には一般道が待っていた。石畳の狭い道だ。石畳の石は濃い茶色、薄い茶色、赤に近い茶色とカラフルである。とりあえず、この道を行くしかない。

ごつごつとした道を揺られながら行く。もちろんアウトバーンよりもっと揺すられる。今日はよく揺られる日だ。


途中トラクターが出てきて、先行される。巨大なタイヤと車体を上下にぴょこぴょこさせながらゆっくり進むトラクターのうしろについてきょろきょろまわりを見るのだが、アウトバーンの入り口が見当たらない。そのうちトラクターは左の畑の方に曲がって行った。

私は畑に用事がない。地平線が彼方に横たわる畑を左手に見ながら、石畳をそのまま進む。だが、いつまでたってもアウトバーンの入り口が出てこない。すぐ右をアウトバーンが走っているというのに、そこへの進入路が出てこないのだ。狭い石畳の道が続く。

この道の左は畑にそのまま続く土、右はアウトバーンとの間がやはり土剥き出しの地面だ。対向車など来ないが、仮に来ても互いに片輪を地面に落とせばすれ違いは楽にできる。対向車が来てくれれば、道が聞けるのだが。


「この先でアウトバーンに乗れるんかいな？　そのうちもっと広い道路になるのかい？　コンクリートの道になるのかな？」

そう言っているうちに、非情にも突如石畳が消えてしまった。

ポーランド国境

道が終わったのだ。そのさきにタイヤの跡はあるものの、舗装のない地面になっている。至るところで地面が陥没しており、水が溜まっている。それらの穴をすべて避けて進むことはできない。やたらにあるからだ。陥没した部分にどうしてもタイヤが落ちる。ハンドルをとられながら、とりあえず前進する。だが、いくらすぐ右にアウトバーンが見えていても、こんな原野にアウトバーンに入るランプがあるとは思えない。まさか、土剥き出しの地面からアウトバーンに進入させるということはないだろう。ダートではタイヤのグリップが悪く、十分な加速もできないからだ。

目の前に林が出てきた。林を避けて前進するなら左に曲がって行かざるをえない。右はアウトバーンとの間に金網があるからだ。だが、アウトバーンから遠ざかることになる。しかも左に行っても地平線の彼方に道が出てくるという保証はまったくない。畑しか見えない。今日はこのポーランドとの国境付近の寒々とした田園地帯で、四駆でもない車で大地をさまよい続け、ついには車の中で野宿することになるのか？　あるいはわけのわからない言語を操る農民に泣きついて泊めてもらうことになるのか？　あるいは、この原野に国境線がないとしたら、彷徨している内に、戦車でもないのにうっかりポーランドに侵略、いや進出してしまい、あちらの軍隊に迎撃されるのか？　殺されずに済んだとしても違法入国者として暫く虜囚の生活を送らされる恐れがある。

嘆いていても仕方がない。とりあえずUターン。穴にタイヤが突っ込むのもかまわず車にやつ当たりし、飛ばしに飛ばして先ほどの石畳に戻る。

正規のランプはなくともすぐ左を走るアウトバーンに乗り入れられないかと、左側を注視しつつ走る。

するとアウトバーンとこの石畳を隔てる土剥き出しの地面に設置された金網が切れているところがある。「あの切れ目からアウトバーンに車を入れることにするか？」

だが、よく見るとアウトバーンと地面の間に溝がある。車を降り、近寄って見る。だが、溝の底がどうなっているのかわからない。地面が緩やかに下っていったあと急激に深くなっているため底が見えないのだ。車をつっこんだら、車が尻丸出しの姿になり二度と出られなくなることは確実だ。

車を十分加速させた上で溝を飛び越え、アウトバーンにジャンプして進入できないかと思っていたが、これでは不可能だ。真平らな地面に突然凹型に溝が出てくれれば飛び越えられるかとも思うのだが。いや、それも無理か。やはり、溝のこちら側が登りのスロープになっていないと、向こうに飛び移ることはできないんじゃないか？　われわれの車はＦＦ車でフロントが重いし……。

いやいや、もっと別の問題があるじゃないか。よく考えてみれば、仮に運良くアウトバーンに飛び移ることができたとしてもそこはポーランドに行く方向なのだ！　ベルリン方面へは更に乗り越えなければならない中央分離帯がある！　その分離帯は高い土手だ。大分派手なアクションが必要になる。ここで車のシャシーおよび下回りを傷めて深手を負わせると、まずい。車の返却地フランスまで距離がある。そこまで戻れるように車は使わねばならない。諦めて先ほど来た道を戻り続ける。T字路に来た。右に行けばさっきの駐車場に戻ることになる。

駐車場からアウトバーンにバックで戻り、そのままバックでアウトバーンの路肩を最初の出口まで走るという手もあると思ったが、アウトバーン出口のところにいた管理人が遮断機を開けてくれないだろう。駐車場出口のところでテレビを見ていた門番に道を聞くのも手だが、とりあえず今は駐車場と反対方向に行ってみよう。ベルリン方面の進入口があるとしたら、左折して行く方向だからだ。

左折してすぐアウトバーンを跨ぐ石造りの橋を渡る。並木を抜けると集落があった。石畳の道路の左右に石造りの小さな家が並んでいる。どの家も家屋と道路の間は狭い庭になっている。庭と道路は石造りの低い塀で隔てられている。

金髪の少女がひとり歩道で縄跳びをしている。外は寒いだろうに元気な子だ。皮膚が真白である。真白というより、色が薄く、内臓が透けて見えるのではないかと思うくらいだ。そんな薄そうな皮膚で寒くないのかね？　オーバーなども着ているわけではない。犬がその子のそばにいる。その情景を見てなぜか安堵感を覚えた。だが、その子以外はヒトケがない。そのまま前進。

ダンプカーが何台か前方に見えた。何か工事でもやっているのだろうか、どう見ても農業用でなく工事用という感じだ（今にして思うと、この石畳をコンクリ舗装にする工事をしていたのかもしれない）。

集落の端に来てしまった。この先は田園地帯が広がっているだけだ。Uターンせざるをえない。道を戻ると、さきほどの少女の家からぶ厚いオーバーをまとった老夫婦が出てきた。車を停め、アウトバーンへの行き方を聞きに行く。ここは旧東独、しかも相手は老人。英語はまったく通じない。ドイツ人としては小柄で、７０ちょいくらいだろうか、メガネをかけ、帽子を目深にかぶり、頑固そうな爺サンだ。

老人に「ベルリン方面に行きたいんですが」と私が英語で言うと、ベルリンという発音は聞き取ってくれた。「ベーリーン?・」と聞き返してくれたときはこれで救われたという気持ちになった。アウトバーンもわかってくれた。老人は「アオトバーン」と発音したが。老人は私に何か説明を始めた。聞いていると、ドイツ語とは言え、老人が「今自分は車で出かける、同じ方面にアウトバーンもある、私について来なさい」と言っていることがわかってきた。

歩道に片側の車輪を乗せて停めてあった大型オペルのセネターに妻を乗せ、老人が運転席に収まる。女の子は乗せることなく発進した。私も続く。

田園地帯の緑の中を進む。なぜか今は緑を美しく感じる。この田園の中の道路は案内してもらわなかったら絶対に通ることがなかった道である。なぜならこの道は集落を出るとアウトバーンに背を向けて地平線のかなたに向かう道だからだ。

例の近代的な風車が1基見える。畑の中にぽつんと木が立っている。まっすぐでなく傾いている。普段から一定方向に風が吹いていて、そういう姿勢になってしまったらしい。

5分くらい走っただろうか、やがて別の集落が見えてきた。集落の中に入ってまもなく、老人は右側の2輪を歩道に載せて停車し、出てきた。もちろん私も急いで車から出る。風がまだ冷たく吹いている。

すぐそこに見える交差点を左に行けばアウトバーンに乗れるとのこと。礼を言って別れる。老人は最後までキリッとしていた。

疑問22「ポーランドとの国境直前のアウトバーンで国境越えをせずに戻りたい場合、どうするのが正解なのか？」

旧東独地帯

無事アウトバーン11号線に復帰。20分ほど走ったところで、ロストックに向かう一般道104号線に降りた。が、これがまた試練の始まりであった。

一般道に降りてまもなく、田園地帯の中に現れた町Prenzlauで給油。燃費は11・09キロ。リッターあたりおよそ1・93マルク。

ガソリンの代金をクレジットカードで支払おうと精算所に行く。ヨーロッパでは珍しく、アメリカ式に敷地の真中に精算所がある。普通は日本と同様敷地の端にオフィスがあり、そこで支払う形式だ。

柱を背にして3面が、防弾用だろうか、厚いガラスで覆われているブースに座った金髪の中年婦人にカードを出すと、受け取りを拒否されてしまった。これは非常に珍しいことである。クレジットカードでガソリン代が払えないという経験をしたのは南アフリカとその北のナミビアだけである。日本でも、アメリカ、カナダでもすべてカードでOKだった。いや一度だけアメリカで、インド人が経営する薄汚いスタンドでキャッシュオンリーだったところがあるが、まあ先進国と呼ばれる国では非常に珍しいことである。ここが旧東独だったということが関係しているのだろうか?

このガソリンスタンドにはマクドナルドと大きな家具センターが隣接している。その家具センターで女房は手洗いを借りた。私はその間売り物のソファに座っていた。見える範囲では広大な店内に客は若いカップルが1組いるだけだった。

外に出て車に戻りながら、歩いている人たちに目をやると、すぐそこにスーパーがあるのか、買い物を入れたビニール袋が目に付く。袋を下げている人もいれば、カートに乗せている人もいる。ドイツのスーパーでも、日本やアメリカと同じビニール袋を使っているのは意外だ。

その客たちのビニール袋をさげたり、カートを押したりしている姿が、何と言うか、なじんでいない。堂にいっていない。この地域の人たちはまだスーパーというものに慣れていないという印象を受ける。誤解を恐れずに言えば、与作とおかめが江戸っ子の真似をし、粋に着こんで芝居見物に来たという様子を想像してもらえばよいだろうか。要するに、スーパーというものにまだ慣れていない田舎の人たちということだ。

若い男女と赤ん坊連れが多い。多いというより見かける人のほとんどが20代のようだ。皆血色が好い。信じられないようなことだが、頬がりんごのように赤い。寒さに対抗して血液が頑張っているのだろうか。

寒々として、雨も降ってきた寂しい田園地帯の中に忽然と現れたこのガソリンスタンドとマック、そしてアメリカンな外観の大規模ショッピングセンターは周囲から浮き上がった存在に感じられる。ガソリンスタンドのオフィスの位置とかスーパーの客がビニール袋を持っているとかマクドナルドがあるとかいうことも考えに入れると、片田舎にもアメリカ資本がいち早く投資し、遠い将来に備えているという感じだ。

ふとショッピングセンターの外に目をやると、近くに団地がある。その団地の階段の踊り場で老夫婦が煙草を吸っている。寒いし、風も強いのにそんなところで煙草を吸っているのは何故なのだろう。いわゆる蛍族だろうか。誰に気兼ねして踊り場で喫煙しているのだろう。

自宅の中をヤニで汚したくないのだろうか。それとも非喫煙者の他人の家を訪問しているためなのだろうか。

さて再び田園地帯の中を進む。時間は4時ちょっと前である。片側1車線の田舎道を行く。道の両脇は並木になっている。今は雨が降り、暗雲が垂れ込めているが、好天であれば、この並木道のドライブは楽しいものかもしれない。ここは広大な田園を貫く一本道である。並木の向こうには畑と森が見える。中には明らかにとうもろこしを作ったあとを残している畑もあった。

Neubrandenburg の6キロ手前で突然森が開け、平屋のバラックという感じの小屋が立ち並んでいる一画が目に入ってきた。如何にも掘立て小屋というような建物が比較的広い庭とともにひとつの区画を作っていて、その区画が多数集まっている。社会主義国家の、あの有名な「別荘」ではないかと思う。ロシアでは今でも一般の人たちが「別荘」を持っていると聞く。もちろん「別荘」と言っても決してリゾート気分の贅沢なものではなく、共産主義国家時代に供給が不足になりがちな穀物や野菜などの自給をさせるために国があてがったものだ。ここ旧ドイツ人民共和国でも昔そういうものがあったと考えてもおかしくない。そして今でもそれが残っているのかもしれない。

この片側1車線の田舎道は意外と交通量がある。遅い車もいるし、トラックもいる。今日中にバルト海を見たいと思っているわれわれは当然追越しをかけることになる。だが、対向車がなかなか途切れない。道路が起伏していて向こうがよく見えないことも多い。遅い車とは言え、直線では全車80キロは出している。抜くには100キロを越える速度が必要だ。

道ははっきり言って狭い。日本の田舎道と同じだ。道路の左右は並木が果てしなく続いている。木の幹は電柱の2倍ほどの太さがある。車を滑らせて尻を振らせると大破の浮き目にあう恐れがある。

雨も降り続けている。相変わらず風も強い。そして私のプジョーの加速はあまりよくない。加速するなら、ギアを5速巡航から3速に落とし、アクセル全開にする。そうすることによって車にできるだけ強い加速力を与えるだけでなく、タイヤに力を与えることによって車体を安定させる。追越しをかけるたびに、タイヤが路面の水でスリップして車があらぬ方向に行かないよう祈る。

こうして頑張って飛ばしたけれども、まだ半分くらいの距離の所で日が暮れてしまった。この状態で何時間走ったか。思い出したくもないが、3時間強である。仮にアウトバーンでベルリンに戻り、それから北上してロストックに向かっていたとしたら、三角形の鋭角2辺を行くことになるものの、速度がまったく違うから直線を行こうとするこの道よりはるかに速く着けたと思う。ストレスもはるかに少なかったはずである。

だが、いい面もあった。どこまでも続く並木道の中を昼過ぎから真暗になるまでドライブするという日本ではできない経験をすることができた。大粒の雨を落とす灰色の空のもと、どこまでも続く並木道をひたすら走ったわけである。

途中ぽつりぽつり村が出てき、道はその中を通過する。そんな村と村人を見るというのもアウトバーンでは体験できないことだ。

村に入るときは道路が狭められ、かつまっすぐ進めないよう道の真中に花壇や大木が1本あったりして、小さなカーブを描くようにされている。強制的にスピードを落とすような工夫なのだろう。石畳の道路にそういう工夫がなされていることからすると、大昔からそうなっているのだろうか？　「もしかしたら、外敵が村に入って来るのを少しでも防ぐためなんじゃない？」と女房は言うが、敵はきちんと道路を通って襲ってくるとは限らない。ここらへんの大平原は戦車が突進するのに打ってつけではないか。

道路沿いに立つ家々はどれもレンガ造りか石造りの貧しそうなものだ。下校時間だったのか、連れ立って帰宅する子供たちの姿を見ることが多かった。中学校上級生くらいの男子が真白な顔をしている。日本人と違う顔色だ。白人だから、色白なのは当然だが、英語で言うと"pasty"という言葉で表現されるような顔色だ。小麦粉の練粉のような生気のない白さのことである。そういう顔色は日本人にはないから、やけに目に付く。男なんだから、もう少し血色がよくてもいいのではないか。なお、白人の場合、健康的な顔色は"pink"や"rosy"で表現される。そんな子供たちを明るい緑のパーカを羽織った警官らしき男性が、旗を持って道路を横断させている村もあった。

この一般道には道路工事のために片側通行になっているところが3ヶ所くらいあった。その内2ヵ所は村の中で行われていた。どちらの現場でも石畳をアスファルト舗装にする工事である。石畳をはがし、アスファルトを流し込んでいた。はがされた石畳は近くの植樹の脇に積んであった。あとで花壇の仕切り石などとして売るのだろうか？

アウトバーンから1時間半ほど走ると、村もなくなり、いよいよ夕闇が濃くなる。村はなくなっても並木は続く。

大粒の雨が相変わらずフロントガラスに叩きつけられている。窓が曇る。空気中の湿度が高いからだ。冬の雨では湿度が低く、こうはならない。この雨はまさに穀雨と言うべき春の雨である。

アウトバーンに向かっているはずなのだが、その標識がなかなか見えてこない。この道沿いに村はなくとも、遠くに家はあるに違いないのだが、車の明かり以外は街灯もなく人家の明かりが見えない。

道は曲がりくねり、対向車も暗くなると共にいよいよ少なくなってきた。目に入るのはヘッドライトに照らされた道路と左右の並木だけだ。そして雨粒である。本当にこの道でアウトバーンに出るのだろうか？　なにしろ、アウトバーンの標識がまったく出てこないし、交通量も極端に少なくなってきたから、不安である。

普通の女なら「今夜ちゃんとホテルに泊まれるの？　夜ご飯はどうなっちゃうの？」とヒステリックになって、この旅の無計画さを責めるだろうが、わが女房はなかなか心得たものでこういう場合騒ぎ立てない。さすがに年の功か、騒いでもしようがないということくらいはわかっているようだ。黙っている。だが、やはりそこは女だから感情を抑え切ることはできない。そこで「ピェー」とときどき悲鳴を漏らし、ガス抜きをしている。

女房に「ちゃんと地図見たのか?」と聞くと、「見たと思う……」と言い、車内灯を点け、地図を再確認している。

わが女房はよく左と右を間違える。しかし、今走っている道路の番号を示す標識がときたま出てくるが、その道路番号は合っている。道は間違っていない。

だが、考えてみればここは旧東独ではないか。ドイツ統一前は今の北朝鮮ほどではないにしても貧しい共産国家だったわけで、庶民が観光旅行を楽しめるような国ではなかっただろう。いや、それ以前に国家機密保持やら国民の亡命阻止のために観光などご法度という国家だったのではないか? 「今目指しているロストックという旧東独の町に宿などあるのか?」という不安が出てくる。あっても数が少なく、日が暮れた今もう満室かもしれない。

私は女房と結婚する前アメリカを旅行中、露天駐車場で、ときに車道の片隅で一夜を過ごすということを何回かやったことがあるから、車内での一泊にそれほど不安は感じない。ただ、アメリカではいずれの機会も夏だった。今は3月上旬。しかも北ドイツだ。エンジンを掛けっぱなしで車内を一晩中暖めておかなければならないだろう。だが、そんなことをしていると、ここはドイツだから、「アイドリングはやめろ」と文句を言う人間が当然やって来ると思う。それならそれで宿がどこかにないかと聞けばいい。しかし、中には強盗もいるのではないか?

心細さを募らせている中、ようやくアウトバーンへの標識を見かけた。「ようやくこの並木から開放されるわい」

しかし、一旦標識が出たものの、その後アウトバーンはおろか、標識もぱったり消えてしまったではないか。さっきの標識は見間違いだったのか？　あるいはあの標識のところでどこかに曲がって行くべきだったのか？

相変わらず並木道が続く。20分ほど走ってようやく突然道幅が広くなり、アウトバーンの標識が続けざまに出てくるようになった。やがて、高速で走行する車の明かりが遠くに見えてきた。アウトバーンである。

最涯の地ロストックにて

ついに一般道から解放され、アウトバーンに乗る。ロストックまで30分かからないはずだ。

アウトバーンに入ってもまだ雨が降っている。私は雨が嫌いである。滑りやすいからだ。かなりの量の雨が降っている。前を走る車が跳ね上げる飛沫で前方が見えないくらいだ。それに夜である。車線を隔てる白線が引いてあるはずだが、私の近眼の強い目にはまったく見えない。自分が車線の中を走っているのかどうか路面を見ているだけでは判断できない。アウトバーンの左右のフェンスとの距離から判断して自分の位置を確認しつつ進む。前方にトラックからの落下物が横たわっていても、あるいは森から出てきた動物がのこのこ歩いていてもまったく見えない。自然にアクセルに乗せる足の力が弱まる。そんな私の車を例にとってアウディ、ベンツなどがぶち抜いていく。車、およびタイヤのグリップ性能と自分の視力に自信がないとあれだけの速度は出せないだろう。目の悪い私は羊のように130キロくらいで走る。彼らは160キロは出しているであろう。

さてアウトバーンがロストックの町に入った。ただ、町そのものは見えない。標識がここからロストックと言っているだけだ。今アウトバーンは首都高のように高架になっているのだが、周囲は暗い。街灯は明るく照らしているが、1台も車が通っていない道路とか石油備蓄タンクくらいしかまわりに見えない。えらく殺風景だ。町なら商店の明かりとか、せめてガソリンスタンドの明かりとかが見えてもよさそうなものだが。

だいたい、このアウトバーンも今はわれわれくらいしか走っていない。他の車はどこかで降りてしまったようだ。

「こんな寂しいところにホテルなんてあるのかな?」ここはわれわれがこれまで宿泊してきた都会と比べると、田舎も田舎だ。今まで泊まってきたのは、ロンドン、ジェノワ、ローマ、ミュンヘン、ベルリンである。ジェノワ以外は日本人でさえ誰もが知っている大都会だ。ジェノワでも知っている人が多いかもしれない。だが、ここロストックは私も初めて聞くような地名だ。やはり本当にホテルなどないのかもしれない。あっても既に満室ではないか。遂に本当に今夜は車の中で一夜を過ごすことになるのか……。

シティセンターはこちらという標識が出たが、とりあえず終点の海岸近くまで行ってみる。海沿いなら、シーサイドホテル的なものがあるのではないかという期待もある。「いや、そんなものあるわけない」ここは旧東独だ！

終点で高架のアウトバーンが下り坂になり、その先に赤信号が灯っている。一般道と交わる交差点にはわれわれの車しかいない。うしろからも車は降りてこない。交差点を横切る車もない。人影もゼロ。

青信号になっても止まったままあたりを観察する。寂しいところである。極度に寂しい。街灯はオレンジ色に輝いているが、照らされている光景は殺風景だ。東京で言うと、有明埠頭のようなところだ。コンテナを積んだトラックが1台右方面から来て左に直進して行った。ようやく動くものに出くわすことができた。その唯一の動体になんとなく引きつけられ、左折する。

だが、左折して進んだのはコンテナが置いてあるようなところで、ヒトケなどない。ホテルがあるようなところではない。コンテナが邪魔して海も見えない。地図によるとすぐ右はバルト海のはずであるが、海の香りはまったくしてこない。

駐車場が出てきた。フェリー客相手の駐車場のようだが、営業を終えたらしく人も車もいない。タクシー乗り場があるが、当然1台のタクシーも停まっていない。もちろん周囲にホテルもない。

中心地に戻るしかない。ホテルはさきほどのシティセンター近くの出口で降りて探すしかなかろう。

アウトバーンを戻って市街地への出口で降りるとすぐ町になっている。古い教会が見える。路面電車の線路も見える。

「ふー、やっと町らしきところに出たわい」

建物からするとオフィス街らしく思われる。商店があるのかないのかわからない。あるとしても店の明かりがついていないからだ。町全体が暗い。北の最涯の町に相応しい暗さという感じである。

きょうは火曜日で時間はまだ7時半である。われわれは疲れ切っているから、早く暖かいスープでも飲み、ベッドにごろっと横になりたい。だが、一般的にはまだ寝るには早い時間だろう。なのに、この町ではもう活動がやんでいる。ホテルがあるなら、その一帯は客目当ての商店があって少しは賑やかではないかと思うが、今のところそんな様子はさっぱり見えてこない。

西欧（と呼ぶには大分東よりの土地だが……）には珍しく歩行者もさっぱり見かけない。そう思っていると1000坪くらいの駐車場が目に入ってきた。

歩道を乗り越えて車を駐車場内に入れる。女房は「今夜この駐車場に泊まるの？　夜ご飯なし？」と情けなさそうに言う。「まあ、ダイエットにはいいかな……」とけなげに付け加える。「駐車場にけっこう車が停まっているから、人がいるかもしれないだろうが」と私。

案の定、いい具合に40代半ばという婦人が歩いているのが見えた。ジーンズをはいた普段着姿でやや疲れた表情をしている。

彼女がトヨタハイエースの運転席のドアに手をかけたところで声をかけると、驚いた様子もなく話を聞いてくれる。英語は話せなかったが、ホテルという言葉は聞き取ってくれた。「ホテル？　ああ、それならあそこにSASがあるわよ」というような口振りで高台の方を指差す。見ると確かにSASという青白いネオンがビルのてっぺんで光っている。だが、ホテルという文字はどこにもない。しかし道を尋ねる旅行者に地元の人がうそを教えてもしようがない。おとといのおやじさんみたいな要領をえないことを言う人間は例外だろう。このおばさんはまともな人間という感じだ。礼を言って別れる。

道路の左手に見えるあの高台に行くには……と考えて車を駐車場から出す。SASと聞いて女房は「SASって、スカンジナビア航空のホテルじゃないの」と言う。「ふーん、そうか」と言うしかない私。

駐車場から左方向に向かう。すぐに広い交差点に出た。さっと見たところ、Uターン禁止の標識が見当たらない。私の車が都合よく交差点の先頭で停まったのをいいことに、交差する車が来ないのを見計らって赤信号を無視し、強引にUターン。交差点には私以外の車も何台か停止していたが、ホーンを鳴らすなどで私に抗議するドライバーはいなかった。ドイツ人というのはこういうとき、ルール違反の人間を非難するのではないかと思っていたのだが。

Uターン後すぐ右に分かれていく登り坂を進む。するとSASの前に出た。ビルの前の駐車場に車を入れるとホテルという文字が見えた。駐車場の前はレストランである。私が停めたとなりには黒のBMWの7シリーズがどっしりと巨体を休ませていた。ここは高いかな？

ロビーに入る。かなり広い。高級そうだ。受付けで私を待ち構えているのは青年である。日本人によくある厚ぼったい顔をしている。ほっぺたもまぶたも厚ぼったい。顔そのものも幅広で面積がでかい。あばたがところどころに見える顔は血色がよい。その顔をニコニコさせて私が近づくのを見ている。背丈も180センチ程で、ドイツ人としては中背であろうか。親しみやすい感じだ。「ハロー」と言って「泊まりたいんですが」と英語で続けると、彼も英語で返事をしてくる。だが、まだ英語にあまり慣れていない。私と同じく勉強中という感じだ。

しかも彼は英語を何か照れくさそうに話す。英語を話す自分というものを意識し、うまく喋れないと自分をあざけるかのように笑う。その点も日本人に似ている感じがする。欧米でそうしたタイプの人間を見るのは初めてだ。外見的にも田舎の好青年という顔立ちであるが、性格的にも素朴な感じがする。そして一生懸命仕事をしようとする姿勢が、気持ちいい。非常に好感が持てる。

チェックインをしたあと、専用駐車場がどこにあるのかわからないと私が言うと、車に一緒に乗って案内してくれると言う。部屋の鍵を女房に渡して、先に部屋に荷物を入れさせることにし、私はフロント君と一緒に車に行く。

彼を助手席に乗せて、車を発進させ、駐車場に着く。と言ってもホテルの正面玄関のすぐ脇だ。彼に言われた通り、発券機からベロのように出ている券を取る。すると、自動的にシャッターがおごそかに上昇するというものだった。この厳重振りからすると、ここでもイタリアのように車の盗難あるいは車上荒しが多いのだろうか？

ロビーに戻ると、先に部屋に行っているはずの女房がソファに座って待っている。エレベーターがカードキーなしでは乗れないようになっていたため、私を待っていてくれたのだ。このようなエレベーターのシステムに行きあったのは生まれて初めてだ。

このエレベーターと言い、駐車場と言い、外部からの侵入に対して随分神経を尖らせている。ここは物騒な町なのだろうか？　旧東独は失業率が異様に高いと聞いたことがあるが犯罪発生率も高いのか？　それとも旧東独時代の名残りなのか？

宿泊料金は182マルク、駐車代14マルク、合計で1万1千円程度。思っていたほど高くはない。きょうの走行距離はわずか488キロ。ほとんど一般道だったせいで距離が伸びなかった。

部屋の広さはまあまあ。35平米くらい。シングルベッドが2つ。2つのベッドがくっついて置かれているので、一見ダブルベッドのように見える。

面白いことに、ベッドカバーがない。いわゆるベッドメーキングがなされていない。だから寝るときもベッドの中に「もぐる」形にならない。ベッドと同一幅の羽毛の掛け布団がそれぞれのベッドに3つ折にされてのっている。寝るときは自分でこれをかけるのである（その後ケルンでもこうしたベッドがあった）。

女房が心配そうに掛け布団の横幅を気にしている。ちょうど日本の敷布団と同じ幅しかない、つまり、90センチの幅しかない。これを掛けた場合幅が足りずにマットレスとの間に隙間が出来てしまい、寒い思いをするのではないかと言う。そう言われてみれば確かにそうだ。だが、廊下も部屋も暖かいし、更には室内暖房の温度調節もできる。

それにしてもからだのでかいゲルマン人はこの日本人サイズの掛け布団をどうつかっているのだろう？　長さも日本の布団と同じなのだ。当然足または肩がはみ出すはずである。

疑問23「ドイツ人はこのような小さな掛け布団をどう使うのか？」

残念ながら風呂はついてない。シャワーだけである。そのシャワールームには独語英語両方で次のような掲示があった。

「洗濯不要なタオルを出すと、不要な洗剤を使い、結果として水質汚染をもたらします。換えてほしいタオルは床に落としておいて下さい。そのまま使うタオルはタオルかけにかけておいて下さい」　これと同趣旨のプレートはベルリンのホテルのバスルームにもあった。

チェックインの際、近くに中華料理屋はないかとフロント君に聞いたが、あることはあるが車で行くしかないとの答だった。

車だと道に迷う恐れがある。こんな人通りの少ない町で迷ったらホテル代を払っておきながら、ホテルに帰れず本当に野宿になりかねない。かと言ってこのホテルの近辺は先ほど述べたように暗く、客を招くような照明を灯す商店などまったくなかった。

おのずからルームサービスということになる。


ハンバーガーセットありというチラシがベッドに置いてある。備え付けのファイルを開いたが、それには食事のルームサービスの記述がない。チラシのハンバーガーセットにせざるをえないが、18マルクもする。つまり1000円弱である。まあ、ルームサービスならこんな値段でも仕方がないかと思いつつ、電話で注文を入れる。


10分ほどしてノックの音がする。女房が出ると、「ルームサービスです。どちらへ置きましょうか?」と英語で言っている。女房がテーブルへ置いてくださいと言うと、ポニーテールの若い女性が部屋の中にずかずかと入ってきた。

かなり大きなトレーをワゴンに載せることもなく持っている。両腕を目一杯広げてトレーの両端を掴んでいる。長方形のトレーは幅が広く、その上トレーには注文したものと蓋が乗っていて重くなっているが、特に重そうにもしてない（あとで女房はあんな大きなトレーは自分には絶対に持てないと言う）。

私はそのとき下着姿でベッドの上で寝転がっていた。彼女に「こんな格好ですみません」と英語で言うと、「いいえ、気にしないでください」という返事が返ってきた。トレーを置くと、サッときびすを返し、出ていった。

「ずかずかと入ってきた」と言ったのは、女房に言わせると体育会系、私は軍隊出身かと思ったが、ともかくそんな印象を与える、姿勢のいい彼女が大股で入ってきたからということもある。背丈は170くらいで、茶色に近い金髪。皮膚はなぜか日に焼けた浅黒さを持っていた。

印象からすると、どこかに遊びに行って焼いたのではなく、労働して焼けたという感じだ。夜はホテルで働き、昼はバルト海で漁でもして焼けた、あるいは畑仕事をして焼けたという様子だ。もしかしたら、さきほど見かけた「別荘」で焼けたのかもしれない。

大体、からだ付きが農民か漁民のそれである。女だてらに腕が逞しい。スキとかクワ、あるいは網を普段使っているという筋肉のつき方をした腕である。スポーツクラブで鍛えた腕ではない。もちろん腰もがっしりと逞しい。フロント君の農民風の顔立ちと言い、この女性の農民か漁民風のからだ付きと言い、つい最近までここが労働者の支配する国だったことを物語っているかのようだ。二人とも10年前までは旧東独で農業労働者だったのだろうか。あるいはその家系なのだろうか。そう言えば、駐車場でこのホテルを教えてくれた婦人も農民風の顔立ちだった。

「うーん、まずい……」

ハンバーガーをかじっての感想である。

まず暖かさが足りない。次に肉がうまくない。無理やり好意的に解釈すれば、ハンバーガー向けの部位でないところを使っているのかもしれない。ともかく、ジューシーさがない。ちょっと焼き過ぎでもある。まっ、それでもきのうのマクドナルドよりは少しはマシだ。

コールスローはマクドナルドなどと同じ味だが、フライドポテトの方はやはりだめだ。これまでドイツで食べてきたポテトと同様香りがなく、うまみもないし、水気が多すぎる。もしかしたら、ドイツのじゃが芋は料理の仕方によってはよい味になるのかもしれない。ドイツに6年間滞在し、最近帰国した友人によると、ドイツではポテトはスッたものを揚げるか焼いて食べていたと言うのだが、そうすればおいしく食べられるのだろうか?

今までドイツのイモを食べた経験からすると、ドイツ人には日本の男爵とか米国のアイダホポテトとかを栽培した方がいいんじゃないかとご提言したくなる。もっとも、土が違ってそれらと同じ味にならないどころか、どの芋を植えてもこの馬鈴薯と同じ味になってしまうのかもしれないが。

仮にこのじゃが芋がパンと並んで主食の位置を占めているとしたら、私はドイツ人のことを哀れに思う。だが、じゃが芋は主食ではないのだろう。主食なら朝食にも出るだろうが、ホテルの朝のビュッフェではその後のドイツの宿泊を含めて一度しかじゃが芋を見なかったからだ。

ただ、昔アフリカはナミビアのエトーシャ国立公園で印象的な光景に出くわしたことだけは付記しておきたい。夕食前に園内にある宿の売店にビールと果物を買いに行ったところ、昼間バスで到着するのを見かけたドイツ人御一行様（ちなみに、ナミビアはかつてドイツの植民地であった）が買い物をしていた。バーベーキューの設備があるので、彼らはそこで焼く食材を買い求めていたのだが、しばらくするとレジに行列ができた。各家族、分業体制で買うものを持っている。あるもの（例えば、父親）はビールを持ち、あるもの（例えば、母親）は直径3・5センチ、長さ20センチほどの冷凍ソーセージを5、6本透明プラスチックで厚紙に圧着したやつを、冷たい部分に手が触れないようにして、ぶら下げるという風に。その列で、なんと穀物係（例えば、息子）はじゃが芋入りの網袋を手に提げていたのである。食パンも売っていたのに、全家族、担当係は芋の方を買おうとしていた。

ちなみにうまいじゃが芋はと聞かれれば、われわれ夫婦は即座にアメリカのアイダホポテトと答える。アメリカで食べるポテトは、ハンバーガー店でフレンチフライにして食べようと、レストランでベークドポテトにして食べようと、あるいは冷凍食品で食べようと、どういう形にしても、香りがよく、うまみがある。男爵もうまいが、それを越える味わいを持っている。日本人としては男爵の方がうまくあってほしいが。

うまくないハンバーガーとじゃが芋を、世界共通の味のコカコーラと炒り過ぎのコーヒーで流し込んだあとは洗濯をし、シャワーを浴び、幅の狭い布団をかけて寝た。

【9】遠き地平　3月8日（水）

ナイスガイ

朝6時に目覚めた。カーテンを開けると相変わらず天気が悪い。向こうに見える道路の表面が濡れている。近くのビルの屋上に水溜りがあり、そこに雨粒が頻繁に落ちているのが見える。日本でなら誰もが傘をさしたくなる雨量だ。だが、通りをぽつりぽつりと通る人を見ると、傘をさしていない人がいる。いや、いるどころではない。半数くらいの人が傘をさしていないではないか。レインコートのフードをかぶっている人もいるが、髪の毛をぬらして平気で歩いている人の方が多い。しかも彼らに急ぐ様子はない。子供がひとり傘をささずに持って歩いている！

入り口で部屋番号と名前を確認され食堂へ入る。きのう駐車場から見えたレストランだ。中は意外と暗い。夜の雰囲気を大事にしているようだ。バーのカウンターがあり、その背後の壁には酒が並んでいる。

面積は決して広くない。カウンター部分を含めて100平米もないだろう。われわれ以外は白人の老夫婦がいるだけだ。

いつものようにビュッフェ形式である。ドイツらしくソーセージとハムが多い。今回はべークドポテトという新顔もある。きのう初めて見かけたベークドマッシュルームもある。同じベークドでも女房はトマトはうまいと言うが、ポテトとマッシュルームは駄目だ。ポテトはこの料理法でもやはりまずい。マッシュルームもポテトと同様水っぽい。ドイツとイタリアで必ず朝食に登場してきたのが、溶かし砂糖がかかったクロワッサンである。やはり朝には脳の栄養ブドウ糖ということだろうか。

チェックアウト後、きのう車を「格納」した地下駐車場に行く。しかし、シャッターの前に車を出したのだが、そのシャッターの開け方がわからない。近づいても自動的に開くわけでもないし、シャッターの脇に開閉ボタンがあるわけでもない。監視カメラがあるので、カメラから運転席がはっきり見えそうな位置に停車し直し、その上でサイドウインドウを開けてカメラに向かって手を振ってみる。だが、シャッターはびくともしない。これ以上どうしてよいか知恵も湧かず、フロントに歩いて戻る。

フロントにいたメガネをかけた小太りの小柄な中年婦人（この女性は農民風ではなく、都会的な感じだ）が英語で説明を始めてくれたのだが、駐車場はフロントの目の前にある階段で降りればすぐなので実演した方が速いと思ったのだろう、同行してくれた。そして駐車場の天井から垂れ下がっている赤いヒモをニコニコしながら指差して、それをひっぱれと言う。ヒモをひっぱり、おごそかに開いたシャッターから外に出る。

今日の最初の予定はバルト海に行くことだ。チェックアウトのさい道は聞いておいたし、この町の地図ももらった。

だが、曲がるべき五差路の交差点に到着してみると、迷った。右の方に行きたいのだが、交差点に迫る私の位置からすると、右方面は2つある。そのうちどちらに行くべきか判然としない。実はもう一つ右に行く道がある。だが、それは今来た方角に近い方向に向かって曲がっている。まるで逆戻りするかのような向きだ。地図によると、その道のはずなのだが、地図での角度よりはるかに急な角度で曲がっているように見える。まさかこの道ではないだろうと思えるくらいだ。しかも地図の道より狭く細く見える。

とりあえず、右方面に行く3本の道の内右から3番目の道に曲がって行く。3番目でなく、2番目の道を行くのが筋かと思うが、その道はどうも交通量が少ない。何となくハンドルを3番目の道に切ってしまった。まあ、いいじゃないか。道に迷ったらまた人に聞くのも楽しみだ。とりあえずそれで進んでみる！

しかし進んでみると、この道は緩い登り坂である。海に行く道としては不適切だ。まだ交差点からそれほど離れないうちに停めて道を聞く。

バスでも待っているのだろうか、歩道に立っている高校生風の3人組に声をかける。そのうちのひとりがヨーロッパ大陸で初めて聞く、きれいな英語で答えてくれた。優秀な学生であるに違いない。

今通ってきた交差点をまっすぐ行けば地図のこの通りに出る、あとは標識が出てくるからわかると言う。この若者たちには私への姿勢に年長者に対する敬意というものが感じられた。日本の若者の一部にも年長者への敬意を持っているものはもちろんいるが、このドイツの若者たちからはその姿勢がはっきりと伝わってきた。こうストレートに敬意を払ってもらうと、こちらとしても迂闊な行動はできないと引き締まった気持ちになる。

彼らから離れ、歩道の先の方に停めた車をUターンさせ、こちらを見ている彼らに手を振る。手を振り返してくれるのを見ながら前進。

ただ交差点をまっすぐ進むというフレーズの煮詰めが甘かった。交差点で二股に分かれている。どちらもまっすぐではない。どちらが彼の言ったまっすぐなのか……。太い方に行く。だが、確信があってそうするわけではない。

やっぱりまた交差点に戻ることにしよう。ただ、中央分離帯があってUターンができないところなので、一旦左に曲がってそのあとUターンすることにした。

左折専用車線に入り、交差点で信号待ちをする。だが、もしかするとこの道でいいのかもしれない。まっすぐ行けばよいという可能性も50%あるわけだ。

「よし。この交差点で聞いてみよう」

女房に窓を開けさせ、右隣に停まっているフォルクス・ワーゲンの商用ワンボックスカーの運転席にいる、短いあごひげの青年に声をかけさせる。だが、気づいてくれた彼が説明を始める前に信号が青になってしまった。それを見た彼はそのまま左折して停車しろと、手で左の方を指しながら、言う。

直進するはずの彼はわざわざ左折し、われわれが歩道よりに停めた先で歩道に片輪を乗せ、停車する。そして運転席から顔を出し、私に「車道に停めては他の車に迷惑だから、歩道に片輪を乗せて停めろ」と言う。ドイツ語だが、そう言っていることくらいはなんとなくわかる。

彼の車に行こうと車から出ると、まだ雨が降っている。だが、決して寒くはない。きのうも、この土地に着いたのは夜だったが、寒くはなかった。

私が彼の車に近づくと、助手席に乗れと合図する。だが、ドアを開けると助手席からびんが転がり落ちた。石畳の歩道に落下。当然割れる。

酒ではない。ミネラルウォーターだ。惜しいものだったのだろうか、彼はじっと落ちた方向を見、いや睨みつけ、その損失を諦めて受け入れようとし始めた。3秒くらい経過しただろうか、納得できたようで私の方を見て微笑む。

助手席に座った私に身振りを交えつつも最初から最後までドイツ語で喋りながら、バルト海への行き方を私のノートに詳しく書いてくれる。私がそれはブリッジのことかと英語で聞くと、「ヤーヤー、ブリッジ、ブリッジ」と返事をするといった調子で話が進行していった。

よくわかった。先ほどの交差点でもうひとつの道に行くべきだったのだ。ホテルから来た道から見るなら、今まで来た道を引き返すかのように鋭角に右に曲がっていた道だ。ホテルがくれた地図ではそんなに鋭角的に曲がっているようには描かれていなかったから、まさかこの道じゃないだろうと思った道を行くべきだったのだ。ホテルで貰う地図というのは必ずしも信用できないものということになるだろうか。

彼の教えてくれたのは近道である。ここでUターンし、交差点で右折すればさっきの交差点に戻るのだが、交差点を直進して行くコースを教えてくれた。

「ダンケ！」と心をこめて言うと、彼の方からニコニコと右手を差し出してくる。硬い握手をして車から出る。もちろん「割れた瓶の片付けは私にやらせてくれ」と言い残して。だが、私がガラスの破片を拾い始めると、彼も車から出てきて手伝ってくれようとする。私は彼に笑顔を向け、「いやいや。これを片付けるのは私のお礼だから。お宅は仕事に行ってよ」と英語で言うと、多分意味をわかってくれたのだろう、彼も笑みを返し、手を振って去って行った。

ナイスガイだ。彼の教えはドライバーの視点に立った、かつ要所要所を的確に押さえたものでその後はまったく迷うことなく目的地に到着することができた。

バルト海

目的地の名はWarnemündeである。対岸のデンマーク行きのフェリーが出る港町だ。なんでロストックで海を見ないのかと言うと、ロストックは入り江の奥の町だからだ。外海に出なければ、バルト海を見た気がしないのだ。

その外海の町に着くと、広場があり、無料駐車場になっている。まわりの建物はオレンジ色の屋根に白い壁と南欧ペンション風もあれば、白い壁に濃い緑色の屋根、あるいはオレンジ色の屋根に黄銅色の壁と色々な配色があるが、概してオレンジ色に白い壁という組み合わせが多い。どの建物も極めて清潔で、洒落ており、手入れが行き届いている。電線、電柱は見えない。雨のため空は灰色で暗いが、非常に清潔な町だ。豊かそうでもある。雨に濡れて光っている歩道も車道も模様は違うが、それぞれ石畳だ。ゴミなどまったく落ちていない。

途中鉄道の駅がある。駅の前では客待ちの白いメルツェデスEクラスのタクシーがディーゼルノックをたててアイドリングをしていた。環境問題にうるさいドイツでは信号待ちでもないのにエンジンをアイドリングさせておく人間などいなかろうと思っていたが、現にここにいるではないか。裏切られたような感じだ。環境保護に熱心な国だなという印象は以前から持っていたし、現地に来てからもアウトバーンのサービスエリアで見たゴミ箱やおとといきのうと見たホテルのバスルームにおけるタオルについての掲示からもそのことは確認されたのに、このような「非国民」がいるとは……と思ったが、中には独自の路線を行く人間がいる方が面白いとも思った。

それにしても、気温は、決して寒くてしようがないというものではない。エンジンをかけて暖房を取るというほどの気温ではないだろう。もっとも、車の中でじっとしているとからだが冷えてくる。ただ、おとといのミュンヘンでは北風が強く吹き、ここよりはるかに寒かったにもかかわらずホリディインの前に停まっている2台のEクラスメルツェデスのタクシーはエンジンを止めていた。2人の運転手はひとりでは寒かったか、片方のベンツの中で並んで座って話をしていたが。こちらのタクシーの運転手は老人なので、まあ致し方ないというところだろうか。それにこの爺さん旧東独の人間だろう。旧西独による環境保護の精神は旧東独の人間にはまだ浸透していないということか？

その先には、なぜかロンドンタクシーと同じ形をした車が停まっている。

駅の構内ならゴミ箱があると思い、割れたガラス瓶を捨てに行く。途中にもゴミ箱はあったのだが、鍵が掛かっていたり、新聞専用であったりで、捨てられない。駅の構内にガラス瓶の写真が貼ってあるゴミ箱があった。他に、新聞の写真、缶の写真などが貼ってあるゴミ箱もある。

線路をくぐる地下道を通って鉄道の向こう側に行くと、港だ。船が1隻停泊している。小型の船だ。フェリーには見えない。トラック1台も乗せられない寸法だ。小型フェリーというサイズでさえない。しかし漁船というにはあまりにもお洒落だ。遊覧船のようにも見える。デンマークへの留学経験のある友人によると、バルト海のここらへんは冬から春にかけてずっと雨で陰気な空模様だと言う。冬場ずっとこんな天気なら観光してもしようがないのではないかと思うが、まあ世界は広いからいろんな人間がいるわけで、本当に遊覧船なのかもしれない。この町の豊かそうな様子からすると、個人のクルーザーという可能性も十分にある。

このバルト海も地中海同様潮の香りがしてこない。今いるのが100メートルほど離れた2本の突堤にはさまれた陸地側だからだろうか、波はまったくない。海の上をカモメが飛んでいる。海面にはカモのような鳥が浮かんでいる。

寒くはないものの、メガネに雨水がどんどん付着する。しかし人々は悠然と歩いている。傘を差している人はいない。われわれも傘の持ち合わせはない。

ぶ厚いコートを着たひとりの30代前半くらいの青年を捕まえてデンマークはどの方向かと聞いた。予想通り、2つの突堤が突き出ている先がデンマークだと言う。「ダンケ」と言うと、大分後退してしまっている額の下にシャイな感じがする表情を浮かべ、微笑み返してくれた。

立ち去ろうとしたさい、両手で4つばかり胸に抱えていたホットドッグの袋のひとつをうっかり落としてしまった。もちろん路面は水浸しである。女房が一緒に拾ってあげた。

女房が言うには、礼を言ったときの彼の顔が感謝を満面にたたえており、それを見たさにまた親切にしてあげたくなるような、そういう表情だったそうだ。彼だけでなく、ヨーロッパの人たちの笑顔はすばらしいと女房は言う。私もその点異論はない。

ロストックの町に戻ることにする。途中真っ赤なシボレー・コルベット（C4）を見かける。このような贅沢なスポーツカーを見かけるとはやはりこの町は豊かなのか？　それともよそから来た観光客のものか？

ちなみに、ドイツではアメ車をかなり見かける。前にも述べたが、イタリアではチェロキーしか見かけなかったのとは違って、ドイツではミュンヘンでシボレーのV8ピックアップトラックを見たし、その後GMのフルサイズのバンもよく見た。ベルリンではシボレー・サバーバンという全長6メートル近い贅沢なSUVさえ見かけた。その後、ロストックの町中でも、ポンティアック・トランザムを見た。映画「ナイトライダー」で主人公が乗っていたのと同型の車だ。ポンティアックと言えば、そのミニバン、トランスポートをアウトバーン上で何台も見た。すべて旧型だったように見えたが、新型はオペル・シントラという名でドイツでも売られているから、そちらの方もあったのかもしれない。このミニバンもアメリカでは決して見かけないような高速を出していた。アメリカでならフリーウエーをゆったりと流しているミニバンが、ドイツでは少し気を抜いてやや遅めの時速150キロで走っていると、何回も私のプジョーをぶち抜いて行ったので強く印象に残っている。クライスラー車もチェロキー以外に、ミニバンのボイジャー、セダンのネオンなどをよく見かけた。クライスラーがダイムラーと合併したからだろうか。フォードはヨーロッパフォードがあるせいか、アメリカフォードの車は見かけない（その後フランスになると、再びアメ車はほとんど見かけなくなった）。

ヨーロッパではワゴンが主流でミニバンは少ないという向きもあるようだ。確かにボルボやオペル、メルツェデスなどのワゴン車は多い。だが、ミニバンもけっこういる。決して少なくはない。フィアットのムルチプラ（99年から2000年にかけての車の雑誌に紹介されている）と言っただろうか、ガラスエリアが金魚バチのように丸く膨らんで見える極めて個性的なスタイルの巨大な最新鋭のミニバンを見たのも、ドイツのアウトバーンだった。そのスケスケの大きなガラスエリアの中でドライバーが運転している姿が何とも小さく、他の車たちとはまったく違うそのスタイルが異様に目立ち、ショックを受けたものだ。

ドイツ北部横断

アウトバーンに入る前に給油。リッター１４・９キロ。リッターあたりの値段は１・８７マルク。

ロストックでアウトバーンに乗ったのが午前１１時くらい。ベルリン経由でケルンに午後4時くらいに到着した。距離にして６００キロ。平均時速１２０キロ。昼食は朝食の食べかけのパンをナプキンに包んで持ってきたのと、やはり朝食で出たクラッカー、そしてみかんとりんごだけ。運転しながら済ませた。本当は町に降りて食事をしたかったのだが、アウトバーンからは食事や買い物のできそうな町が見つからなかった。サービスエリアの食事はイタリアやアウトバーンでの経験で懲りているので最初から念頭になかった。

途中給油が1回。リッター１３・１６キロ。アウトバーンで飛ばすと燃費が悪くなる。ずっと雨だった。途中メルヘン街道に続く出口があった。確かに童話に出てきそうな丘や家があるように見えたが、雨がひどく視界がよくなかったから、見に行く気になれなかった。というか、雨の中迷子になりたくなかった。

アウトバーンのうち旧東独部分は、車線拡幅工事がいろいろなところで行われていた。工事をしていても片側2車線が維持されている。本来の車線を膨らませて工事部分を迂回する形にするのだが、そういう部分では走行車線は普通の幅員でも、追越し車線は狭くなっている。工事の直前に、ここの追い越し車線は幅2メートル、ここは幅2・3メートルという風に標識が出てくる。当然大型トラック、バスの場合そのような幅員の追越し車線での走行は不可能。乗用車であっても幅2メートルのところでは普通追越し車線を走らず、大人しく走行車線を進んでいる。

だが、あるときミュンヘンからベルリンに行く途中だったが、大型トラックを先頭にしたのろのろ運転にイライラしたのか私のサイドミラーに白い3シリーズのＢＭＷが追越し車線に出てくるのが映った。そこの道路の幅員は2メートルである。対するＢＭＷ3シリーズの車幅は1メートル74。車線を目一杯使っている。私のミラーの中でその姿はゆっくりと大きくなって来た。時速100キロを切る速度で走らされている私のすぐ脇を、110キロくらいであろうか、時間をかけて追い越していく。若山富三郎のような感じのドライバーだ。

私は昔から車幅感覚には自信がある。彼の後に続かないわけにいかない。私の後からも何台か続くようになった。車幅1メートル65センチの私のプジョーでも大型トラックを抜くときは冷や汗ものだ。前を行く彼のＢＭＷはほとんどトラックに接触せんばかりである。

この経験を積んでから私は工事規制区間でも必ず追越し車線を行くようになった。ただ、女房は怖かったらしく、大型トラックを抜かすときは、からだをこわばらせてドアの上のストラップにしがみついていた。「ぶつかる！」と何度か叫んでもいた。それにしてもあのＢＭＷのドライバーの車幅感覚は恐るべきものである。尊敬する。

ベルリンの環状線を離れてから3時間ほど後に給油するまで、アウトバーンを平均１４０キロ強で走ることができた。ポツダムから西はずっと3車線の立派なアウトバーンだったが、雨脚が強く、それ以上の平均速度では走れなかった。

ところで、ベルリンの環状線を出て２０分もすると周囲の森林が消え、平野になる。ほとんど真平らといってよい平野である。その平野は牧草地あるいは畑になっている。ところどころ樹木が見えるが、左右どちらを見ても地平線だ。そのような光景がロマンチック街道の手前で給油ストップ（リッターあたりの燃費は１３・１６キロ。リッターあたりの値段はおよそ１・９８マルク）するまでの2時間半の間ずっと変わらなかった。単純に計算すると、時速１４０キロ×2時間半＝３５０キロの間ずっと真平らな大田園地帯だった。その風景を見ているうちに、きのうのミュンヘン・ベルリン間の大平野も思い出され、このドイツが持つ平野をアメリカ合衆国の本土中央部分と比べてみたくなった。

私はアメリカ大陸横断を2回やったことがある。一度はロスからまっすぐフロリダに。もう一度はフロリダからシカゴ経由でロスまでだ。ロスからニューヨーク州の西部までの往復という、横断に近いことも2回やったことがある。それらとは別にアメリカのど真中にある大平原を往来するということも何回となくやった。

そのようなドライブの一環として、私はデンバーからシカゴまで、州で言うとコロラド州東部、サウスダコタ州、ネブラスカ州、アイオワ州、イリノイ州を走ったことがある。その距離はおよそ1600キロであるが、ネブラスカ州を過ぎてアイオワ州に入るとそれまでの地平線のかなたまで小麦やとうもろこし畑という景色から、樹木が多く目立つ景色に変わる。だから地平線が見え続ける範囲は1600キロの内の一部、距離で言うと、大体800キロである。ただ、そこは常に起伏がある。決して真平らではない。その北の方で言えば、ノースダコタ州が地平線の続く大平原であるが、これも真平らではなかった。この大平原の東西の長さは大体750キロ。南で私が知っている大平原というと、テキサス西端のエルパソから同州のサンアントニオ手前のカーヴィルまでで、これが大体800キロ。やはり常に起伏している。少し北に戻ると、オクラホマ州西部からニューメキシコ東端まで大体500キロ。この部分は見事なまでに真平らであった。ドイツの真平らな部分はきょう350キロ、きのう450キロである。アメリカ大陸と比べても決してひけをとるものではない。

まあ、真平らだから何だと言われても、別に何でもない。ただ、ドイツが日本とまったく違う国土を持っている国だということははっきりわかった。日本とアメリカという対極的な国土を持つ2つの国で見ると、ドイツはかなりアメリカに近い存在であるのは間違いない。いや真平ら度ではむしろヨーロッパと地理的に近いアフリカに似ていると思った。ドイツのこの真平らな大地を見て南アフリカ共和国とナミビアが思い出された。そこを車で走ったときに印象的だったのがどちらの国も一部の地域を除いて本当に見事なまでに真平らだったということだ。アフリカの他の地域もテレビの映像などで見ると、真っ平らな緑の大地が広がっているところが多い。だが、ドイツのこの広大な農地も、農家の数が多いことからすると、アメリカと比べると一戸当たりの耕作面積は案外広くないのかもしれない。

このドイツ北部の土の色は黒い。その黒さが肥沃な土地であることを示すようにも見えるのだが、ドイツは石炭産出量が多いことでも有名だから、その関係なのかもしれない。石炭といえば石油が連想されるが、それをくみ上げるポンプを午後2時頃1基見かけた。大平原の中にぽつんと立っていたのでよく目立った。

やがてハノーファーを過ぎたあたりで大平原が終わり、土地に起伏が出てくる。そして丘陵地帯になる。もうすぐケルンだ。

ケルン

午後4時くらいにケルンに着き、宿を探す。前のホリディインで世界各地のホリディイン所在地が載っているパンフレットをもらっていたので、ケルンにも数軒あることはわかっている。ホリディイン自体は高いとしても、その近くにホテルがあろうとの考えから、とりあえずホリディインを探すことにする。空港のそばに1軒あるらしいのでケルン・ボン空港を目指す。

すぐにホリディインは見つかった。ただ、残念ながらその日はすでに予約で満室であった。近くに別のホリディインがあるはずだが、と金髪の若いフロント嬢に聞くと高級なのがいいか、割安なのがいいかと聞き返された。割安な方と答えると、アウトバーンを戻ってすぐのところにあると言う。われわれが入手したホリディインのパンフレットに載っていないやつだ。新しいために まだ載せていないのだろう。

着いてみると、確かにホリディインより割安なホリディイン・エクスプレスだ。ピカピカである。出来立てだ。

エクスプレスの受付係は小柄で、まるで高校生のような童顔の女性だ。腰のある濃い茶色の髪を短くし、4・6くらいに分けている。白いブラウスに黒いズボンを履いている。背は160センチ未満。真白くてそばかすのある顔は産毛だらけで、剃っていない。産毛に気を使うほどの年齢に達していないのではないか。本当に高校生くらいの年齢なのでないかと思う。客慣れしておらず、ういういしい感じだ。

ただ、英語は理解できる。どういう質問をしたか忘れてしまったが、私が何か聞いたところ、すぐ返事ができないでもじもじしているところを意地悪して、「イエスかノー、どっちだい」と突っ込むとシュンとなって下を向いてしまった。もちろん、すぐ私は「OK、ノープロブレム、答えられなくてもいいよ」と言ってあげた。

部屋は清潔。ただ風呂はなくシャワーだ。きょうの走行距離は848キロ。やはり高速を使うと距離が伸ばせる。

このホリディインには中華料理店が隣接している。まだ5時くらいだったが、昼食を抜いたも同然で空腹である。食べに行くことにする。

ホテルと同様ピカピカの店内に入ると、まだ客はいない。今回の旅行初のレストランでの食事だ。フロアだけで80坪くらいありそうな広大なレストランである。内装も照明を含めて凝ったもので大きな資本が投下されたという印象を受ける。

中国系らしき30歳前後のウエイターが来た。うりざね顔にオールバックの髪。そしてなかなか清潔感のある顔立ち。服装もワイシャツにネクタイ、そしてチョッキと如何にもウエイターのプロという出で立ちである。

注文を聞いたあと、テーブルに設置してあるキャンドルに火をつけた。キャンドルサービスは女房も私も初体験である。このようなサービスがあると高そうなレストランに思われるだろうが、実はホテルの部屋にメニューが置いてあって、1品1品はリーズナブルな値段だと知っていた。予定通り、牛肉焼きそば、ライス付き豚肉の四川風炒め、そして酸っぱく辛いスープを1品ずつ頼む。受け皿は二人分くれるよう頼むと、「わかってます」と心得た表情で言う。

「飲み物は?」と聞くから、私はウーロン茶はアメリカの場合タダだが、ここではどうかと聞くと有料だと言う。水も有料だとのこと。飲み物はなしにした。部屋に帰ってから備え付けの紅茶でも飲めばよい。ドイツはアメリカと比べて中華料理が高いとウエイターに言うと、「日本人は金持ちだからいいでしょう」という返事。冗談ではない。日本人全員が金持ちなわけではない、われわれ夫婦は金持ちではないと言っておいた。日本人はカネを持っているという固定観念が世界に流布しているとよく聞くが、本当かもしれないという気がしてきた。

それにしてもなぜウエイター君はわれわれが日本人だとわかったのだろう。われわれは日本人だとは彼に言ってなかったのに。中国人の目から見れば、同じ中国人には見えないのだろうが、韓国人と思ってもいいのではないか。韓国人には見えない要素がわれわれにあったのだろうか。ロンドンの中華料理店では中国系のおばちゃんには韓国人かと聞かれたものだが。店ができたばかりだし、厨房から聞こえてくるのが中国語だから、このウエイター君は中国あるいは台湾から来たばかりで日本人と韓国人を見慣れていて、区別が容易なのかもしれない。

「日本人と韓国人の区別ができると言う人間は信用できない」とイギリス人の友人が私に言っていたものだ。確かに日本人と韓国人は似ている。だが、日本人には「自分は区別できる」と思っている人が多いかもしれない。私はあまり自信がないが。ニューヨークで私は「アンニョンハシムニカ?」と韓国人に声をかけられたことがある。あちら側でも区別がつけにくい場合があるわけだ。日本人でも韓国人でもない第3国人ならその区別はかなり難しいのではないか。中国人も当然第3国人である。だが、このウエイター君は自分の判断に自信があって言ったのだろうか。

最初にスープが運ばれてきた。酢と塩が濃いが、まずくはない。それが片付けられると、何と卓上コンロのような保温器を持ってきた。料理が冷めないようにしてくれるのだ。このようなサービスも生まれて初めてである。中に青い火が見える。やがて注文の二皿が運ばれて来、卓上コンロの上に置かれる。量が多い。アメリカほどではないが、ドイツサイズとでも言うべき量である。

牛肉焼きそばは口に入れてみると、味はよいが、ベルリンのと比べれば感動は与えてくれない。だが、アメリカの中華と同レベルのうまさではある。われわれが知っている横浜中華街の店と比べると、はるかにこちらの方が上だ。牛肉は揚げてあるようだ。他の素材とは分けて調理されたあと混ぜられたようである。肉に臭みがまったくなくあっさりしたよい味付けになっている。

豚肉の四川風炒めの方は唐辛子の辛さは普通だが、塩分が濃い。四川料理だから当然豆板ジャンを使っていると思うが、立ち昇ってくる香りがわれわれの知っている豆板ジャンのとまったく違っているのが不思議だ。

満足して食事を終える。もっとも、料理は残った。量が多すぎたのだ。当然残りは持ち帰らせてもらうことにする。日本だと残った料理の持ち帰りというのはあまり一般的でないようだが、アメリカでは当たり前である。われわれはしょっちゅう持ち帰らせてもらっていた。残飯を捨てるのは料理に使ったエネルギーを無駄にすることになるし、塩分の多い残飯は捨てるにしても、焼却するにしても環境によくないから、当然ドイツでも持ち帰ることができるはずだと思って頼んだのだが、ウエイター君は当然のことのように承知してくれた。

この残りは明日の昼食だ。下げた料理をウエイター君が透明プラスチックの容器に詰め、ビニールのいわゆるレジ袋に入れて持ってきてくれた。このプラスチックの容器は環境問題にうるさいドイツで使っていいものなのだろうか。まあ、ペットボトルも売られているからイリーガルでないことは確かだ。ただ、そのペットボトルもスーパーでは圧倒的少数派である。ドイツのスーパーでは水はほとんどガラス瓶で売られている。

ウエイター君はフォークとスプーン（もちろん、使い捨て用のプラスチック製のやつ）は付けてくれなかった。これは環境への配慮なのか。つまり「使い捨て厳禁。フォークなどは自分用のを持ち歩け」ということか。これがアメリカだと黙っていてもフォークとスプーン、更には紙ナプキンまで入れてくれるのだが。ウエイター君がうっかり入れ忘れただけという可能性もあるが、ローマで頼んだ持ち帰りのピザにもナイフやフォークは付けてくれなかった。ヨーロッパはそういうものなのだろうか。

夕食代は37・5マルク。つまり約2030円。一人前の値段と考えれば決して安いとは思わないが、量的にはわれわれにとって2人前以上だった。ウエイター君の対応も実に気持ちよかった。チップは渡さずに出てしまった。そもそもわれわれはアメリカ旅行でチップを払わなくてよいファーストフード店や中華の持ち帰りを食べてきたのでチップを渡すという発想が浮かんで来なかった。だが、われわれを見送るウエイター君の表情にはなんの曇りもなかった。

まだ6時台である。帰りがけ、女房がフロントの前を通ったさい、先ほどの女の子に近くにスーパーがないかと聞くと、あると言う。ただ、もう閉店したとのこと。明朝行くべく、道は聞いておく。教えてくれたのは女の子の上司のおじさんである。女の子の説明は要領を得ず、途中で上司に助けを求めたらしい。女の子はまだ車を運転する年齢でなく、車で行こうとするわれわれに適切に応えられなかったのかもしれない。

女房は部屋に備え付けのアイロンを使い始めた。私はヨーロッパ地図を見て時間を過ごす。明日はフランスだ。どこに行こうかと思っている内に寝てしまった。

【10】絵の国　3月9日（木）

大聖堂

朝7時くらいにビュッフェに入る。きょうは木曜。スーツ姿もいるが、厚手のシャツにチノパンツというアウトドア的な服装をした人間もなぜかけっこういる。われわれと同様軽装でヨーロッパを遊び巡っている連中だろうか。それとも一部の米国の会社と同様カジュアルスタイルで仕事へ出るのだろうか。

割安なエクスプレスだけあって、今日の朝食はさすがに品数が少ない。テーブルにあるのはトースト、ライ麦パン、芥子の実の乗った塩味の丸パン、ヒマワリパン、シリアル、紅茶、コーヒー、暖めた牛乳、ハム、サラミ、チーズ、ヨーグルト、りんご、洋梨、バナナである。食堂が小さ目で、禁煙テリトリーは日本並に狭い。タバコが臭ってきてやや不快である。

8時20分。チェックアウト後、まずはスーパーに立ち寄る。9時前ではあるが、スーパーはもう開いている。客もなぜか大勢いる。特に店内のパン屋は大盛況だ。若い客もけっこういる。いい若いもんが平日の今頃何でスーパーで買い物なんかしているんだ?

スーパーで買ったのはエビアン500cc2本である。エビアンを購入したのはその銘柄にこだわったからではない。ペットボトル入りがそれしかないからである。本当は日本でも入手できるエビアンでなく、オーデコロン(もともとの意味はケルンの水)の都市ケルンならではの水があれば買いたかったのだが、車で移動中に飲む場合ガラス瓶は危ないのでペットボトルにしたというだけである。

ここのスーパーはベルリンと違い、買い物ゾーンから楽に外に出られる。ただし、荷物預かり係の人がちゃんといる。

ベルリンのスーパーではなま物を売っていなかった(ショッピングセンターの一部だったから、なま物は肉屋とか八百屋といった専門店で売られていた)ので、ドイツの本格的なスーパーは今回が初めてだ。

さすがドイツと言ってよいのかどうかわからないが、肉売り場がやけに目立つ。異様に広く、肉臭い。逃げ出したくなるほど強烈なにおいを放っている。イタリアのスーパーでは肉売り場よりもハム、ソーセージ、チーズ売り場が目立っていたのとは対照的である。ドイツと言えば、ハムにソーセージと思っていたが、それら加工品は肉ほどの広い売り場は確保されていない。

生肉は大きなケースに収められ、ブロックで売られている。特に牛肉は巨大なブロックが置かれ、量り売りである。だが、牛よりは豚、鶏の量の方が多い。そして生肉よりは味付け肉の売り場面積の方が広い。赤や黄色のタレに漬けられた鶏、豚の肉がステンレスのトレーに乗せられて売られている。

ここケルンは海からだいぶ遠いはずだが、魚売り場もちゃんとある。スモークされたものだけでなく生サバも売っている。魚はすべて発砲スチロールのトレーでなく、ステンレスのトレーを氷の上に乗せたものに入っている。

野菜売り場ではじゃが芋や玉葱、豆、小麦がアメリカのような「一俵袋」といった大きな袋に入れられてはいない。まだ早春でじゃが芋などの農産物の端境期に当たるからだろうか。それともドイツ人はそんな大容量では購入しないのだろうか。出荷したときの箱をそのまま並べて売っている。安売り用のはポリエチレンの袋にたくさん詰め込んである。

客は購入したものをすべて自前の袋に入れて持ち帰っている。男性客も例外ではない。みな袋持参である。車で来た客は車までカートを転がし、トランクを開け、その中に用意してある袋へ丁寧に買い物を入れている。米国人のように買ったものをそのまま車のトランクへゴロゴロというような人間がいないのはドイツ人の性格を反映しているのだろうか。からになったカートは駐車場のカート置き場にきっちりと戻している。

そう言えば、きのうポーランド国境地帯からバルト海に向かうときに立ち寄ったガススタンドで見かけたスーパーの客はビニール袋を持っていた。ビニール袋はベルリンのスーパーでも、ケルンのスーパーでも見かけなかったものである。客が自前の買い物袋を持ってくるのとスーパーがビニール袋を用意するのとどちらがドイツで主流なのだろうか？　先ほどのドイツ帰りの友人に聞いてみたところ、ビニール袋は買うのだと言う。1袋50ペニヒくらいだとのことである。

疑問24「旧東独地帯のスーパーで客が日本と同様のビニール袋を使っていたのはなぜか?」

ちなみに、彼によると、ドイツの水は石灰分が多いために、大人は飲まず、水はスーパーで買うか、スーパーから来る水売りの巡回車から買うのだそうだ。「大人は」と言うのは、大人は飲むと体内に石か何かができて具合がよくないが、子供にはそのまま飲ませるのだと言う。スーパーでも売っているソーダ水（炭酸水）と合わせて水を飲むと、炭酸カルシウムを体内で生成させることになる。そのカルシウムが骨を丈夫にするのに役立つとのことである。

スーパーの一画にカメラ店があったので使い捨てカメラも買う。そのあと、私はトイレを借りた。トイレの近くにはパン屋があり、焼き立てをケースに陳列して売っている。私を待っていたパン好きの女房はその香りに誘惑され、朝食をしっかり取ったにもかかわらず思わず吸い寄せられそうになったと言う。イートインコーナーも併設されており、何人かの客が食べていたが、菓子パンが大きく、ドイツサイズだったとのこと。

買い物を終えたあと、ガソリンも入れる。リッター当たり1・919マルク(約104円)だ。スーパーの敷地内のガソリンは一般のスタンドより少し安いようだ。燃費は12・68キロ。

大聖堂に行くことにする。と、思いきや女房が突然「地図がない!」と叫ぶ。仕方ないので道路脇へ車を停め、トランクを調べさせる。だが、見つからない。どうやらホテルのフロントへ忘れたらしい。ホテルへ取って返す。

女房はフロントへ駆け込んで行き、すぐに戻ってきた。例の若いフロント係の女の子が取っておいてくれ、女房が聞くとすぐに出してくれたそうである。わが女房殿はしっかりしているようで、抜けているところがある。

気を取り直し、大聖堂へ向かう。行き方は前日女の子のボスに聞いておいた。

スムーズに到着。アウトバーンを降りるとすぐ大聖堂が見えてくる。地下道を通ると、途中有料駐車場がある。その料金が手元に残っているマルクより高い。パス。地上に出て、聖堂を周回するらしき道路を走り始めると、路上駐車の車が並ぶ商店街の歩道脇に1台分あいているのが見えた。

車から降りると、すぐ目の前に聖堂がそびえ立っている。日本の寺院のように、塀で閉ざされてはいない。歩道から、数段の階段を登ってすぐのところに大広場があり、そこに屹立している。完全公開型である。

建物は巨大だ。今、私は聖堂本体から200メートルくらいのところにいるが、この距離では使い捨てカメラでは聖堂の全体像を収められない。いやそれどころか半分も無理だ。もっと離れてみても、歩道を挟んで立ち並ぶビルに邪魔され、やはり全体像は捉えられない。やむをえず、一部だけ撮影する。

近寄ってみると、基礎の部分がやけに現代的である。素材がぴかぴかしている。黒く輝いていて、御影石のように見える。「黒い石の粉末」というものがあるとしたら、それをまるで鋳型に溶かし入れて造ったかのように同じ形、同じ色、同じ大きさからなるブロックが基礎になっている。もしかしたらこの土台の部分は現代になって加工された黒い石を、或いは石製の化粧板を張ったコンクリートを、うわものをリフトアップさせて敷いたのかと思いたくなるくらいだ。うわものの古さと比べて、ピカピカの黒い光沢の土台がアンバランスな感じを与える。聖堂正面、入口前の広場にも同様なピカピカの黒い石が敷かれている。写真を見ると、私の水色のジーンズがその黒い敷石にはっきりと映っている。

第2次世界大戦のときにドイツ各地で空爆被害を受け、歴史的建造物も被害を免れなかったと聞く。この大聖堂も被害を受け、修復をするさい基礎部分に手を加えたのだろうか。

疑問25「ケルンの大聖堂の基礎部分が新しく見えるのはなぜか？」

オランダ通過

いよいよフランスに戻ることにする。フランスはニースでの体験があるが、ほんの一瞬であった。フランスの中にどっぷりと入ってドライブするのはこれからになる。どんな国なのだろう？　ドイツはイタリアとまったく違う国であった。フランスはドイツとまったく違うのだろうか？　イタリアとも違うのだろうか？　芸術の国、お洒落の国と言われるが、実態はどうなのだろう？

アウトバーンに戻る途中、ライン川のほとりに出た。歩道に片輪を乗せて停車し、しばしラインを見つめる。メキシコ湾に近いミシシッピーと同じくらいの幅を持つ大きな川だ。きのうの大雨のためか川は茶色く濁っている。そこを遊覧船のような船が航行している。

近くのアウトバーン57号線に乗る。当面目指すのはオランダだ。

途中、重工業地帯を通る。あの有名なルール工業地帯だろうか。それ以外はきのうのような丘陵地帯である。オランダが近いせいかオランダ的な風車がひとつ見える。石炭の採掘場も見える。掘り返しているところが真っ黒だ。やがて丘が徐々に低くなり、ついに大平原になった。

ケルンから1時間ちょっとで独蘭国境に着く。もちろん国境検問所は形が残っているだけで、機能していない。

きのうホテルでオランダには有料道路もあると聞いていたので、オランダのキャッシュを買いに銀行に立ち寄る。銀行に行くと言っても市中に行くわけではない。国境直後のサービスエリアにある出張所に立ち寄るだけだ。

国境検問所跡周辺にはレストランなども併設されていたのだろう、検問所の廃止にともなって廃墟となったらしき建物がまだ取り壊されずに残っている。最初それらのどれかが銀行だろうと思って停まったのだが、すべて無人の廃屋であった。少し先に両替所の建物があった。それにしてもわれわれ夫婦以外、人影がまったくない寂しいサービスエリアだ。空も曇っていて薄暗い。気温は暑くも寒くもなし。

両替所の中に客は誰もいない。行員がただひとり私を待ちうけている。頭髪が大分薄くなったやせぎみの中年男で、近づく私を防弾（?）ガラスが設置されたカウンターの向こうの席からじっと見ている。少し顔色が悪いように見える。

彼の神経質そうな灰色の大きな目に向かって、「オランダでは一部有料道路があると聞いたが、フランスまで行くのに高速料金を払う必要があるか？　私はオランダの通貨を持っていないが」と英語で言うと、彼はじっと私を見据えたまま、「オランダで降りて買い物をするか？」と聞く。「いや、単に通過するだけだ」と返事をすると、「コーヒーの一杯も飲まないのか」とまるで少しでも金を使ってほしいかのように聞く。「単に通過するだけだ」と繰り返すと、彼は相変わらず私をじっと見つめながら、そして今度は若干不満そうな目で一言だけ"Nothing"と言った。

この文脈でNothingというのは予想外の返事だった。"You can travel expressways for nothing in Holland"とか"Free of charge"が正しい表現かと思われる。ただ、前者の表現はちょっと長すぎる。だから短くしたくなるのはわかる。だが、ただ単に"Nothing"というのはないんじゃないか？　まあ、私も彼も英語のネイティブ・スピーカーではないから、基本的な意味さえ通じればいい。

「高速は無料という意味か」と聞くと、「そうだ」と言う。ベルギーのことはわかるかとついでに聞いてみる。やはり"Nothing"と一単語だけの返事。

最後まで私をじっと見つめて話をするその態度は、如何にも銀行員の実直さが感じられ、好感が持てた。言葉も無駄がない。

銀行の出張所を出たところに公衆トイレがあったので女房が用足しをする。ペーパーの備え付けがなく、便座は不潔だったそうである。

アウトバーン57号線の続きになっているオランダの高速を走り始める。車窓から見えるオランダは正に真平らだ。

オランダに入ってすぐ衝撃的な光景に出くわした。国境を過ぎると比較的大きな川がある(帰国後調べたら、マース川であった)のだが、あたり一面の真平らな平野の中でその川は流れるというより滞留しているように見える。そしてその川の水面がなんと川岸よりも上にあるのだ! 表面張力で盛りあがっている。今にもはちきれそうである。ここはまだ海から130キロくらいある場所だ。地球温暖化でオランダ人が水没の危機感を持っていると聞いたことがあるが、決して杞憂ではないと思わせる光景であった。

海に比較的近いところまで進むと、チューリップ畑が現れた。ただ、花はまだである。緑の部分がザワザワと生えているだけだ。オランダらしく風車が目に入ってくる。

走っている車の種類も、少しドイツ車が減ったかなということ以外は、同じである。ただ、車線が2本しかなく、速度がやや落ちる。その中を1台のシボレーのピックアップトラックが走っていた。スズキのアルトがやけに目に付く。なんでからだのでかいオランダ人がこんな小さな車に乗るのか？　やはり地球温暖化の原因である二酸化炭素の排出量を減らそうとしているのだろうか？

ロッテルダムが近くなると大型トラックが増え、流れが自然に遅くなってきた。

途中オランダのサービスエリアで昼食を取る。きのうの中華の残りだ。フォークもナイフもないので、仕方なく手で、または朝の残りのパンで（パンに、でなく）挟んで食べる。食べ終えて、プラスチックの容器を捨てようとすると、このオランダのサービスエリアではドイツと違い、どんなゴミでも1箇所に捨てる方式である。二酸化炭素に関する意識は強いが、ゴミに関してはあまり神経質でないということだろうか？　缶とビンくらいは別の箱なのかもしれないが、今回はその手のゴミが出なかったから、わからない。

オランダ滞在は1時間半だった。ドイツよりも交通量が多かったという印象だ。もっとも、ドイツと違って片側2車線だったからそう思ったのかもしれない。

ベルギーからフランスへ

高速をそのまま進むとベルギーに入る。森林が増えた。オランダと違って大地に起伏がある。オランダもベルギーもドイツと同じく速度制限がない。というか速度制限の標識がないという方が正確かもしれない。

追い越し車線を進行中、私のと同じプジョーがその姿を私のミラーに映してきた。それを見て、当然私はより強く、床までアクセルを踏んだ。2車線しかないベルギーの高速の右車線は遅いのが並んでいる。そのまま追い越し車線でアクセル全開にして進み続ける。だが、相手もついて来る。

追い越し車線を譲り、私の方がついていくことにする。追われるより、追う方が気が楽だ。だが、一旦譲って相手の後ろについたものの、同じ距離を保っては走れなかった。私はアクセル全開にしているのだが、徐々に引き離される。どうやら相手の方が排気量がでかいようだ。

ま、そんな風に飛ばせる状況である。気持ちよく走れる。もっとも、アントワープを周回する環状線に入ると少々渋滞してきた。

環状線からフランスのLilleに向かう高速に分かれて行く。ベルギー入国が1時41分、出国が15時ちょうどであった。オランダ、ベルギーともに銀行員の言った通り、確かに高速道路はタダであった。

国境を越え、ニース以来久しぶりにフランスに入る。最初の土地はTour-Coingと言う地名だ。オートルートに速度制限の標識がないのはドイツ、オランダ、ベルギーと同じだが、交通量が激減した。急に田舎になったという感じである。緑の田園に集落が散在している。イタリアで見たような教会や城が久しぶりに出てきた。しばしば遠めに見える。絵になる風景だ。オランダと違って農地が乾燥している。土が白っぽい。

カレーの手前にあるサービスエリアのガソリンスタンドに入る。

すると、思いがけない事態が発生した。セルフサービスなのはいいのだが、3種類あるガソリンのうち値段的に最も安いものを選び、いつものように給油口に差し込もうとしたノズルが入っていかないのである。

軽油のポンプを選んだわけではない。ちゃんとガソリンのポンプから給油ホースを引っ張ってきたのだ。だが、ノズルが入ろうとしない。普段覗き込むことのない給油口の中を見てみると、緑色のプラスチックキャップが口をふさいでいる。こいつが邪魔しているのだ。

私のプジョーは給油口のボディ側の蓋をはずしたあとは、給油ポンプのノズルを差し込めばいいタイプである。日本車のように蓋をはずしたあと、給油口自体についているキャップを回してはずす必要がない。緑のプラスチックキャップを見て、私はボディ側の蓋をはずしたときにその蓋にくっついているはずの緑色のキャップがはずれて、給油口をふさいでしまっていると思った。

キャップを取り出さないと給油ができないと思い、指を突っ込んでとろうと格闘しているうちに、オフィスから小柄なフランス人が出てきた。30代前半くらいの男で、金色の長髪に広い額をしている。その白い額の下には銀縁のメガネをかけ、どこかインテリ風である。

私に何かフランス語で言っている。ニースでは英語でほとんど用が済んでしまったので、フランス語を本格的に聞くのは初めてだ。まるで小鳥がさえずっているかのような言語だ。わかったのは私が今給油しようとしているのは有鉛ガソリンだということだった。有鉛ガソリンのところだけ英語で「レッド・ペトロール」と言うのが聞こえたからだ。

「有鉛か。なるほど」。同時に、まだ有鉛ガソリンが使われていることに驚いた。無鉛のノズルを突っ込むといつも通りすんなり入る。

ドイツ帰りの友人はドイツでも有鉛ガソリンを売っていると言っていた。そして私が経験した範囲内では、ドイツではすべてセルフ給油だった。有鉛を売っているということ、そしてセルフ給油であること、この2点はドイツもこのフランスのガススタンドも同じである。だが、ドイツで5回給油したが、今回のように給油ノズルが挿入できないということはなかった。そして私は常に最も安いガソリンを選んで給油した。更に、友人は有鉛ガソリンは高かったと言った。以上から言えることは、ドイツで有鉛ガソリンが売られていることを値段が高かったために私は知るチャンスがなかったが、実際には売られていたということがひとつ。そしてもうひとつはフランスではドイツと異なり、有鉛が最も安いガソリンだということだ。有鉛は有害性が強いガソリンである。だから環境重視のドイツでは高く売っているとしたら、最も安い値段をつけているフランスはドイツと比べて環境重視ではないということになる。

疑問26「フランス人はあまり環境重視ではないのか?」

フランの現金を持っておこうと思い、フランのトラベラーズチェックが使えるかと店員に聞くと、ためらっている。「ちょっと待ってくれ」と言って、どこかに電話し、確認を始めた。店員は彼だけだ。

われわれはその間オフィスの外に出て田園風景を鑑賞する。鑑賞したくなるような風景なのだ。

走ってくる途中でもそうだったが、シャトーか教会かが建っている周りに家屋が集中し、村を形成している。そのような村々が田園に散在している。集落から離れたところには竹箒を逆さまにしたような姿の木が並木をなしている。ポプラなのだろうか、よくわからない。それらの木は道路沿いに立っているわけでもなし、農家の周りを囲んでいるわけでもない。風が吹いてくる方角に立って人家や農作物を守る役割をしているのではないかと思うが、定かではない。明らかに植樹されたとわかる直線状の並木になっている。そして陽の光りを十分に受けられるような間隔で並べられている。等間隔である。

疑問27「竹箒のような木の並木はなぜこのように立てられているのか?」

見える景色がイタリア、ドイツと違う。更にはアメリカとも違う。

緩やかに起伏する田園地帯の緑……と書くと、ポーランドとの国境近くの様子と似ているようだが、違う。気温の関係か、強風が吹いていないせいか、フランスの田園地帯はのんびりしている。のどかである。

イタリアの田園地帯とも違う。フランスの田園はゆったりしている。イタリアはなんと言うか……畑がごちゃごちゃしているのだ。麦畑のとなりにアーティチョークの畑があったり、そのとなりが林になったり、羊がいる休耕地がそれに隣接していたりしていた。広大なブドウ畑も山あり谷ありである。

アメリカともまったく違う。アメリカの田園ではトラクターやら散水機やら種、農薬を蒔く飛行機やらの機械を使う。機械を使って土地にきっちりと働いてもらおうとする意気込みを感じさせる。フランスはアメリカと違ってトラクターでなく、人が家畜を使って耕すような雰囲気だ。まさに「種蒔く人」の世界だ。アゼからアゼまでが機械でなく人や家畜が働くのに適した面積になっている。羊や牛を放牧したときにその数が隅っこから見渡して数えられるくらいの広さともいえる。その畑の中に先ほどの逆さ竹箒のような木が立ち並び、向こうの方には城あるいは教会が立ち、それをオレンジ色の屋根を戴いた白い壁の家々が取り巻いているのが見える風景はアメリカと違い、人間味を感じさせる。すべてが徒歩で移動できる範囲内に揃っているという印象だ。絵になる景観である。じっくりと腰を据えて絵を描きたくなるような気分にさせてくれる。

先日イタリアのサンレモから半島の付け根あたりまでで見かけた農村風景は見ていて飽きたが、ここフランスではまったく見飽きることがなさそうだ。いやむしろしばらく車を停めて見入りたい景色である。日の出前から夕闇に包まれるまで変化する景色を楽しんでいたいという気にさせてくれる。

レジに戻ると、いろいろ調べてくれたようだが、結局われわれが買ったアメリカンエキスプレスのトラベラーズチェックは使えないとのこと。VISAのTCなら使えたようだ。VISAのクレジットカードで払う。リッターあたりの燃費は13・01キロ。リッターあたりの値段は7・52フラン。

初のフランス投宿

フランスに入ってから、まずカレーに行くことにしている。大ブリテン島を大陸側から見たいと思い、フランスの中でイギリスに最も近い土地に行くことにしたのだ。

カレーの波止場には4時くらいに着いた。時間が時間だからこの地で泊まることにする。波止場の近くにホリディインがあるはずだが、あたりを見てもそれらしきものはない。ホテルがあるような雰囲気でもない。フェリー客用のガランと広い駐車場しか見えない。

町の中心地に行ってみよう。ホリディインでなくても、何か宿があるだろう。先ほど乗ってきたオートルートを2、3分引き返す。

町に入ると、古いレンガ造りの建物が多く目につく。景気がよくなさそうだ。大分うらぶれている。ちょっと路地に入ってみると、レンガ造りの家がくっついて建つ長屋形式になっているが、メンテナンスがよくない、というよりメンテされていない。壁の、しっくいになっているところが部分的にはげ落ちたままになっていたり、ドアのへこみがそのままにされたりしている。それはそれで絵にはなっているが。

車の往来は多いが、町に人影は少ない。フランスの最果ての地であることから、流れ者の町というイメージも湧いて来たりした。何となくこの町には泊まらない方がいいかなと思わせられる。

だが、運転席に見える人々の顔は穏やかだ。信号のない交差点では互いに譲り合っている。

なお、フランスにはロータリーがある。日本にはないものだし、イタリア、ドイツにも見かけなかったものなので、どんな風に使うのか実地に走行するまではやや不安を持っていたが、現に走ってみればなんの問題もない。前の車と同じように走ればいいだけだ。前の車がロータリー前で一時停車するなら、私も停車するし、停車せずにロータリーに進入するなら私もそうすればいい。前にモデルになる車がいなければ、ロータリーの中を走る車の隙を縫って入り込むだけだ。

さきほどのオートルートを降りたところにあったロータリーは町中のそれと比べると、はるかに面積が広いのに交通量がはるかに少ないので、まったく気にすることなく通過できた。カーブになっているガラガラの道路に進入するようなものだった。

ともかくこのあたりにはホテルが見つからないのでUターンする。もう一度ホリディインがあるはずの波止場に戻って探すことにする。

オートルートもアウトバーンと同様無料だから、気楽に乗り降りができる。波止場に向かうオートルートを進みながらもう一度じっくりとあたりを見る。だがホリディインは見えてこない。ついにさきほどの波止場まで来てしまった。ホリディインだけでなく、どこをどう見ても宿が見えない。

波止場で再びUターン。再度シティセンター方面でオートルートを降りる。降り口のロータリーで今度は違う方向に出てみる。だが、工場がその先に見えるような道で、ホテルが出てきそうな気配はまるでない。次のロータリー形式でない交差点でいったん脇道に入ってUターンし、今来たこの道に戻ってロータリーに行くことにしよう。

Uターンして戻った先ほどの交差点の、角が隅切りされたところに、電気工事店の車という感じのライトバンが停まっている。屋根が高く、スズキのトッポにそっくりである。さきほどこの交差点で左折したときには気がつかなかった。

座っている運転手の後姿が見える。交通量が極めて少ないから交差点内停車はまったく迷惑になっていない。

私も交差点に入り、彼のすぐ後ろに車を停め、携帯電話をかけている運転席の青年に声をかける。私を見ると、青年は頷いてくれた。

2、3分すると、電話が終わったようで車から出てきてくれた。車で待っていた私も外に出る。外は少し寒い。

英語は話せなかったが、私がホテルを探していると言うと、「オテル?」と聞き返してきた。「イエス」と私。だが首を振って何か言っている。どうやらホテルがどこにあるか知らないと言っているようだ。

偶然車が通りかかったので手を上げて停車させ、運転手の中年女性にホテルが近くにないか聞いてくれる。その女性も心当たりがないようで、ディーゼルノイズを立てて去って行く。しようがない。"Merci, anyway, thank you"と英語仏語のチャンポンで礼を言って別れた。

ロータリーにまた戻る。まだ行っていない道があるので、ロータリーからその道に出てみる。するとすぐIbis(イビス)という看板があるのを女房が発見した。ホテルチェーンの名前だと言う。

看板の矢印にしたがって進むと、ホテルはすぐ見つかった。☆は2つ。外観はまあ……安宿だ。

ロビーに入ると、狭い。4畳半くらいである。カウンター背後の壁にたくさんの鍵がぶら下がっている。右の方には食堂があって、薄暗い中一組の客がテーブルについている。受付は30代歳前後の青年だ。内気なのか目を合わせて話そうとしない。目線をあわさずに話そうとする欧米人とは初めて遭遇した。

ま、それはともかく、部屋が気になる。申し込み前に部屋を見せてもえないかと彼に聞くと、"Sure"と言って目線を下に向けたまま喜んでキーを渡してくれた。

エレベーターがなく、宿の階段を4階まで登って部屋を見る。最上階だ。廊下が狭い。両肩が廊下の両側に触れんばかりだ。部屋の中も8畳を切るくらいで狭い。クイーンズサイズのベッド1つで部屋がほぼ満たされている。バスルームにはバスタオル2枚しか掛かっていない。部屋は安普請と古さから来るヤレがあるが、掃除はしてあるようだ。清潔で気持ちがいいとは決して言えないが。とはいえ、ドイツで2晩続けてシャワーしかなかったのに、ここはバスタブがついているではないか。だいたい、今日はもう宿を探すのに疲れた。

「ここでいいだろ!」

受付君にOKと言ってフランのトラベラーズチェックを出す。これはさきほどのガススタンドで受取りを拒否されたものだった。使えないかなと思いつつ、試しに出したのだが、意外にもすんなり受け取ってもらえた。うらぶれた感じがするとはいえ、カレーはイギリスへのフェリーも出るのだから国際港である。だからトラベラーズチェックにも対応でくるのだろう。宿泊料は319フラン。約5、200円。別料金の朝食は断った。まあ妥当な値段だ。いやこの宿からすると少し高いかなという気がしないでもない。アメリカだとこの程度の安宿なら、日本円で3000円ちょいくらいだ。

親切なフランス女性

日没までにはまだ時間がある。ドーバー海峡をじっくり見ることにしよう。オートルートでまた波止場まで行き、そこの広大な駐車場に入る。ホバークラフト乗場があり、乗船受付けらしきブースの向こうに海が見える。

車を降り、ブースまで行く。中に座っている中年男性に「船には乗らないが、海を見たいので向こうに行っていいか」と英語で聞いてみた。彼はフランス語と英語のチャンポンで「そんな岸壁から見てもしゃあないよ。そこのターミナルビルの中に入って階段を上がれって。そしたら展望デッキがあるから」と教えてくれた。

デッキに行って見ると確かに海峡が見渡せる。だが、曇天で、大ブリテン島は見えない。大ブリテン島までは距離にして34キロ。

私はアメリカのルイジアナ州のポンチャートレイン湖にかかる長さ43キロの橋を4回渡ったことがある。大きな湖のど真中を一直線に横断する自動車専用橋である。世界地図でもその湖を見ることができる。普通の地球儀でも見られる。太平洋に接する浜名湖のようにメキシコ湾と接しているから、見ればすぐわかる。その湖の一番幅広のところを橋が南北に縦断しているのだ。橋までは地図に載っていないが、実際には橋が架かっている。

だが、日本海に浮かぶ島、対馬から朝鮮半島までは50キロほど。その対馬から半島の山々はもちろん、天気がよければ村の風景まで見渡せると聞く。

水面から4、5メートルのところに掛かる橋を車で渡り始めてから対岸が見えるようになるのは大分経ってからである。真中に達する前に見え始めるか、それとも過ぎてからかはわからない。走行距離メーターを見ていなかったからだ。ともかく、対岸が見えるまで橋は水平線の彼方に消えて行くのである。

だが、日本海に浮かぶ島、対馬が朝鮮半島まで50キロほど。その対馬から半島の山々はもちろん、天気がよければ村の風景まで見渡せると聞く。

今われわれが立っているデッキはビルの3階にあるが、その高さからなら34キロ先の大ブリテン島が見えるに違いない。ただし、天気が許せばの話であるが。

疑問28「この展望デッキから大ブリテン島が見えることがあるのか?」

デッキからビルの中に戻る。同じ階の一隅に受付カウンターらしきものがあり、若い女性係員が電話をしている。カウンターに地元の地図が何枚も置いてある。1枚もらいたいのだが、彼女は長電話だ。楽しそうに友達とお喋りしているように聞こえる。私が待っているのを気にする様子もない。そこで1枚取り、彼女に向かってひらひらさせると、持っていっていいという合図を手で返してきた。

そのとき、である。さきほどのブースで男性と一緒にいた中年婦人がわれわれの方にツカツカと歩いてきた。そして「ボンジュール」と言ったあと、何事か言いながら私が持っている地図を取り上げ、「この地図の余白のここらへんにSangatteというところがある。白い岸壁になっていて美しい景色になっている。あした行くといい」と仏語英語チャンポンで教えてくれた（Sangatteという地名を彼女はもちろん発音したが、私の聞き取り能力ではその発音をカタカナで表すことができない。彼女が地図の隅に書きこんでくれた綴りのまま書いておくことにする）。

われわれに教えるために、わざわざブースから出てここまで上がってきてくれたのだ。こんな言い方は失礼かもしれないが、フランス人にも親切な人がいるものだとそのとき思った。フランス人は利己主義というか自己中心主義というか、そういう人間の集まりだと思いこんでいたからだ。そう言えばさきほどの四つ角で道を聞いた青年もできる限りのことはしてくれたではないか。

フランスのスーパー

宿に戻る途中スーパーを見かけたので立ち寄る。敷地は優に５０００坪はあるだろう。大規模スーパーと大規模衣料品店などがひとつのL字型の建物に収まっている。この町にこんなに立派なものがあるとは意外だった。うらぶれた町と思っていたのに、車がたくさん駐まっているし、人が大勢歩いていて賑やかかつ華やかである。混んでいる駐車場にやっと空きスペースを見つける。

店内には、魚売り場がある。やはり海に近いせいだろう。生のにしん、さば、たら、しゃけ、いわし、えび、いか、ムール貝などを売っている。燻製の魚、香辛料をふりかけた魚も売っている。日本のようにパックには入れられていない。ブイヤベースを作るのだろうか、アラまで売っている。

もちろん、店頭には肉も並べられている。パック詰めと量り売りの両方がある。肉のパック詰めがなかったケルンのスーパーとは違う。

その中に日本の肉売り場では見かけない小動物もあった。その姿からすると、うさぎか？女房に言わせると、うさぎは淡白で美味だとのこと。豚や鶏よりうさぎの肉の方が好きだったそうである。故郷の信州伊那谷では昔よく食べたと言う。ただし、ここはフランスだから食用のカエルという可能性もある。残念ながら、店員がその場にいなかったので、正体は不明のままである。

われわれは夕食用と朝食用の食料を買うことにした。夕食用には惣菜売り場でパエリアとピザ。応対してくれたのはピエロのような派手な顔立ちの婦人だ。中年一歩手前くらいの年齢で非常に陽気である。

この惣菜の材料は何かと英語で質問すると、オペラを演じているかのように表情たっぷりに、歌うような喋り方でいろいろ教えてくれる。サービス精神に溢れている。

彼女が使った言葉は英語である。ヨーロッパ大陸のスーパーの店員が英語を話せるとは驚きだ。英会話のできる店員さんに出会ったのは今回の旅行で初めてだ。やはりイギリスに近いということが関係しているのだろう。

陳列棚からは牛乳、エクレア、水を取る。朝食用にはフランスパン。

夕食の買い物のためか沢山の客がいる。ほとんどの客が申し合わせたように長いフランスパン（バケット）をカートに数本入れている。そのバケットを食べてみたい気もするが、如何せん長い。到底一回の食事で食べ切れる量ではない。食べ残して味が落ちるに任せるよりは、と短めのフランスパンを買った。あとはポテトチップ（と思ってスナック菓子を1袋買ったが、後であけてみたら、日本でもよく売られている、馬鈴薯の澱粉を揚げて塩をかけたスナックだった）。

支払いは100フラン札を使う。この札には星の王子様の絵が描いてあり、おもちゃの紙幣みたいだ。

建物の一画にビデオ店があったのでちょっと覗いてみる。女房にはそこらへんでぶらぶらして待っていろと言い残し、店内に入る。

日本のビデオ店と同様片隅に隔離されているアダルトコーナーに直行。陳列されているビデオのカバーには予想以上にハードな映像サンプルが載っている。日本では必ずや黒く塗られるか、モザイクをかけられる肉体の特定部分がこれ見よがしにはっきりと映し出されている。かなり悪趣味なものもある。

日本で言うとツタヤみたいな感じのビデオ店だ。借りるにせよ、買うにせよ、女性や子供もすぐそばに来そうなカウンターでそれを出すには、日本でアダルトビデオを借りるよりも神経を使うのではないか。その時間そのコーナーにいたのは私だけだったので、現地の男性客がどういう風に借りるのかは見物できなかった。

疑問29「フランス人の客はそばに女性や子供がいる場合でもアダルトビデオをカウンターに出すのか？　出すとしたら、どのように？」

宿に帰り、日本の狭いワンルームマンションよりも狭い感じのする部屋を、目一杯占領しているベッドに腰掛けて食べた夕食は侘しかった。ピザもパエリアも冷たかったからだ。普通は電子レンジで加熱するのだろうが、そんな器具はこの部屋にはない。冷たいまま食べるしかなかった。冷えているせいか味もダメだ。

こんなときはせめて温かい飲み物があればと思うが、この安宿には湯沸し器など付いてない。ビバレッジ・ヒーターと呼ばれるニクロム線で湯を沸かす器具を買っておけばよかったと思わされる。

デザートのエクレアの味も今ひとつだ。情けないことに、スナック菓子が一番のご馳走だった。

洗面台が清潔感に乏しいので、洗濯は靴下だけ。水も漏れそうだし、干す場所もないということもある。

せめて風呂でからだだけでもゆっくり温める。きょうの走行距離は677キロだった。

【11】美しき集落　3月10日(金)

フランスパンを抱えて大論争

私は翌朝までよく眠ったのだが、女房は夜中に何度か目を覚ましたと言う。廊下で足音が近づいてき、近くの部屋でドアの鍵をまわす音がする度に、まるでわれわれの部屋のドアが開けられているかのようにすぐそばで聞こえたので、びっくりして目を覚ましたと言う。その客が部屋に入ってしまうと気になるほどの音はしないのでまた寝入るのだが、暫くしてまた別の部屋の宿泊客が鍵をガチャガチャやったとのこと。

エレベーターなしのホテルだから、受付け係は下の階から部屋を埋めて行ったのかもしれない。われわれが投宿したときにはもう最上階の4階しかあいていなかったのではないか。だとすれば夜遅く来た客は全員われわれと同じ4階に泊まったことになる。ただ、安宿のことだから下の階は下の階で、鍵を開ける音はしなくても上階の足音やシャワーの音で悩まされたのではないかと思う。

フランスパンを食べて朝食にする。あまりうまくない。日本のフランスパンと同じ味で、つまらない。長い方にすればよかったと思った。なぜかと言うと、われわれの買ったパンの上段に置かれていた長いフランスパン（バケット）の方は、焼き立てだったのか、かすかにパリパリというまそうな音を立てていたし、客が入れ替わり立ち替わり、一人で３本４本と買って行ったのに対し、この短いやつは、われわれ以外誰も買っていなかったからだ。

チェックアウトをする。Sangatte に行くことにしてあるので、フロントの若い金髪女性に行き方を教えてもらう。Sangatte の発音をする自信がないので、「ここに行きたいんですが」と言って、書いてもらっていた地名の綴りを見せたところ、いきなりひとつのｔに斜線をひいてSangate と直した。綴りについては意見の違いがあるようだ。地元の地図の用意はないと言うので、私のノートに行き方を書いてもらった。

駐車場に出てみると、旧型のＳクラスのベンツが停まっている。哀れを誘う光景だ。Ｓクラスに乗る人間が好んでこの宿に泊まったとは考えにくい。われわれと同様ホリディインクラスの、あるいはそれよりグレードの高いホテルが見つけられなかったのだろうか。

宿の駐車場から車を出し、彼女の地図にしたがって進み始めたが、地元の人間とよそものの土地勘の差と言おうか、あるロータリーのところでどの方向に出て行くべきかがよくわからなくなってしまった。ロータリーを2周して、図の矢印の道を考えたのだが、はっきりわからない。これかなと思える道が2本ある。

とりあえず片方の道に入って行く。すると右前方にすぐスーパーがあった。きのうのスーパーから3キロくらいしか離れていないところだ。規模はきのうのよりかなり小さい。建物の中に入らなかったのでよくわからないが、駐車場を含めて300坪弱であろう。

まだ朝8時50分だというのにもう開店している。駐車場も半分くらい埋まっている。きのうのケルンでも朝早くから開いていた。フランスでは朝食のパンという需要があるから、朝早くからスーパーとかパン屋が開いているのはわかるが、ドイツのケルンのスーパーが朝早く、9時前から開いていたのはなぜなのか？　やはりフランス人と同様朝にパンを買いたいという人が多いのか？　それとも単にドイツ人は早起きだということか……？　女房は昔ケニアのサファリツアーで、ドイツ人の団体が朝3時に起き、サファリに出かけ、他の国の人間たちが朝食をとる頃にはもう見学を終えて帰ってきたのを何回も見たと言う。ちなみに、アラブでは店が開くのは6時だと言う。昼間は暑くて客など来ないからだ。日中は4、5時間閉め、夕方にまた開くということだ。

疑問30「ケルンのスーパーが9時前に開店していたのはどういう需要があるからなのか？

か？）」

（コンビニが普及していないからか？　逆に、日本のスーパーの開店が世界の中では遅いのか？）」

駐車場に車を入れる。女房が店内に道を聞きに行くと言う。女房は英語が話せないが、イタリア、ドイツの経験からすると、外国人相手をする商売の人間とか英語を勉強中の学生以外は、現地の人間も英語が話せないということがわかってきた。それにわれわれがカタカナで馴染んでいる英語の単語、例えば「ストレート」などはどうやらあちらも知っていて互いに通じることが多いようだ。あとは身振り、手振りも役立つ。それに縮尺が大きいとは言え、地図も持っている。英語が話せる、話せないはあまり関係ないので、ひとりで聞きに行かせることにした。

１０分近く経ってようやく出てきた。スーパー前の道路に面して停めた私の車から見て、左手斜め後方３０メートルくらいのところのスーパーの出口から初老の男性と一緒に出てきて、そのまま駐車場を横切り、歩道に出た。私から見ると、左手斜め前方２０メートルくらいのところにいる。

女房は歩道の上で方角を確認するかのように、何度も一定方向を指差している。ベレー帽をかぶった男性の方もその通りと追認するかのように同じ方向を指差している。何回かそういう動作を繰り返したあと女房は男性に頭を下げ、私の車の方に歩き始めた。

帰宅するのだろうか、男性はスーパーには戻らず、ビニール袋を左手に、長いパンを右手に持って歩道を歩き始めた。徒歩で帰るのだろう。

私の車の前を横切る方向に歩いてきている。車の前方20メートルくらいのところで私の前方を通りすぎようとする際、私は車から降り立ち、ちらりとこちらを見た男性に向かってお辞儀をした。すると男性は右手を上げて挨拶を返してくれた。


戻ってきた女房によると、スーパーの中で10人くらいの老若男女がフランスパンを抱えて集まって来て Sangatte への一番いい行き方を巡り大激論をしたそうである。老若男女というのは本来の意味でなく、文字づらの通りに受け取ってほしいと言う。つまり高校生くらいの若者と老人しか店におらず、中間の年齢層の人はいなかったそうである。ちなみに、高校生風と判断したのは見た感じハイティーンで制服らしき服を着ていたからだとのこと。

パラダイス

スーパーの前の通りを左方向に出て、ロータリーに戻り、さきほど迷った2本の道のもう1本の方に入って行く。

すぐオートルートになり、快調に進む。

「激論」の結論にしたがい、3つめの出口で降りる。片側1車線の狭い田舎道を進む。この道は緩やかに曲線を描いており、前方にも左右にも濃い緑が広がっている。美しい風景だ。

曇り空にもかかわらず美しい。
１２、３年前にイギリスの田園を背景にした英国製のアニメ（タイトルは覚えていない）を映画館で見たことがあるが、そのどこまでも続くゴルフ場のような緑の風景とその中に立つ可愛い家を見て「本当にこんな夢のような田園風景があればいいなあ」「所詮、漫画だけの世界だろうな」などと思ったことを思い出した。それが今目の前に広がっているのだ。いやいや、漫画以上に美しい。緑の香りまである。

まだ朝の9時台だからか、歩行者の姿も見えない……、いや暫く行くと、夫婦とおぼしき二人の老境の男女がわれわれに背を向けて歩いているのが見えた。歩道はなく、人車同じ道である。彼らを追い越すと、灰色とピンクの中間くらいの色に舗装されたこの道路のはるか前方に、自転車にまたがったひとりの人間がヘルメットをかぶり、自転車競技で身につけるような服をまとって走っているのが見える。その姿は起伏のある緑のじゅうたんの向こうに消えて行こうとしている。
道のすぐ脇がもう緑だ。道路の両脇に、高さ５０センチくらいだろうか、緑の土手が押し寄せている。

起伏を乗り越えるたびに新しい地平線が見える中を進んで行くと、やがて前方に切り立った高台の突端が見える。道は徐々に登りになる。高台に迫ると、かなり急な登り坂になった。頂きに登りつめると、展望台がある。これがきのうホバークラフト乗り場で職員の婦人が言っていたところであるに違いない。1台のルノーが駐車場に停まっている。車の中に人はいない。

ここはかなりの高台である。海抜100メートル近くあるのではないか。生半可な高さではない。きょうは曇で霞んでいるので対岸は見えないが、この展望台からであれば、晴れの日は大ブリテン島が見えるのかもしれない。

はるか向こうの左手にある下界には、ドーバー海峡の緑の海水がクリーム色の浜辺に白い泡を上げて打ち寄せている。展望台の真下は見えない（恐くて下を覗く気になれない）が、手すりのすぐ向こうは白い崖になっているに違いない。婦人が「ホワイトクリフ」という言葉を何度も繰り返していたからだ。

左手をもう一度見ると、浜辺はすぐ終わり緑の絨毯が始まっている。更に左に目をやると、ゆったりと起伏する緑の絨毯が続くが、それがやや窪んだところにひとつの集落がある。オレンジ色の屋根を乗せた白い壁の家々が、数えてみると、40軒ほど密集している。一面に広がる緑の草原にオレンジ色の屋根を乗せた白い壁の家々。正にお伽の国の風景である。フランスがなぜ多くの芸術家を輩出してきたかがこの光景を見て、そしてきのうのガソリンスタンドからの景観を思い出して、はっきりとわかったような気がする。このような風景の中で育ったのでは芸術家にならないわけにいかない、というくらいのものだ。

女房が唐突に「あの赤レンガ屋根見覚えがある！」と言う。

「中学生の頃、美術の時間に見たフランスの画家の描いた屋根の色だ。ほら、瓦の1枚1枚の色が微妙に違うでしょ。その絵がそうなっていたのよ。あれは考えて描いたんじゃなくて見たまんまを描いたものだったのね」

私はあまり絵画を細かく見るタチではないので、「ほう、そうか」と言うしかない。女房に言わせると、このSangatteの美は柔らかい美しさだという。

その、あまりにも美しくこの世のものとは思われぬ光景を見ているうちに、なぜか目頭が熱くなってしまった。景色を見てこれほど感動したのは、外国では生まれて初めてである。日本では富士の秀麗な姿を見ると感動を覚えずにはいられないが、外国の景色でこのように心が強く動かされた経験はこれまでなかった。

私はアメリカ合衆国でさまざまな景勝地を見てきた。南アフリカおよびナミビアでもいろいろ見た。アメリカの大自然の景色で言えば、グランドキャニオン（地上からだけでなく、ヘリコプターからもセスナからも見たことがある）やモニュメントバレー、ナイアガラの滝を見たことがあるし、ロッキー山脈の頂きのひとつ海抜4、350メートルから見下ろした大平原（はるか東の彼方にあるアパラチア山脈まで2000キロに渡って続く）、あるいは映画「未知との遭遇」に登場するデビルズタワーなども見たことがある。

だが、日本では決して見られないそれらの壮大な光景を見てもまったく感動しなかった。あまりにも自分の日常からかけ離れた風景だったのでまったくぴんと来なかったのかもしれないが、このSangatteの景色を見てこれほど感動したことからすると、それらは私の感性に

Sangatteの小さな集落

合わなかったのかもしれない。

展望台から車を出し、下界に下りるとさきほど目に入った集落に出た。近くで見ても家々は美しい。どの家も美しくメンテナンスされている。数人の村人が自転車で通りすぎて行った。洒落た小さなレストランが1軒ある。しかし、商店は見かけない。日本の農村も美しいが、この村にはお洒落で芸術的美しさがある。

村内の道には歩道がある。赤レンガの歩道だ。

集落の外れで2軒の家が建築中である。灰色での大き目なブロックを積み上げている。よく見ると、この直方体のブロックには鉄筋が入っていないではないか。コンクリで接着させているだけだ。これなら建築は簡単そうだ。費用も安くあがるだろう。自分で家を建てようと思えば建てられるだろう。積み木感覚でやればいいだけだから。地震の心配などないということか。4人ばかりいた作業員（木は使っていないので、大工という様子ではない）に許可を得て、建築作業中の姿を撮影させてもらった。

夢でしか見られないと思っていたような、あるいはアニメのような仮想の世界でしか見ることができないと思っていたような美しい自然、そして緑の香りのするきれいな空気、地震災害を気にしなくてよい地盤、低コストで済みそうな建築。私の住んでいる東京都とは住環境が大きく違うことを実感させられた。

ノルマンディーを行く

次の目的地はエトルタにした。ドーバー海峡に面する海岸で有名なようだ。

オートルートに戻り、1時間弱南西方向に進む。私の平均時速はアウトバーンと変わらない。まわりは相変わらず田園風景であるが、Sangatte のような整った美しさはなくなってしまった。Sangatte では集落のまわりにしか樹木がなかった。だが、この辺りは田園地帯に自然のままに任されている。もちろん、例の植樹された防風林はあるが、Sangatte のあとでは、何か雑然としている印象を拭えない。

オートルートを渡る高架橋が頻繁に出てくるが、橋げたのひとつひとつが美しく塗装されている。その色は紺色だったり、緑色だったりする。橋げた両脇のコンクリート部分も様々な色のタイルで装飾されている。オブジェを取りつけた橋もある。うーん……洒落ている。こんなに凝った装飾を施された高速道路を見るのは生まれて初めてである。

途中、サービスエリアで給油。レシートを見ると、時間は11時05分、燃費は11・82キロ。リッターあたりの値段は6・56フラン。

エリアの一画になぜかカエルの像が2体置かれている。日本の田舎、例えば栃木県とか茨城県でも蛙の像を門の横に置いてあるのをよく見かけるが、このエリアに鎮座しているカエ

Sangatte～エトルタ間のオートルートをまたぐ美しい高架橋のひとつ

ルの1体は日本のと同様前足を立て、空を見上げている。5メートルくらい離れたところに置かれたもう1体はなぜか腹ばいになっている。サイズは日本で見かけるものより大分大きい。3倍くらいありそうだ。背中が薄緑色に、顔と腹がクリーム色に塗られている。美しい芸術作品だ。決して幼稚なものではない。

その像の前には四角い池がある。貯水池といった方がよいかもしれない。カエルは両方ともその池に顔を向けている。池にはカモとガチョウが泳いでいる。

明日に備え、サービスエリアの店舗でパリの地図を買う。さすがにもうあまり道に迷いたくない。というよりは迷って聞くとき、地図の外と言われたくない。

オートルートに戻る。

やがてエトルタ方面という標識が出てきた。それに従って降りる。

このオートルートは有料で、Boulogne から、今降りた Fécamp 近辺のここ（地名はわれわれのヨーロッパ地図に載っていない）まで40フラン（700円くらい）取られる。

料金所を出たところで、警官たちに呼びとめられた。横柄な態度は一切ない。むしろみな大人しい感じだ。もうちょっと迫力があってもいいかなという印象である。よく言えば、非常に紳士的だ。

当然フランス語で話しかけてくる。私が「申し訳ありませんが、何をおっしゃっているかよくわかりません」と英語で応えると、彼らは一瞬たじろいだように見えた。英語に自信がないと見た。

若い一人の警官だけが片言の英語で質問をしてきた。年配の警官は私の車を見回し始める。パスポートと国際免許の呈示を求められ、トランクの中身を検査された。「車をどこで借りたのか」とか「ドラッグを持っていないか」などと聞く。「中を見てもいいか?」と断った上で、ボストンバッグの中も調べた。前後の車はフリーパスだ。われわれだけが止められたのは東洋人ということと関係があると思う。2、3分後に無事解放される。

一般道を行く。濃い緑の並木に囲まれた道だ。ところどころに家が見える。途中、道沿いにスーパーがあった。田園の真只中のスーパーだ。SUPER Uという看板が出ている。都会の立地ではないから、さすがにカレーのと違って小ぶりである。けさ立ち寄ってきたスーパーと比べても小さい。敷地は2000坪弱といった感じである。12時半と、ちょうど昼時だったので、昼食を仕入れることにする。

小さな体育館のような外見の建物に入ると、暗い。というより、体育館のように高く、かつ屋根と梁が見える殺風景な天井を見るとレジに近い売り場は照明が消されている。客も少ない。客が少ないときは電気を消して、経費節減をしているのかと思いながら、買い物を始める。きのうのスーパーもそうだったが、このスーパーにも手提げかごがある。そういうところはイタリアともドイツとも違う。

惣菜売り場のおかずを覗き込んでいたら、上の照明が消された。「なぜだ？　客が惣菜を見てるっていうのに。人種差別か？」と思っていると、奥から口ひげを生やしたコック姿の男が出てきた。われわれの方を一瞥しただけで、どこかに行ってしまった。惣菜売り場には特に食欲をそそるものもない。

陳列棚のエリアに戻り、近くで棚の整理をしていた店員に、あるピクルスのビンに入っているものが何かをわざと聞いてみた。店員がわれわれ東洋人にどういう態度を取るか見てみたかったからだ。「エクスキューズ・ミー。きゅうりの脇に見えるこの白いものは何ですか？」英語そのものがわかっているとは思えないが、質問の内容はわかってくれた。彼はごく普通の態度で、フランス語であったが、「ああ、これのことですか？　エシャロットですよ」と教えてくれた。態度は丁寧で、われわれ東洋人が気に食わないと思っている様子は微塵もない。「じゃあ、なんで明かりが消されたんだ？」と思いながら、そのピクルスをかごに入れる。

そのあとりんご、トマト、なし、水、長いフランスパン（暖かい）、ポテトチップスをかごに入れたところで、さきほどレジのところに座っていた農民風の顔立ちをしたショートヘアーのオバサンが私のところに来た。私を見上げて何か一所懸命に喋っている。どうやらもう閉店だと言っているようだ。「まさか、まだ真昼間ではないか。閉店するわけがない。聞き間違いだろう」と思ったが、彼女が、速くレジに来いと言っていることは明らかだ。必死な顔をしているし、レジの方を指差している。ともかく、言われるままレジに行き、清算する。

田舎ではあるが、ビザカードが使えた。旧東独の田舎ではガソリンスタンドでさえ使えなかったことが思い出される。

店から追い立てられたわれわれは車の中で食事を始めた。すると、さきほど店内にいた店員達がみないっせいに出てくるではないか。みなと言っても5、6人であるが。彼らはそれぞれの車に乗り込み、勢いよく駐車場を去って行った。全員ディーゼルだ。だが、ディーゼルスモークは見えない。ディーゼルの悪臭で昼飯を台無しにされたということはまったくない。

「どうしたんだ?」と思っていると、店の入り口近くに営業時間が書いてあるのが見えた。朝9時開店、12時半から2時半まで昼休み。なるほど、客もほとんどいなかったし、照明も消されたわけだ。午後は2時半から7時まで営業である。ケルンや今朝のスーパーより開店時間は遅い。

食べ物に話を戻すと、この日の昼食ではフランスパンが最高のご馳走である。新宿高島屋で売っているフォションのフランスパンもうまいときがあり(出来に波がある)、それと基本的に同じ味だが、こちらの方が塩味がわずかに強く、生地がひきしまっており、味付けがうわてである。長さは同じくらいで、値段は3フラン。50円くらいであろうか。きのうのスーパーでは長い方のフランスパンは6フランだった。

女房は「日本で読んだ本に、最近、フランスのスーパーで売っているフランスパンは冷凍した生地をスーパーの釜で焼いただけで、昔と比べて味が落ちているって書いてあったよ」と言う。このスーパーUのはその落ちた味とは思えない。われわれにはこれ以上の味があるとは思えないくらい美味だ。前夜のスーパーで、惣菜売場がガラガラだったのにパン売場には引けもきらずに客が来ていたのも、このような美味のパンを売っていたからだろうか。

1台のディーゼルのフォルクスワーゲン・ゴルフが駐車場に入ってきた。二人の男性が車から降り、入り口までわざわざ見に行って店が閉まっているのを確認している。無表情に車に乗り込み去って行く。営業時間を知らずに買い物に来たのだろう。

食事を終え、出発。スーパーのあと、また道に迷い始めた。

「誰かに聞こう」

迷い始めたのは商店が並ぶ狭い一方通行の道を進んでいて、T字路にさしかかったところだっだ。とりあえず直進方向の車線に進んだ私が「このまま直進していいものかな？　他の車はほとんど左折しているんだよな」と思いつつ何気なく隣の左折専用車線の車に目を向けると、となりの車線にいる女性運転手が顔を向けてくれた。役に立とうとしてくれていると直感した私は、迷うことなく彼女に「エトルタに行きたいんだけど」と英語で言うと、「エトルタ！」と如何にもフランス語らしく喉彦を鳴らしてRを発音して、大きな声で確認してくれた。そして「同じ方向に行くから、ついて来て」と言う。フランス語だが、そう言っていることはわかった。

曲がって行った彼女について行こうとしたのだが、左折車線に割り込む間に数台の車が入ってしまい、彼女の車がわからなくなった。紺色の車だったのだが、他にも同色の車があって見分けがつかなくなったのである。割り込みに忙しくて車種まで確認する余裕がなかった。

そのままトボトボ車を進めていると、ある駐車場で車に乗り込もうとしている中年男性を見たので停車し、道を聞く。

ノートにエトルタへの行き方をくわしく書いてくれた。教会がここに見えるとか、ここにロータリーがあるとか、目印になるものまで書いてくれる。先日のドイツ人青年と同様ツボを押さえた説明だ。

彼の地図のおかげで順調に進むことができた。

エトルタに着くと、町の案内所があったのでその駐車場に車を入れる。だが昼休みで閉まっており、案内所の中に入れない。海岸はどこにあるのだろう。普通観光案内所には、地図が外にも掲示されているのではないかと思うけれども、ここにはそれがない。案内所は四つ角にあるのだが、自分が来た道以外のどの道を進めば海岸に出るのかさっぱり見当がつかない。ただ右折方面は商店街になっており、道が狭くなっている。町中の迷路に迷い込みそうな雰囲気だ。

とりあえずまっすぐ進む。だが海岸に行きたいのに、道はのぼる一方である。Uターン。交差点に戻って右折。しかしこちらは森が深くなるばかりだ。森の中に別荘風の屋敷が立ち並んでいる。Uターン。交差点の少し手前で車を停め、歩いていた老人に聞く。「まっすぐ行けば海岸だ」と言う。なんだ、最初に敬遠した道を行けばよかったのだ。交差点から確かに道が狭まって商店街が並んでいたが、商店はすぐなくなり、海岸が現れた。路上駐車の列で車1台分あいているところに突っ込む。

海岸に行ってみると、潮の香りがしない。地中海、バルト海だけでなく、大西洋でもそうだというのはどういうことか。季節が関係しているのだろうか。海岸に昆布が一枚流れ着いているが、磯の香りはしない。よくよくかいでみれば、地中海およびバルト海と比べてわずかに潮の香りがするものの、まったくしないと言っても言い過ぎではないレベルである。

Sangatte の時と同様曇天でイギリスは見えない。地図で見ると、このエトルタから大ブリテン島まではSangatte からよりも大分距離があるからクリアーな天気でも見えないと思う。では、なぜここが観光地なのか？

今観光客は大勢いるのだが、この海岸は象牙色の崖が左右に見えるだけのことである。とりたてて感動するような景観ではない。特徴といえば、砂浜ではないということだ。砂の代わりに、直径6㎝ほどの丸い小石が充満する浜になっている。近くの別の場所にもっと素晴らしい景色があるのかもしれない。

だが、われわれは早くパリに行ってみたい気持ちになっている。素晴らしい海岸風景も見てみたいが、ローマ帝国崩壊以降のヨーロッパの中核都市と言ってもよいパリの方がもっと見たい。だいたい、素晴らしい海岸の景色はもう見た。しかも、この世にあれ以上の海岸風景があるとは思えないほどの景観だったではないか。

パリへ

いよいよ花の都パリを目指す。とりあえずエトルタを離れ、オートルートの出発点になっているルアーブルという街に向かう。ルアーブルまでは60キロくらいしかなく、すぐに着いた。ここまでの一般道はガイドブックではドライブの推奨コースになっているようだが、Sangatteの景色を見たあとでは印象に残るものではない。Sangatte が超一流だとすると、ここらへんは二流である。

ルアーブルは都会だ。信号で止まったりして、街を抜けるのに20分もかかった。デモ隊にも遭遇した。車線をふさいで警官の先導付きでやっていた。反対車線だったのでわれわれには影響なし。気の毒に、デモ隊のうしろは大渋滞だ。

3時すぎにパリ行きのオートルートに乗る。快調に飛ばし始め、「あとはパリまでまっしぐらだな」

ところが、2、3分でオートルートが終わってしまった。「なぜだ？」と驚きと怒りと不安を抱き、そのままロータリーに進入。

ほとんどの車が行く通りにロータリーから出てみる。だが、その先はその登り坂だ。坂は車で埋まっている。坂の上までずっと渋滞しているのだ。渋滞の中にいたジャガーＸＪＳが、痺れを切らしたか、Ｕターンをした。

これがパリに行ける道かどうかわからない、それにこの渋滞を抜けるのにどのくらい時間がかかるかもさっぱりわからない。そんな状況で渋滞に捕まっているのは時間の無駄に思え、私もＵターンする。

女房にイタリアで買った地図をもう一度よく見させても、このルアーブルからパリまで行くオートルートに切れ目はないと言う。私も運転しながら確認したところ、切れ目などまったくない。ところが現にロータリーのところでオートルートが終わってしまっているのだ！地図が間違っているのか？それともこれはパリまでのオートルートではないのか？

オートルートで街に戻り、さきほど見かけたパリ行きの標識を見つけ、Uターンしてじっくり見ると、やはりパリに行くにはさきほどのオートルートを使うしかない。またオートルートでロータリーまで戻る。

坂は渋滞が大分短くなっている。それほどイラつくこともなく進むと、セーヌ川にかかる有料の橋があった。橋の手前に料金所があり、そこに交通の流れが堰きとめられていたのだ。下を見ると、橋の下に行こうとしている中学生らしき団体が見える。ヘルメットをかぶり、ゼッケンも付けている。これから橋を見学するのだ。

15フラン（約250円）をクレジットカードで払い、橋を横断する。

橋を通過すると、標識でパリ行きのオートルートであることが確認できた。

なぜイタリアで買った地図にはオートルートがルアーブルの町外れで一旦途切れていると示されていないのか？　地図ではオートルートを示す太い線がルアーブルの町からセーヌ川をそのまま横断し、パリまでずっと続いている。イタリア製の地図だから、こんないい加減なのか？　はっきり言って非常に腹立たしい。地図の情報が間違っているという状況に接したのは生まれて初めてだ。

さきほどの渋滞でUターンするときに私はイラつき、女房に「よく地図を見ろ！」と怒鳴ったのだが、女房が間違ったのではなく、地図が間違っていたのだ。可哀想なことをした。

疑問31「オートルートが途切れていると示していないのは、イタリア製のヨーロッパ地図だからか？」

さて、ルアーブルからパリまでわずか202キロ。セーヌ川を越えてからはスイスイである。地平線の彼方まで広大な田園地帯がずっと続く。ときどき羊の放牧が見られる。その姿はまるで緑の絨毯へ白胡麻を散らしたようである。羊自体はもちろんそれなりの大きさなのだが、田園が大きいために胡麻粒大にしか見えない。出産期なので子羊も見かける。

ベルサイユの近くに林がなぎ倒されているところがある。かなりの大木も倒されている。去年の冬、台風による水害があったのだ。

パリ間近のベルサイユに4時半ごろ到着。交通量が急激に増加する。ベルサイユを過ぎてパリの環状線に近づくと時速60キロ程度のノロノロ運転を強いられる。

パリのダウンタウンなのだろうか、アメリカで見るような高層ビルが林立している姿が遠めに見えてきた。

環状線に入ると更に渋滞がひどい。時速10キロの超低速走行を強いられる。時には完全停止になる。車線は3本あるのだが、ラッシュアワーの時間帯で、しかも金曜ということが影響しているのだろう、大渋滞である。ただし、反対車線はすいている。どうもこちら側がパリから離れる車が集まる車線のようだ。首都高並の大渋滞である。

２０分くらい渋滞に漬かって、一日の運転の疲れが募る中、ブレーキ、クラッチ、シフトレバー、アクセルをいちいち操作して前進、停止を繰り返すことにうんざりしてきた頃、環状線のすぐ脇にイビスホテルを発見。昨晩泊まったイビスに比べると、建物が大きい。だが、外装は薄汚れており、決して高級そうではない。ともかくこの渋滞から離れる理由となるホテルが出てきたので、最寄りの出口で降りることにする。

降りる直前にホリデイインも右側に発見。その隣には別のホテルもある。フランスはドイツと違って高速沿いにスーパーやホテルなどの商業施設が見える。その点アメリカのフリーウエイに似ている。ドイツのアウトバーンは都市部では高い塀で囲われていたし、都市部以外では高い塀はないもののホテルやスーパーなどの商業施設はごく少数しか見かけなかった。ドイツにはドイツのポリシーがあるのだろうが、単調な高速道路を走っていてときたまショッピングモールなどを見かけるとわれわれ夫婦はほっとするし、楽しくなるし、降りてみたくなる。

この環状線からは広大な墓地も見えた。地図で見ると、Cimetière de Gentilly という墓地である。大きな十字架がところどころに立っている。十字架同士の間に距離がある。全体の面積としては、隣にサッカー用だろうか、スタジアムがあるが、それより大分広い。

さてItalieという出口で降り、Uターン。今回のUターンは目標物が見えた上でのことだからうんざりすることもない。ただそれでも、パリの道路は簡単には辿り着かせてくれない。予想より若干迷い、しかしうんざりすることはなく、ホテル前に到着。

私が知っているホリデイインは外観も内部も清潔感があるが、ここもそうだ。安心感がある。少しくらい高くても泊まろうという気にさせてくれる。

車を正面入り口の歩道脇に停め、中に入る。ロビーは細長で40平米程度と狭いけれども、清潔である。外光をたっぷりと取り入れるためガラスが多用されている。フロントには30歳前後のキリッとした青年がいる。ロビーにいるのは彼だけで、客の姿はない。

泊まれるかと聞くと、空室があると言う。料金も二人で650フラン、つまり大体1万3千円。パリの相場を知っているわけではないが、ヨーロッパ大陸を代表する大都市にしては高くないと思った。

車をシャッター付きの地下の有料駐車場（70フラン、およそ1400円）に入れる。

驚いたことに、地下駐車場の先客としてダッジ・イントレピッドが駐車している。長さ5メートル17センチ、幅1メートル90センチのフルサイズのアメ車だ（エンジンはV6、2700ccまたは3200ccとサイズの割には小さい）。このパリで巨大なアメ車を見るとは驚きだ（フランスではこの車以外にアメ車を見ることはほとんどなかった）。それにしても珍しく見たアメ車がチェロキーなどのどこにでも転がっているものではなく、日本でも見かけることのないクライスラーのフルサイズカーとは驚きだった。人に言っても信じてもらえないかもと思ってわざわざ写真まで撮ってしまった。

部屋に入る。清潔な部屋だ。広さは30㎡ちょいくらい。若干高台になっているところに立つこのホテルの5階の窓からは黄昏のパリが見える。窓の向きは北西。沈んだばかりの夕日が逆光になっているせいか、街は灰色にくすんでいる。一戸建てはまったくない。ビルばかりだ。ただ、そのビルもマンションのように見える。ここらへんは花の都という華やかさは微塵もない。むしろ薄汚れたコンクリートジャングルである。賑やかなネオン、あるいは明るい照明などどこにも灯っていない。パリの地図を開いて見ると、ここは下の端だ。パリの南端である。場末であるがゆえの暗さなのだろうか。

きょうの走行距離は653キロだった。

パリの中華街

すぐ夕食に出かける。ホテルを出る前に、受付の青年に中華料理の店が近くにないかと尋ねておいた。「フランスにいるのに、中華とは何だ」という表情を浮かべるかなと思ったが、淡々とした表情のまま地下鉄で行くのかと聞いてきた。いや歩くと答えると、20分くらいかかるがと言う。パリ見物をしたかったので徒歩20分というのはむしろ大歓迎だ、運転で座りっぱなしだったのをリフレッシュすることもできる、20分の歩行は問題ないと言うと、道順を教えてくれた。20分歩くと中華街があると言う。

6時半過ぎ、日が暮れたパリを歩き始める。セーターだけだが、暖かい。このまま歩いていると汗をかきそうなくらいだ。

先ほどまで自分が渋滞にはまって喘いでいた環状線が、まだ混んでいるのを左に見下ろしながら50メートルほど坂を登ると、広い交差点に出た。その下に環状線が潜っている。

横切る道路は広い。車道がゆったりと片側3車線分ある。ただし、歩道に一番近い車線は駐車スペースだ。歩道がまた広い。新宿の靖国通りの半分くらいある。その歩道の、街路樹の根本には点々と犬の糞が落ちている。


パン屋が、フランスパンを浮き彫りにした看板を店の壁から張り出させている。この看板は歩いている内にかなり見かけた。パン屋に共通する看板なのだろう。この看板は実はドイツでも見たし、あとで訪れるイギリスでも見かけた。石原都知事がよくおっしゃる表現を拝借すれば「床屋のアメンボウ」のパン屋バージョンだろう。

そのパン屋から中年男が出てきて、フランスパンを手でちぎっては口へと入れている。うまそうに食っている。公衆の面前で大の男がパンを歩きながら食べるとは……と思っていると、女子高生風のグループや一人歩きの若い女性も、小さな手持ち紙を細いバケットの真中に巻き、ちぎって食べている。家まで待てないほど腹が減っているのだろうか。時間はちょうど夕飯どきだが。

他にもパンを抱えて歩いている人間がいる。よほどうまいのだろう、みな大事そうに、女房が言うには「いとおしそうに」パンを持っている。今見ている限りでは、買ったパンをそのまま持ち帰ろうとしている人間は少なく、ちぎって食べながら、あるいはちぎった跡をつけたパンを持って歩いている人間の方が多い。そうした人々の多くはパン以外の食べ物を持っている様子がない。つまり、オカズみたいなものを持っていない。フランス人の場合はパンとワインだけで食事になると聞いたことがある。確かにきょうの昼に食べたようなうまいフランスパンは食べ飽きるということがない。なお、ワインを飲みながら食べ歩きをしている人間はいなかった。

パン屋とは別に、パン菓子店というべきパティシエもある。辞書ではケーキ店と訳しているが、菓子パン、更にはフランスパン、サンドイッチまで売っている。ピザを売るピッツェリアもある。カバブを売っている店もある。もちろんいわゆるレストランもある。

夕飯どきなので、ついつい食べ物屋に目が行くが、街にはビデオ店もスーパーも、ガソリンスタンドも高層マンションもある。地下鉄の出入り口も薬屋もある。パソコンショップもある。なぜかATMがビルの壁に貼りついている。そのビルは銀行でもないのに。

ジョギングしている人もいれば、犬を散歩させている人も、ランドセルのようなものを背負った子供と母親もいる。ただし、サラリーマン風の男は見なかった。週末の夜にはそんな格好をしていてはこの洒落たパリでは野暮になってしまうのだろうか。男はジャンパーを羽織っているのが多い。ベルリンでも男はジャンパーが多かった。ヨーロッパではジャンパーが男の早春の定番なのか。

夜のパリを歩いていると目が疲れると、ひどい近眼の女房は言う。新宿ではそんなことはないそうだ。パリの町は暗いと言う。だが、恐いという雰囲気はまったくない。人々は穏やかな表情を浮かべて歩いている。もっとも、ここは日本ではないから安易に考えるわけにいかない。

２０分歩いたが、中華街の雰囲気にはなってこない。女房が急ぎ足の女性をつかまえて尋ねた。すると通りの反対側に見える薬局の奥にあるとのこと。

婦人のおかげで中華街を見つけることができた。確かに、「街」と言ってよい。ふた又に別れた街路の両側にびっしり中華料理店が並んでいる。ここは比較的ネオンで明るい。もっとも、新宿と比べれば寂しいが。

そう言えば、中華街の入り口前も比較的明るく、肉屋とか歩道にテーブルを出したカフェとか、レストランなどがあって比較的明るい雰囲気だった。だが、決して華やかではなかった。いや地味と言ってもよいような落ち着きが感じられた。時間がまだ早いせいかバカ騒ぎしている連中などもおらず、みな穏やかに会話を楽しんでいた。

ちなみに、薬屋の脇を入って行ったところに魚屋があり、多種多様な魚を並べて売っていた。魚は氷の上に敷いたヒノキかヒバの葉の上に乗せられていた。イワシやサバを売っているのは分かるとして、タコとイカを売っていたのが驚きである。タコとイカは悪魔を連想させるということで、ヨーロッパでは嫌われているのではなかったか？　タコは生の真ダコで、足が湯のみほどの太さもある立派なものである。イカはドイツ、イタリアでも見たが、タコはパリが初めてだ。

店内には高級魚がちゃんとショーケースに入れられ、店頭では庶民向けと言うか、一山いくらの魚が並んでいた。このような配置は日本とまったく同じである。おまけに店員も威勢良く叫んでいた。鉢巻こそしていなかったが。魚屋は中華街の手前にもう2軒あった。パリジャン、パリジェンヌはけっこう魚を食するということだろうか。

疑問32「パリではタコ＝悪魔の魚というイメージはもうないのか？」

さて肝心の中華料理店だが、どの店にするか悩んでしまう。店が多いのはいいのだが、どの店もガラガラだ。どの店も混んでいれば、適当に入ればいいのだろうが、こうも見事なまでにガラガラだと、入るのにちょっと勇気が必要だ。

時間は7時半近い。金曜のこの時間と言えば、最高の掻き入れどきではないかと思うのだが、ほとんどの店が文字通り客数ゼロ。行列待ちがある店など皆無である。店内でテーブルについているのはお喋りしている従業員である。パリジャン、パリジェンヌは先ほどの渋滞に混じってパリの外に行ってしまったのだろうか？　しかし街には人が結構歩いている。人気がなくて寂しいわけでもない。寂しいのはこの中華街だけだ。掻き入れどきはこれからなのだろうか？　パリジャンの夕食は遅く、7時半ではまだまだ早いということだろうか？今の時間はパンだけで済ませ、ちゃんとした夕食はこのあとということなのだろうか？　カフェにいた人たちは夕食ではなく、おやつみたいなものを取っていただけなのだろうか？

疑問33「なぜ金曜の夜7時半、パリの中華街には閑古鳥が鳴いているのか？」

閑散とした店の中でも、少しは客が入っているところにしよう。「この店にするか」とある店の様子をうかがっていると、デート中の若いカップルがドアを開けて入って行った。実は彼らもわれわれと同様いろいろな店の中を覗いていた。この中華街に慣れていないということだろう。われわれと同様お登りさんだろうか。パリジャン、パリジェンヌだとしても、まだ外食の経験が少なく、中華街に詳しくないのかもしれない。

ともかく、彼らもわれわれと同様の発想をしている。それが素晴らしいひらめきならともかく、どうもパッとしない発想の共有だとつまらない自分を見ているようで不快である。この店に入る前にわれわれは窓ガラスに貼られたメニューに見入る振りをして、彼らの方を見ないようにしていたのだが、彼らもこちらを見ないようにしていた。

フロアだけだと40平米程度の、細長く狭い店内に入ると、中国人のウエイターに席を指定される。カップルが奥、われわれは出入り口から2つめのテーブル。ボンソワールという挨拶以外は英語を使って注文すると、ウエイターも英語で答える。

注文したのは牛肉の焼きそばとタマゴ炒飯。

結論から言ってしまうと、両方とも悲惨なものだった。炒飯はアツアツでない、タマゴが少ない、かつ油も足りないというナイナイづくしだ。焼きそばも中華らしいアツさがない。おまけに麺も野菜も水分が多くベチャベチャ。焼きそばの皿には油でなく水が溜まっているではないか。

両方とも味が薄い。塩味が薄いと文句を言っているのではない。われわれ夫婦はしょっぱいのは嫌いだ。ベルリンの焼きそばはまったくしょっぱくなかった。だが、しっかりと味がついていた。その味がないのだ。みのもんたの料理人修行のテレビ番組で鍛えてもらいたいくらいである。これで値段は合わせて65フラン。

フランスのなま水は飲んではいけないのではなかったかと思いつつ、ガラス製の水差しの水をコップに入れて口をつけてみる。ひどい味だ。カルキ臭いのでなく、ドブ臭い。ドイツと同様石灰分が多いのだろうか。ひとなめしてやめた。そそくさと店をあとにする。

「どの店もこんな味なのか？　どこの店も開店休業なのはこのお粗末な料理のせいか？　週末で地元の人間がいないからじゃなくて。中華料理ってぇのは世界の3大料理のひとつだろうが。フランス料理と肩を並べる中華料理がこんな味でいいんかい？」と私。

「華僑って世界中どこにでもいるでしょ。エジプトとかは外貨が持ち出せないからいないんだけど、そういう国や貧乏な国以外なら世界中に中華料理店があるはずよ。特に都会にはね。南アフリカにもあったし。中華料理ってそれだけ世界で通用するっていうことなんだけど、ここはちゃんとした中華街になっているにも関わらず中国人の活気がないのよねぇ。さっきの料理の味とおんなじで。まるでふやけたおせんべいをのせたお茶漬けを食べたみたい」と女房。

「ふやけたせんべいをのせた茶漬けってどういう意味だ？」

「美味しいはずのものがまずくなっている、っていうことよ」

世界各地に散らばる中華料理がそれぞれの地域でどのような味になっているか？　われわれはそのことにかなり関心がある。そこでリサーチの結果、例えば米国では東洋系が多いと思われる西海岸より、東海岸の方が同じ中華料理でもはるかにうまいことを知った。東海岸、特にニューヨークは世界中から料理人が集まって競争する街だからか、中華もうまい。値段も安い。

フランス料理と味を競わなければならないこのパリで、中華料理がどれほどの味にまで高められているのか知りたいと思っていたのだが、期待は完膚なきまで打ち砕かれた。

たった1店だけで、そう思い込むのは飛躍しすぎということくらいは承知している。だが、何せ金曜の夜7時半に中華街全体が閑散としているのだ。

なぜアメリカやドイツレベルの味にしないのか？　まさかできないわけではあるまい。もしかすると、これがフランス人好みの味付けなのかもしれない……。万が一そうだとしたら

（まさかと思うが）フランス人の味覚というのはロクでもないということになる。あるいはもしかしたら、フランスには腕のいい中華料理人が来ないのかもしれない。それは、フランス料理の本場では、中華料理をやってもあまり儲からないからかもしれない。

疑問34「パリの中華街の料理は概してまずいのか？　だとしたら、なぜか？」

大通りに戻ってすぐのところに、石造りの古い屋敷がある。英語で言うマンションだ。かなり大きな建物である。城のようにさえ見える。1階の1部屋に薄明かりが灯っている。アパートや日本語のマンションという様相ではない。1軒の家のようだ。個人の所有する家なのだろうか。どのような人物が住んでいるのだろう。やはりパリにも一戸建てがあるということになるのだろうか。

疑問35「パリに一戸建てはあるのか？」

途中でデザートを買おうと思いながら歩いているのだが、われわれが食べたいと思っているのは生クリームたっぷりのケーキだ。しかしそれを売っている店がない。1軒1軒店内を覗くのだが、目当てのものがない。

高層マンションの1階がスーパーになっているのが通りの向こうに見えるが、フランスまで来てスーパーでケーキを買うことはなかろう。まだケーキ屋もあるだろうし。

だが、宿の方に曲がる交差点まで戻ってきても、まだ望みのケーキを売っている店はなかった。そのあと暫く直進してみたがやはりない。パティシェリ自体はいろいろあるが、交差点のこちら側は閉まっているものが多い。開いているのはケーキ屋以外の店だけである。デザートは諦め、宿に帰ることにする。

部屋の中は蒸し暑い。窓は2重ガラスのくせにしっかりと結露している。ベルリンで見たような外断熱工法ではないのだろうか。分厚く重い窓を開けて涼しい風を入れる。そのあと洗濯をし、風呂に入って寝る。

【12】パリの女神たち　3月11日（土）

パリを走る

7時半起床。まだ暗い。

6時半から始まると聞いていたビュッフェに行く。

われわれ以外誰もいない。早い人はもう食べ終えたのだろうか。

窓辺の席を確保。窓からはとなりの高層ホテルが聳えているのが見える。食堂は広くない。

70平米くらいだろうか。若干室内は暗い。

ここはホリディイン・エクスプレスなのでテーブルに並んでいるものは簡素である。フランスパン大小、クロワッサン、ハム、チーズ、フルーツカクテル、ヨーグルト、温めたのと冷たい牛乳、オレンジジュース、紅茶、コーヒー、コーンフレークだけだ。

フランスパンはきのうのスーパーほどはうまくない。高島屋のフォションと比べても若干味が劣るかなというレベル。だが、クロワッサンはうまい。いやいやベルリンの焼きそばと同じことが起こった。つまり、これほどうまいクロワッサンは食べたことがないというくらいの味なのだ。

私はクロワッサンなど少しもうまいと思ったことがない。子供が食う甘菓子くらいにしか思ったことがない。だが、このクロワッサンは素晴らしい味だ。さすが本場の味、と私を唸らせてくれる。

口へ入れた瞬間香ばしいバターの香りが漂って、噛むとサクッと音を立て口中全体にバターと小麦の心地よい香りが広がる。中の白い部分までサクサクしている（日本のはベチャッとしているのだが）。最後に飲み込むときにその香ばしい香りが鼻腔へ抜けるのである。

このクロワッサンをカフェオレと食してはいけない。なぜならカフェオレの香りで肝心の香ばしさが薄れてしまうからである。パンは水分が少ないので飲み物がないと喉を通らないという日本人を時々見かけるが、その人にこのクロワッサンを食べさせたい。こいつを食べるのに水分は不用である。香りのために唾液が十分出るからである。もちろん鼻の悪い人にはこの美味を味わうことはできない。

パン好きの女房も同意見である。「でも日本人は醤油の味にはうるさくても、バターの味はどうでもいいと言う人がいるから……、そういう人にはこの美味しさはわからないかもしれないね」と女房は付け加える。

確かに日本人とフランス人ではこだわる部分が違うだろう。われわれは醤油にこだわる。醤油を携えて海外旅行する同胞がいるという話をよく聞く。同様にこちらの人間はバターにこだわるのかもしれない。このクロワッサンのバターはなかなかの香りだ。

食べている内に中国語らしき言葉を話す東洋人の団体さんが入ってきた。さいわい、煙草を吸う人間はいなかった。このクロワッサンの素晴らしい香りを台無しにされずに済む。

9時半頃にチェックアウト。さきほどの団体さんがロビーで大きなスーツケースを脇に置き、賑やかにお喋りをしている。そんな中、金髪の受付嬢が渡してくれた請求書を見ると、2日分の宿泊料が請求されている。訂正を申し出てサインをする。請求書はよく見てからサインしないと高くつくことになる。

さて、まず向かうべきはシャルル・ドゴール空港そばのホリディインだ。明日イギリスに飛ぶので空港近くの宿を早めに確保しておきたいからだ。

土曜の朝、環状線はガラガラである。ホテルの手前のサービスエリアで給油。リッター1

4・29キロ。リッターあたり7・30フラン。時間は10時ちょうど。幸い、ここではフランのトラベラーズチェックが使えた。

そのあと目当ての、ホリディインを見つけたが、今までのホリディインのイメージとは大きくかけ離れたものだ。

4階建てでこじんまりとしている。小さいのはいいのだが、薄汚れている。はっきり言ってボロイ。日本の資産価値の低いマンションを見ているようだ。

とりあえず値段を聞こう。ロビーに入って行くと、受付に30代半ばくらいの男性と黒人女性が立っている。私はホモのケはないが、その男性が客を引きつける不思議な魅力を持っていると言わざるをえない。何と言うか、生まれつきの素質だろうが、目がクリックリッとしていて愛想がよいのだ。不思議な愛嬌がある。思わず泊まってあげようという気にさせられてしまう。ロビーも狭く、暗く、薄汚れた感じだったが、まあいい。600フラン（およそ9400円）である。外観通りの値段だ。駐車場は露天でタダ。

時間の関係でまだチェックインはできないので、予約だけして、パリ中心地に向かう。環状線の内側はいわゆるパリだと思うが、その街並みを見ながら中心地に行こうと思い、オートルートが環状線と交差するところにあるPTE DE LA CHAPELLEという出口で下の道路に降りる。

降りてすぐのところはあまりいい雰囲気ではない。何か荒れた感じがする。建物が古いのはいいのだが、窓が掃除されていないし、建物の前にはゴミが散らかっている。歩道のゴミ集積所に食べかすが散らばっているのだ。カラスの仕業である。道路も狭い。レストランやカフェがけっこうあるが、女房はこの界隈ではあまり食事をする気分になれないと言う。歌舞伎町の場末のようだとも言う。

カレーでもそう思ったのだが、ドイツ人と違い、フランス人は清潔感を強く持っているというわけではなさそうだ。「何かウジが湧いていそうだよ」と女房は付け加える。

いやいや、ドイツ人も清潔とは言えないのではないかという経験をわれわれはした。きのうのケルンのスーパーでのことだ。

牛乳が冷蔵ケースに入っておらず、パレットに乗せて店の隅に置いてあったのだ。冷蔵ケースに入っているのはジュース類だけである。ま、冷蔵していないこと自体は、スーパー全体が低温になっているからいいのだが、その中のボトルがなぜか何本か破損しており、中味が飛び散って他のボトルにかかっているという現場を見たのだ。冷蔵もされていない中で外気に露出した牛乳の飛沫が牛乳ボトルについているわけだが、これが日本だったら客は感心しないだろう。そんなものを見せられたら客は二度とその店には来なくなるだろう。だが、ドイツでは客が平気でその牛乳を買っていた……。われわれがちょっと潔癖症過ぎるのかもしれない。気候も牛乳を買う人間の心理に影響を与えるだろう。高温多湿の日本なら牛乳の取り扱いは十分注意しなければならないが、ドイツの気象ならその程度のことでは雑菌が繁殖することはないのかもしれない。

ともかく、この界隈のような不潔さはドイツの町では見かけなかったことは確かだ。だからと言って、ドイツの建物がすべて立派だったというのではない。人が使わなくなり、荒れ果ててしまったものもあった。だが、苔むしていたり、漆喰が剥げかけていたりしてはいても、ナマゴミがヤマと積まれカラスがたむろしているようなことはなかった。

ナビゲーター役は女房に任せてある。だが横文字を見る能力がもともと乏しいことに加え、きのう買ったパリの地図と道路標識に書かれている文字が当然のことながらフランス語という、女房にとっていよいよ未知の言語である。そして私の車は速い。車のペースにナビが追いつかず、しょちゅう迷走することになる。左右を言い間違えることもしばしばだ。私はついつい怒鳴り声を出す。

だが、いい面もある。そのおかげでパリのど真中をいろいろ見ることができたからだ。土曜の午前ということだからだろうか、渋滞もなく気持ちよく走ることができる。駐車も隙間をすぐに発見でき、容易である。土日は非番になるものが多いのだろうか、取り締まる警官の姿もない。

街はビルだらけだが、どれも薄汚く、華やかな感じはない。歴史的建造物にも出くわすことがなかった。特に印象に残るような様子はない界隈であった。われわれが走ったのは日本で言うと、裏通りという様子のところが多かったが、道は、裏通り的であっても全般に広いものが多い。ただ、せっかく広くても2重駐車されているところも多い。

フランス人はバンパーを前後の車にぶつけて狭い駐車スペースから脱出すると聞いていたので、是非見てみたいと思っているのだが、残念ながら見かけない。私の友人は見たと言っていたが。

道路は石畳でなく、すべてアスファルト舗装である。ただ、建物の方は石造りだ。

ときおり、歩道脇に車を停め、歩行者に道を尋ねに行く。皆親切だ。

やがて広めの通りに出ると、バスティーユという標識が見えた。その先のロータリーには記念塔らしきものが立っている。

「ここらへんにバスティーユ監獄があったのかな」と私が言っても女房は「えっ、監獄?」と言う。「バスティーユからフランス革命が始まったんだよ」

東京では住宅地の拡大に伴って刑務所が消えるということがあったが、パリでもそういう事情で監獄が消えたのだろうか?

ロータリーから反対側の車線をデモ隊が警官に先導されてゆっくり歩いてきた。何か叫んでいる。フランス革命もこのデモを激しくしたようなものだったのだろうか? プラカードの文字の一部から判断すると、教育関係のデモのようだ。きのうもデモに出くわしたが、き

バスティーユでのスト風景

のうもきょうも反対側車線で助かった。

しかしまあ、こうもストを見るとはフランスというのはよくストをやる国なのだろうか？これだとエールフランスには乗らない方がいいかもしれない。予定日に飛行機が飛ばない恐れがある。

バスティーユの地図上での位置はわかったものの、それを過ぎてから、自分たちの走っている場所が今一つハッキリしない。とりあえず、中心地に向かおうとハンドルを切っているのだが、こちらの方向でいいという確信があるわけではない。

まずは、ケルンの聖堂も見たことだし、ノートルダム寺院でも見てみるかと思っているのだが、今どこにいるか、どの道をとったらいいのか。パリジャンに教えてもらおう。車を停め、女房が教えを乞いに行く。

ハザードを出して二重駐車している私の車の運転席から見ていると、買い物帰り風の中年の女性に位置を聞き始めた。

戻ってきて、女房は言う。「パリには地図が読めない人がいるのよね。道案内はできても、今地図のどこにいるのか言えない人が多いのよ」

場所を特定できないのはすべて女性だったとのこと。ただ、今道を聞いてきた女性は地図上での現在地が分かったし、ノートルダムまでの行き方も教えてくれた。フランス語で、だが。

ノートルダムに行く途中、片道2車線道路でふと斜め前を見ると、ニューヨークのナンバープレートをつけたマツダのプレッソがいた。なんでパリにアメリカのナンバープレートをつけた車が走行しているのか？　アメリカから運んできたのか？　だとしたら、なぜわざわざ運んできたのか？　アメリカ大使館の人間のか？　それにしてはアメ車でなくマツダなのが変な気がする。高級車ならともかく、マツダの安物プレッソなのだから、搬送費を考えれば新しく買った方がいいのではないか。それにしてもナンバープレートをフランスのものに換えなくていいのだろうか？　日本で言うと、外交官ナンバーにあたるのか？　ニューヨークナンバー以外のナンバープレートは付けていない。不思議な光景だ。

疑問36「なぜパリでニューヨークナンバーの車が走れるのか？」

パリジェンヌのおかげで寺院近くまで来ることができた。大きな花屋の前に並ぶ路上駐車群のあきスペースに車を突っ込んで見物に行く。

駐車車輌は日本と同じ間隔で前後のスペースを空けている。これでは、残念ながら、バンパーをこすりつけて駐車スペースから脱出する車にはお目にかかれないだろう。

ノートルダムはケルンの大聖堂と比べると、はるかに小ぶりな建物だ。色も、ドイツ人の造ったものと違い、明るい。寺院の前の大広場には観光客がおおぜいいて寺を見ている。私にはこのノートルダムよりも、すぐそばを流れる水量豊かなセーヌ川の方が印象に残った。

今度はシャンゼリゼと凱旋門に行ってみよう。

シャンゼリゼは概して道幅の広いパリの道の中でも特に広く、気持ちがよい。歩道まで含めると幅は100メートルくらいあるだろうか。

凱旋門が立っているロータリーもまた面積が大きい。直径500メートル近くあるのではないか。今まで見たこともない巨大なロータリーだ。

ロータリーを回る車の速度が速い。ここでの人々の運転については後述する。巨大ロータリーを抜けると、エッフェル塔まですぐだ。

エッフェル塔は遠めに見て、写真を撮っただけで、戻る。これで一応パリで観光名所と言われるものは目にしたし、人並みに写真も撮った。

塔から凱旋門方面に戻るときに、偶然ルクソールのオベリスクも見かけた。エジプトに関心がある女房が、これから地図で探そうと思っていたものだ。ラムセス2世のオベリスクで、ナポレオンがエジプトから持ってきたものだと言う。これもオベリスクの麓で車を停め、写真を一発撮る。

パリの車道には車線と車線の間の白線がないところがある。交差点で横断歩道の前の停止線手前に5、6メートルの白線が引いてあるだけだ。車線のない範囲では適当に走ることになる。つまり、すいていれば車道の真中で飛ばせばよいし、混んでいればできるだけたくさん横並びして走ることになる。

私は信号で停まっている先頭の車の間にすきまがある場合はそこに突っ込み、車列の先頭に出るということを何度もやった。その私のうしろにパリジャン、パリジェンヌの車が従うのをバックミラーで見ると何かいい気分だ。

よく見るとそういう白線のない車道は石畳である。なるほど、ここには白線が引きにくかろう。

その石畳をアスファルト化する工事が行われている個所があったが、ドイツと違い石畳の上にアスファルトをのせているだけである。こういうのをズボラと言うのか？　それとも石畳を何とか残しておきたい一心でそうやっているのかな？　アスファルトが剥げて下の石畳が見えているところもある。

疑問37「なぜパリでは石畳を剥がさずにアスファルト舗装をするのか？」

パリジェンヌの味覚

主だったものは見たので、適当な食事どころを探すことにする。シャンゼリゼなら賑やかだから、料理店も多かろうし、ひょっとしたら屋台もあるかもしれない。

だが、凱旋門からの出口を間違えて別の通りに入ってしまった。凱旋門に戻ろうとしたが、交通量の関係で通りの真中で強引にUターンをするわけにいかない。脇道に一旦入って今来た通りに戻り、凱旋門を目指すことにする。

だが、パリの道は簡単ではない。入った道が一方通行でUターンできないし、湾曲していてどちらの方向にもとの道があるのかわからなくなってしまった。車を停め、再び女房が道を聞きに行く。


帰ってきた女房がまた一人言のように言う。「パリジェンヌは歩くのが速いわ。道を聞こうとしても走らなきゃ追いつけないのよ。さっきのバスティーユの女の人もそうだったのよね」

きのう中華街に向かって歩いたときも、女性に限らず、人々の歩きが速いのに気がついたと言う。「パリの人たちが細身なのはこの速歩きが効いているのかしら？」

イタリアとドイツではそういう速歩きはなかったようである。そしてフランス人より恰幅がよかった。恰幅がいいと言っても、独伊の人たちに一部のアメリカ人のような極太りをしている人間を見たというわけではない。むしろ逆に、ドイツ人などはみな引き締まっていたという印象だ。

基本的に自分で料理しない人間の場合、外食するにしてもフランス料理はあとで述べるように値が張る。だから非自炊派は自ずからパンにチーズ、そしてワインなどで済ませることが多くなるのではないか。さっきも言ったが、フランスパンはうまいからパンだけで食事になってしまうということもある。結果、栄養的に他の国民より乏しくなり、細身の人間が多いという解釈もあるかと思う。

疑問38「なぜパリ市民に細身の人間が多いのか?」

疑問39「なぜパリ市民は歩くのが速いのか? 昔からそうなのか?」

ようやく凱旋門に戻り、シャンゼリゼを走行する。だが、われわれに適切な、つまり高級でない食事どころが見つからない。ただ、きょろきょろして走りまわっているうちに比較的地味な感じの商店街に出た(のちほど地図で確認したところAvenue de Wagram沿いである)。歩道からちょっとした広場が見える。広場の向こうが一旦狭い車道になり、その向こうに2軒レストランが並んでいる。

路上駐車をし、偵察に行く。歩道にはコブシがあり、ピンクの花が満開になっている。そのわきには公衆トイレが立っている。歩道上にだ。パリではなぜか歩道に公衆トイレをよく見かける。その脇には新聞・雑誌を売るスタンドがある。

疑問40「なぜパリには公衆トイレが多く設置されているのか?」

レストランの入り口脇に吊るされているメニューを見ると、食べ物の名前はフランス語なのでほとんどわからないが、値段は読み取れた。ランチで85フランである。隣のレストランは90フランである。奥の方にある他の店も見てみたが、ランチの値段はそんなものだった。

高い。1800円近くもするではないか。二人なら4000円近くになってしまう。夕食ならともかく、今は昼である。これじゃ高すぎる。これだけの値段ならうまくて当たり前だ。われわれは当たり前のものは食べる気がしない。きょうは土曜日だから、観光客向けの店しか開いておらず高いのかもしれない。

そもそもわれわれ夫婦は常に節約モードで生きている。パリでも安くてうまいものを発見したい。フランス料理は諦め、他を探す。

その界隈の奥まで歩いて行くと、コイン・ランドリーが2軒あった。パティシエも、ここにあるかと思えばあちらにもあると言った具合に多く見かける。そのパティシエはきのうと同様どこもフランスパンを売っている。菓子パンも置いてあるし、サンドイッチも注文があれば即作れるようになっている。もちろんケーキ類もある。

そんな街並みに中華で持ち帰りできる店が1軒あった。今はパンより水分の多いものが食べたい。「この店にしてみるか」

中国人の娘さんが応待している。厨房は別の階にあるようだ。陳列ケースの中で料理が皿に盛られて並んでいる。中華は作りたてが命かと思うが、ここはその点不合格である。だが、他に中華の店はない。ここで食べるしかない。

スパイシーなものが食べたいので英語で"hot and spicy"なものがほしいと言うと、「はっ？」という反応。どういう意味かさっぱりわからないという表情だ。こんな簡単な英語がわからないとは困ったものだ。日本人だってこんな英語は知っているぞ。仕方がない。適当に3品頼む。

持ち帰りでなく、ここで食べると言うと、電子レンジで温め始める。温まるまで席に座っていよう。

道路に面する席に座る。店内は全体で30平米くらいと狭い。照明のせいか、薄暗い。われわれの背後では30過ぎと思われる女性が二人、別々のテーブルで食事をしている。中華ではあるが、ナイフとフォークを使っている。彼女たちをチラチラと振り返って見ると、音も立てずに黙々と食べている。日本で言うと、吉野家にあたるような店かと思うが、土曜昼食をひとりでとっている姿は決して優雅なパリジェンヌというイメージではない。パリジエンヌではなく、出張してきた女性なのだろうか？　それともやはりパリジェンヌ（独身の）だろうか？　われわれと同様フランス料理のレストランは高くて避けているのか？　自分で料理をしないのか？　などと他人のプライバシーを詮索する気持ちが湧いてしまう。
疑問41「パリジェンヌはひとりで吉野屋のような店に入り、食事をすることに抵抗を感じないのか？」

5分くらい経って3品とも料理が温まり、運ばれてきた。われわれはフォークでなく、付属の箸を使って食べ始める。

……まずい。3品ともまずい。牛焼きそばは味がはっきりしない。中華街と同様、野菜の水分が出てしまって、ベチャベチャ。ブロッコリー料理は炒めたんだか、煮たんだかわからない有様だ。何で味付けをしたのかさえわからない。最後に食べてみたのが揚げチキン。衣がついていたが、ほんの薄くである。いわゆるチキンフライではない。肉がはっきり見える。味は鳥肉に臭みがなかっただけ幸運だったという程度のもの。はっきりしない味だ。

女房曰く。「中華の命は火力。素材の旨みを火力と油で中に閉じこめ歯ごたえを残す」

更にまだぶつくさ言う。

「ブロッコリーはかじってもコリコリ音がしないじゃない。ものを食べているときに音を出すのを恐れる文化だからなのかしら？　これじゃ中華が台無しじゃないの。ったく。何考えているんだか。白人至上主義なんていうたわ言は食べものでは捨ててもらわないとね……。もう少し国際化してほしいもんだわ。日本を見習ってもらいたいわ。食べ物に関しては世界で一番国際化してるんじゃないの」

「でも、フランスパンは食えば音がするだろ？」

「それは日本人の食べ方よ。こちらの人はちぎって音が出ないように食べるの。夕べだって通りを歩きながらバケット食べてた人たちはちぎってたでしょ」

一応全部胃袋に収め、ちらりと肩越しに振り返ると、さきほどの二人の女性はまだ黙々とゆっくり食べている。もしかすると、小学生の給食状態か？　つまり、もう食べたくないのに、残せないでいて、突つきまわしているのかもしれない。われわれはたまたま不幸にしてこの店に入ってしまい、まずいことに気がついたものの、彼女たちはなぜこんなまずい中華料理を食べに来ているんだ？　きのうの中華街と思い合わせると、フランスの少なくとも大衆レベルの中華料理は決してうまいものではなさそうだ。なのに彼女たちはこの店にわざわざ食事に来ている。いやいや、それだけではない。この店には持ち帰り客もけっこう来ている。受付の女の子は客への応対が済むと空いている客席に陣取り、横文字の小説か何かを読み始めるのだが、その席を温める暇もないくらいの頻度で客が入って来る。こんな味の店がつぶれないどころか、けっこう客をひきつけているのを見ると、フランス人の舌はたいしたことないのではないかと思わざるをえない。

疑問42「このまずい中華料理店になぜ客がおおぜい来るのか？」

このような料理を食べるパリジャン、パリジャンヌの舌に支えられるパリのフランス料理も、あまり期待できないのではないかとさえ思いたくなる。つまり、裾野のレベルが低いから、上の方も期待できないのではないかというわけだ。

まあ、フランス料理は値段が値段だからそんなことはないと思うが……。ちょうど日本の立ち食いそばはまずいけれども（最近テレビなどで立ち食いそばがうまくなったと言い始めているが、発信者のレベルの低さを物語っているだけだ）、高い金を出せばちゃんとした店でうまいそばが食えるだろう（私は外食ではうまいそばは食ったことがないので、推測するしかない）のと同様、フランスでも９０フランという大金を出せば素晴らしい食事ができるのであろう。

フランス料理が高いのは、あるいは、パリではレストラン利用者のほとんどがお登りサンで、高く豪勢な料理でないと客寄せが難しいとも考えられる。給与水準が世界でも最高水準の国、日本から来たわれわれ夫婦が（われわれ自身の給与は高くないが）とんでもないと思う金額をパリの人たちが気軽に出せるわけがないと思うと、そういう気もする……。

疑問43「平均的収入のパリ市民がフランス料理の外食をする頻度はどのくらいか？」

ともあれ、われわれがきのう、きょうと食べたパリの中華料理に関してはドイツ、そしてアメリカの足元にも及ばないということをはっきり言っておこう。それにしても、イタリアで中華を食べなかったのは後悔される。イタリアのはドイツ、アメリカ的なのだろうか？それとも同じラテン系でフランス、いやパリのようなひどい味なのだろうか？

きのうの中華料理店と同様ガラス製の水差しにいれた水を女の子が出してくれた。われわれは飲まない。食事を終え、不満足な思いを抱いて外に出る。

２人分の昼食代は３品で５１・８フラン。８００円くらいか。焼きそばとブロッコリー料理、チキンの3品だけだから、普通は一人前の量だろう。日本のランチで800円出せばけっこう満足できる味と量が保証されるが、パリではこの値段だと量はともかく、味は期待してはいけないのかもしれない。フランス料理はランチでも高いし、中華はこの通りの体たらくだ。東京の物価は高いとよく言われるが、ランチに関しては東京の方がパリよりも勝っている。

疑問44「パリのランチは東京より割高ではないか?」

車に戻る途中、パティシエでケーキを2個買う。マロンが入っているチョコレートケーキとココナッツが入っているチョコレートケーキだ。計45フラン(約750円)である。店員から受け取ると、重い。大きさは両方とも日本のケーキと同じようなものだが、持つとずっしりと重い。

車の中で食べる。さてさて、パリのケーキというのはどんな味なのか?さぞかしうまかろうと期待してかぶりつく。いい香りが立ち昇ってくるはずだと思ってモグモグやる。さてそれから、どのような結果が招来されたか?

口の中がザラザラしている。砂糖も生地もキメが粗いからだ。丁寧な作りと言うより、ボリューム優先という感じだ。まずくはないが、決して感心するような味ではない。もうひとつもまったく同じである。どうもきのう、きょうとフランスの手頃な食べ物はパンを除くと感心するようなものがない。単に不運なだけなのだろうか。

疑問45「パリの手頃な食べ物はわれわれ日本人にはうまくないのか？」

人々が日常食べるものがうまいとは限らない。ドイツのイモがいい例だ。日本で日常食べるものと言えば、なんと言っても米である。だが、私は日本の米が特にうまい食べ物だとは思わない。釜から立ち昇ってくる香りは素晴らしいの一言だが、味が淡白過ぎて私には物足りない。白米でなく玄米は、香りはともかくとして味がよく、私は好きである。

日本の外食でよく食べられるものと言えば、サラリーマンには欠かせない日替わり定食、丼もの、寿司やラーメン、カレー、夜ともなれば居酒屋や焼き鳥屋の料理だろうが、高い金を出さない限り、多くの場合特にうまいものでもない。

前にも触れたが、人々が行列しているラーメン店で食べてみても特にうまいとは思わない。ときには二度と来るまいと思うところさえある。

もちろんリーズナブルな値段でうまいものも売られている。女房によると、「高島屋の高菜おにぎりでしょ。伊勢丹のしゃけの粕漬けでしょ。西郷亭のコロッケでしょ。中野名物の今川焼きでしょ」である。

だが、概して日本の日常的な食べ物に感心するものは少ない。野菜も例えばピーマンなど香りが薄く感心しない。愛せる食べ物が少ないように思う。仮にだが、国民が日常食べる物の味がその国民の味覚レベルを反映するものだとしたら、最近の日本人の味覚レベルは大したことないんじゃないかと思ってしまう。とても悲しいことだが。

ピーマンや人参、トマトなどを取っても、子供の味覚に合わせたためか、香りも味も非常に貧弱なものになってしまった。惣菜の類も同様である。大人の味が減ったのである。酸っぱいリンゴでないと出せない料理や辛い大根でないとだめな時もあるのに、みんな薄味で甘味ばかり強い野菜、果物になってしまったのは本当に悲しむべきことである。

ここフランスでもフランスパンを除いて手頃な値段の食べ物に感心するものがない。やはり、フランス人もレベル的には日本人と変わらないのだろうか？　ドイツの方がずっとうまいものに出くわすことができた。イタリアもよかった。

ちなみに、ダークホースなのがアメリカである。われわれがアメリカで食べたものでフランスのようにがっかりさせられたものは少ない。ドーナツ、アイスクリーム、ワッフル、フライドチキン、ハンバーガー、中華料理、ピザ、バーベキューなどどれも非常にうまかった。例外はステーキで、特にうまいと思うようなものには残念ながら出会っていない。オクラホマステーキがうまいと聞いて、地元で食べたこともあるが、特に感心するようなものではなかった。

ふと思いついたのだが、中国のパン、あの油で揚げたパン、油條《ゆじょう》はフランスで売っていないのだろうか。フランスパンもうまいが、油條もうまい。後者もフランスで売れば結構客がつくのではないかという気がする。せめて中華街で、店頭販売という形でも売れば客が寄ってくるのではないか。

女神再び現る

まだ1時半くらいなので、「地球の歩き方　旅マニュアル255　ヨーロッパ・ドライブ」に紹介されている、ゴッホの終焉の地Auvers-sur-Oiseに行ってみることにする。パリから50キロ未満という近距離らしいし、そこまでの景色もいいらしい。Sangatteの美しさに心を打たれたわれわれは、ゴッホの目に映った景観も大変な美しさに違いないと思い、見てみたくなったのだ。

環状線に乗り、Avenue Lamazeというところでオートルートから降り、一般道を進む。ここらへんにはもうビルはなく住宅街だ。ただし、一戸建てではなく長屋形式である。郊外に向かうに連れて、長屋が一戸建てになり、かつ家と家の間が広くなる。

一戸建ては1軒1軒が個性的である。壁を造る石が家によって違う。石と石で挟まれた目地のところに模様石が入っているが、それも各戸によって違い、個性を主張している。

日曜で曇天と絶好の洗車日和だからか、庭で愛車を洗っている親父さんがいた。フランス人が洗車するというのは珍しいことかもしれないと思い、信号待ちしている間、運転席からオヤッサンの写真を取ったら、目が合ってしまった。私が笑顔を浮かべ、手を上げて挨拶すると、彼の方もニコリとし、車洗いを続けた。

とある交差点で前方が一方通行の出口になっている。その道沿いに見事な桜が咲いている。いや、園芸店に育った女房が訂正した。桜でなく、さくらんぼの木だと言う。さくらんぼの木はりんごの木に近く、さくらんぼの花と桜の花は別のものだそうだ。同じバラ科であるが、別ものだと言う。

日本で売られているさくらんぼに、その名もナポレオンというポピュラーな品種があるくらいフランスはさくらんぼの名産地だから、歩道にもその木が植えられているのだろうと付け加える。りんごの名産地、長野県の飯田市も町の歩道にリンゴの木が植えてあるそうだ。

さくらんぼの木はともかくとして、まっすぐ行くつもりだったのがこの交差点で阻止されてしまった。左右どちらに行くべきか判断せねばならない。右に行くとオートルートに戻ると交差点の標識が示しているので、消去法でとりあえず左に行くしかない。だが、このまま進めばいいという根拠はゼロである。

実は一方通行の出口に出くわす前に、道がよくわからなくなっていたのだ。だから、さきほどの道と平行する道を探し、右折して行けばよいと単純には言えない。

ヨーロッパの道は日本と似て入り組んでいるし、曲がりくねっている。交差点が十字路とは限らない。今回の交差点のように一方通行の出口に出くわすことも多い。ロータリー出口に掲げられている行き先の地名が地図に載っていなかったり、フランス語に慣れていない私と女房に読めなかったりするということもある。

ただ、ありがたいのはフランスだけでなくヨーロッパではよほど田舎でない限り、視界から民家が消えることがないこと、そして都市はもちろん郊外でも歩行者が絶えないということだ。この点も日本と似ている。

これがアメリカだと話が違ってくる。都市を離れて郊外になると立派な住宅が立ち並んでいるのだが、歩行者を見かけることが極めて少なくなり、よそものの目から見るとひどく寂しくなる。みんな車で移動しているという感じだ。

だが、ヨーロッパでは多くの人が歩いている。車も走っているが、人も歩いている。信州の谷あいに育った女房は、ちょうど自分が子供だった頃の田舎と同じだと言う。当時はどこへ行くにも公共交通機関と足しか移動手段がなかったので、多くの人々が歩いていたと言う。今日本の田舎は、成人一人につき車一台というくらいになっている。女房の家でもそうだ。女房のお袋さんがスバル・サンバー、弟が日産・キャラバン、その嫁さんがトヨタ・スターレットを転がしているという具合である。ちょっとそこまで手紙を出しに行くにも車で行くという土地柄だ。

まあ、日本の田舎との比較はともかく、ヨーロッパではアメリカと違って郊外でも歩行者をよく見かけることは確かだ。パリ郊外で撮影した写真を見ると、すべてに歩行者が写っていると言えば、その多さがわかってもらえるだろうか。

ちなみに、スーパーからの帰りだろうか、ビニール袋をさげたおばちゃんが時折り歩いていたりもする。足が悪いのか、日本のお年寄りの女性にもみかけるような、からだを左右に振りながらゆっくりと歩く老女もいる。ただ、日本のお年寄りほど腰が曲がっている女性は見かけない。

とはいえ、欧米に腰が曲がった人がいないということではない。ヨーロッパでは今のところ見かけてないが、アメリカはワシントン州のフリーウエイのサービスエリアで、そのようなお年寄りを撮影させてもらったことがある。

町を歩く歩行者たちは皆、親切に道を教えてくれるという体験に基づいた安心感がわれわれにはある。たとえ言葉は理解できないにしても、こちらの要求を理解して何とか力になってくれようとする気持ちがはっきりと伝わって来る。その姿勢には本当に頭が下がる。

そんな歩行者の1組に、女房が交差点から間近の図書館のような建物の前で道を聞いた。母娘連れである。「まっすぐ行けば鉄道の踏切があって、そのまままっすぐ行けばいい」と言われたと思う、と言う。「言われたと思う」というのは相手がフランス語だから致し方ない。

その通りに進むと、ちゃんと踏切が出てきた。わが女房もなかなかナビ能力が発達したようだ。今のところ順調である。

やがて幅が5メートルもない一方通行の道になる。道路の片側には路上駐車、いや歩道駐車の車の列が続く。歩行者は車と建物の間を縫って歩いている。車道に大分はみ出して停まっている車も多い。まわりは住居だろうか、屋根裏部屋付きの石造りの建物が連なって建っている。2階建ての連棟がどこまでも続く。左右に立ち並ぶ建物の間に見える空は曇ってい

パリ郊外をゴッホ終焉の地へ向かう途中迷い込んだ一方通行道路の町並み

る。

そんな中20分くらい進んだ頃、あるT字路の交差点で迷った。やや狭くなっているが、直進方向の道をこのまま進むべきか。前はますます住宅街という様子になっている。寂しそうだ。対して左折方向は商店街が始まっている。賑やかそうだ。

ほとんどの車は左方面に曲がって行く。標識もなく、どうしたものか。

とりあえず直進方向に車を進め、交差点を渡ったところで歩道に片輪を載せ、車を停める。そして例によって歩行者に道を聞くことにする。

自転車に乗って近づいて来る黒人青年をつかまえて道を聞いてみた。だが、英語が通じず、なかなか意思が伝わらない。多少イライラして、私が地図の一点を指で叩きながら、「ここに行きたいんだ」と声を荒げて言っていると、面白いことが起きた。

うしろから来た車の助手席の窓から30歳くらいの女性が顔を出し、われわれの方に向かって何か叫んでいるのだ。彼女が首を引っ込めると、フロントウインドウの反射で姿が見えなかったが運転手が車を左折させ、その歩道に乗り上げて車を停めた。

助手席の彼女が車から降り、ツカツカと歩み寄って、地図を指しながら「どこに行きたいのか?」と聞く。フランス語だが、そう言っていることはわかる。

彼女は私が黒人青年に道を聞いていることに気づいて、わざわざ車から出てきてくれたのだ。何という積極的な親切心だろう。

私が行き先を告げると、彼女はついて来いと私に言ったようだ。
彼女が車に戻って行ったので、私も黒人の彼に私の質問に耳を傾けてくれた礼を言い、車に戻る。
バックさせ、待っていてくれるフォルクスワーゲン・ポロに鼻を向ける。

ヨーロピアンたちの運転

私がうしろについたのを確認して走り始めたポロのスピードは、私の普段の速度と変わらない。かなりの高速である。速いだけでない。車道にはみ出している歩道駐車の車をぎりぎりのところで掠めて行く。それもスピードは緩めずに。いやはや、私から見てもなかなかうまい運転だ。

そう言えば、きのう、きょうとフランスの都市部を走ったが、都市部のフランス人は運転がうまいと思った。きびきびとした運転なのだ。もたもたしているのは一度も見ていない。その中にはお年寄りもいたとすれば、お年寄りでさえ運転がきびきびとしてうまいことになる。

疑問46「パリの老人も運転はきびきびしてうまいのか?」

凱旋門ではほとんどが先を争うように猛スピードで走り、目指す通りに突っ込んで行くという運転だった。私はこの凱旋門における運転の仕方が特に気に入った。私と同じように走るからだ。アグレッシブである。仲間という感じがする。きりっとした運転ばかりで気持ちがよい（帰国後、高いところから撮った凱旋門と、その先に見えるシャンゼリゼの写真を偶然見る機会があったが、シャンゼリゼに向かってものすごく渋滞していた。渋滞が凱旋門のロータリーにまでかかっていた。だから、ロータリーも渋滞であった。私が行った時は土日だからか凱旋門周辺はすいていたが、平日は渋滞しているのだろうか？　渋滞まで行かなくとも、交通量が多く速度が落ちるのだろうか？）。

凱旋門に限らず、道を確認しようとして少しでもスピードを緩めるとたちまちクラクションの嵐になる。もたついている車に対するこのリアクションは東京での自分を見ているようで面白かった。イタリアでもドイツでも、そしてフランスのあと訪れたイギリスでも激しいクラクションを鳴らされたことはない。これも多分フランス人の特徴であろう。

フランス人の運転、特にパリでの運転と比べると、イタリア人の運転はローマでさえまるで羊が運転しているようなものだった。ドイツ人は……。アウトバーンの追越し車線で追越しをかけている車に、時速200キロで襲いかかる彼らの姿にアグレッシブな本性が見て取れると思う。だが、フランス人のような運転は性に合わないのだろう、彼らはルールを守って走る。そう言ってしまうとまるでフランス人がルールを守らないアウトロードライバーばかりのように思えてしまうが、決してそうではない。言いたいのはルールを守ろうとする姿勢が、ドイツ人からはひしひしと伝わってくるということである。フランス人は運転に関してはドイツ人よりも日本人に似ている。速度が大分速いという違いがあるが。

前にも述べたが、ドイツ語は洗練されたフランス語と比べられて「馬の言語」などと悪口を言われるようだが、それを喋るドイツ人も疾走する馬のように運転が精悍である。だが、きちんとルールを守るというしっかりと調教された馬でもある。ただ、その法規厳守の姿勢は速度には適応されない。アウトバーンで工事やカーブのために速度制限が出て来る場合があるが、彼らは少なくとも20キロはオーバーして走っていた。

だが、ドイツ人は速度以外のルールは守らないと気分が悪いのではないかと思う。追越し車線を使って遅い車を抜かしたあと、律儀に一旦走行車線に戻る。遅い車が見えていてすぐまた追越し車線に戻らざるをえないとわかる状況であっても、律儀に戻る。他人に「オレはルールを守っているぞ。見てくれたかな。だからお前たちも守ってくれ」とメッセージを送っているようにも受け取れる。

加速が遅いのに、早めに追越し車線に出てしまう車がアウトバーンにもいる。そういう車ははるか前方にいる遅い車をなかなか追い抜けずに追越し車線で頑張ることになる。せっかちな日本人なら、つまり私なら、走行車線を使って追越し車線の遅い車を抜かし、そのあと追越し車線に移って走行車線の車を抜かすのだが、彼らはそういうことをやりたがらないようである。

200キロから急減速し、追い越しをしつつある車のうしろにピタッとくっつき、追越し車線があくのを辛抱強く待つ。中には私のようなことをやるやつもいるだろうと思ってアウトバーンでずっと見ていたのだが、1人しかいなかった。ケルン直前で見かけた7シリーズのBMWのドライバーだけである。もしかするとドイツ人ではなかったのかもしれない。

超高速走行を平然とやってのける一方で厳格に規律を守る……、そんなドイツ人の中で走ると、リラックスして高速移動ができる。私が追越し車線で追越しをかけているときにいきなり前に割りこんで、急ブレーキをかけさせられるということはないと確信できるので、安心して飛ばせる。

かと言って、フランス人の中で走ると安心できないかと言うと、決してそんなことはない。逆に、非常に安心できる。彼らのような、てきぱきとした運転を見ていると、周囲をよく見ているということがよくわかる。だからこちらも安心して飛ばすことができる。

イギリスのことはあとで書くが、イギリス人の運転についてだけ先に触れておけば、ドイツ人と同じだ。ドイツのように200キロで走れるということがない分、ドイツ人の妹の運転とでも言えようか。ドイツを見たあとでは大人しい。まさにgentleな運転である。そういう人柄なのだろう。ちなみに、アメリカ人の運転もgentleである。フリーウエイでの平均速度がイギリスのモーターウエイと比べて遅い分、よりgentleであると言えるかもしれない。

女神たちと別れて

スーパーや高層マンションがある住宅街の、とある交差点に着くと、運転手が出てきた。こちらも30歳くらいの女性である。

彼女は「私たちはここでまっすぐ行きます。あなたたちは右折して行って下さい」と手振りで右の方を指しながら言ってくれた。右折せよと言ったあと、何か言い続けているのだが、そこのところは「私はまっすぐ。あなたは右」というような単純情報ではないのだろう。さっぱりわからない。ともかく「メルシー」と言って別れる。

ポロのナンバープレートの色は黄色で、番号は「770　BSL　95」である。

右折して出た道は駐車スペース以外に片側2車線ある幹線道路である。ガソリンスタンドあり、レストランあり、車のディーラーあり、バス停ありとなかなか賑やかだ。だが、目指す道路の番号（328号線）を示す標識が出てこない。道路番号自体は見かけるのだが、見たい番号は出てこない。

不安になり、また歩行者やバス待ちの人たちを捕まえて聞き始める。だが、ここらへんの人々は私の役に立ってくれなかった。不親切なのではなく、328号線という道路を知らないか、あるいは聞いたことがあっても車の運転をしないせいか説明する自信がないようだった。英語もまったく通じない。今までになく通じない。私が言っていることがさっぱりわからないという顔をしている人もいたくらいだ。

アウディのディーラーがあった。車の代理店にいる人なら、道を知っているだろう。客もいたが、社員がいたので道を聞く。車を買うわけでもないのに、30代ぐらいの彼は丁寧に教えてくれる。英語が話せる。「すぐそこの交差点を右折すればAuvers-sur-Oiseに行く道路の番号が出てきますよ」と言う。

言われた通り、細めの通りに入っていく。なかなか賑やかな商店街になっている。おおぜいの人が歩いている。だが、目指す標識が見えてこない。おいおい、どうなっているんだ?

交差点に出た。どちらに行くべきか? 右折したら、今まで来た道の方面になってしまうから、とりあえず左折しよう。交差点に道路番号が出ているのだが、328という数字はない。

そのまま新しい道を走っているうちに、地元案内用と思われる地図が柱に掲示されているのを発見。車を停め、反対車線側の歩道に行く。

その地図を見ている内にひとりのおばあちゃんが通りかかった。真っ白な髪の毛に金縁の老眼鏡を掛けている。服装もお洒落である。そのおばあちゃんを捕まえて聞いた。

「この案内図のこの道路は私の地図のこの道と同じですか?」英語で聞いた。おばあちゃんは英語はさっぱりダメだが、一生懸命フランス語で何か喋っている。何が言いたいのかまったくわからない。ともかく、私としては案内図に描いてある328号線らしき道路が目の前の道かどうかだけが知りたい。目の前の道を指し、そのあとすぐ地図の328号線を叩き、「イズ　ディス　ロード　ディス?」と聞く。「ウイー。ウイー」と何か悲鳴のようにも聞こえる返事をする。さすがにフランス語をまともに勉強したことがない私でも「ウイ」というのが「イエス」にあたることくらいは知っている。その「ウイー」以外にもキンキン声で饒舌に喋っているが、ともかく目の前の道路が328号線だと言っているようだ。

「メルシー」と言って車に戻る。


われわれの地図での道路番号は328なのに、案内図上では928である。これでは迷っても当然である。地元の人たちがわけのわからない顔をしていたのも納得できる。案内図で928となっている通りが地図上の328だとわかったのは歩道上の地図に示されている道路名（道路番号でなく）が、われわれの地図の328号線に併記されている道路の名称と同じだったからである。道路標識は古びていたから、番号標識の取り替えが遅れているのかもしれない。


通りをまっすぐ進んでいると、また、狭い道になった。道路番号の標識もその後さっぱり出てこない。本当にこのまま進んでいいのかまた不安になる。

「どこか途中で曲がるべきだったかな？　なんかまた狭い道になってきたぞ」

歩道停車中の車の運転席に老人が座っているのを見かけたので、停車し、尋ねに行く。

「ツ　ドロワ！」と老人は言った。

この語はフランスで何度も耳にして来た。その言葉とともに手を進行方向にまっすぐ伸ばすから、私が「ストレート」かと聞き返すと、相手はうなずいて「ストレート」とオウム返しに言うので、意味も覚えている。この道でいいのだ。

別れるときなぜかニコニコしながら手を出してきた。一瞬チップでも請求されるのかな、などと失礼なことを思ったが、単に握手をしようとしただけであった。異国の人間への励ましだったのだろうか、私は握手をする老人の素朴な笑顔を見て、非常にホノボノとした気持ちにさせてもらった。


やがて道が突然広くなり、ホテルも見え始めて、如何にも観光地という雰囲気の町になった。観光バスも来ている。ここが目指していたところだ。

無料らしき駐車場もあるが、私は歩道脇に車を停める。

ゴッホが死んだという家が保存されている。家の中に入るのは有料だ。われわれはゴッホが住んでいた建物にはまったく興味がない。彼の見た風景が見たい。だが、彼が描いた田園地帯が近くにあるのかどうかわからない。今見えるのは観光地化し、土産物店とかレストランとかが並ぶこじんまりとした町である。

ゴッホの生きた時代からすると、彼が車を運転して田園まで出かけたということはなかっただろう。イーゼルとか絵の具、絵筆を手に持って歩いて行ったのだろう。だからこの近くに田園風景があるはずだ。だが、残念ながらこの一帯はきのう買ったパリの地図の圏外である。イタリアで買った地図では200万分の1とスケールが大きすぎてこのあたりのどこに田園地帯があるのかさっぱりわからない。

ゴッホの見た田園地帯はどこにあるのかと、地元の人に英語で聞く努力をしてみるのも一興ではある。しかし如何せん今からそのどこぞかを見に行くには時すでに遅く、夕暮れが迫っている。それにノルマンディーの光景よりもはるかに美しいかどうかはわからない。

Sangatte を見てからのフランスの田園風景はどれも平凡にしか思えず、絵心をかきたてられるようなものはなかった。このあたりは、ゴッホが絵に描いたという土地だからそれなりの風景なのだろう……。いやいや、ここはゴッホが死んだ土地として有名である。ゴッホ終焉の地が美しい土地とは限らないではないか。晩年は頭がおかしくなったというから、美とは無縁の理由でここに来たのかもしれない。ま、真相はともかくとしてゆっくり見る時間がない。

ただ、ゴッホの家の近くは散策してみた。幅4メートルくらいの狭いアスファルト舗装の道路を挟んで一戸建ての住宅が並んでいる。裏がすぐ丘になっている狭い住宅街だ。どの家も白くて高い壁の向こうに芝生の庭があるのが、門の鉄柵から垣間見える。

花のいい匂いが漂ってきている。発生源の花を突きとめたが、ある屋敷の塀から道路にはみ出しているその白っぽい色の花は、なんという植物かわからない。

ここらへんの人は何をして暮らしているのだろう。やはり観光で食べているのだろうか。住宅街のこの静けさは、観光の賑やかさとはかけ離れた雰囲気を持っている。非常に落ち着いた雰囲気だ。いや何か落ち着きすぎて、活気がないとさえ言えるほどだ。老人の姿が庭に見えたお宅があったが、このあたりは年齢層が高いのだろうか。

美しく手入れされた家々であるが、決して豪勢なものではない。田園調布とか成城の邸宅の方がはるかに大きいし、豊かそうだ。

すぐそこにはオワーズ川があり、川岸には柳が揺らいでいる。だが、これも特に感激するような光景ではない。

ダイアナ終焉の地

ゴッホの家に着く前に、町の中にオートルートの標識が出ていた。メインストリートに路上駐車した車に戻り、標識が示していた方向に車を出す。

迷う間もなくオートルートに出た。それに乗ると、さいわいすぐにシャルル・ドゴール空港の標識が見えてきた。「何だ。オートルートを使えば、パリからまったく苦労もなく来られたじゃねえか」と苦々しく思ったが、親切なフランス人たちと接触することができた喜びの方がはるかに大きい。イタリア、ドイツでもそうだったが高速道路へはすぐに行くことができる。一旦降りてそこから先が思いどおりに行かないのである。

フランスは、われわれが食したもので言うと、パンを除いて感心するような食べ物はまったくなかった。だが、人間がいい。

むろんディープな付き合いをしたわけではないが、旅行者に親切だし、こちらから頼んでもいないのに救世主のように現れて教えてくれる。なかなか面白い人たちだ。

町の雰囲気もいい。自然がまた素晴らしい。整った美しさを持っている（フランス人が手を加えた結果だろうが)。
一言で言ってしまえば、フランスはいい。独特の魅力を持っている。ヨーロッパをドライブしてきてこのフランスが最後の国である。実質的に旅の最終地点である。そこにうまい具合にクライマックスが用意されていたという感じだ。最高に盛り上がった気分である。

女房はともかく、私は世代の影響からかアメリカ崇拝的な気持ちがあった。現に自家用車も昔から一貫してアメ車である。だが、このヨーロッパに来て、特にフランスに来て、今まで私の心の中で大きな存在だったアメリカがシュリンクしてしまった。アメリカへの気持ちが醒めてしまった。ヨーロッパ人がアメリカのことを田舎というのが、実感としてわかるようになった。故淀川長治さん風に言えば、「いやー、ヨーロッパっていいですね! 特に、フランスっていいですね!」である。なんだかフランス語を勉強したくなった。

オートルートに乗って15分ほどで空港そばのホテルに戻る。チェックインをしたあと再度凱旋門に向かうつもりだ。ダイアナが死んだところを見ておきたいからだ。
フロントに行ってみると、受付担当は今朝の彼ではない。当然ではある。早番がまだ働いていたら働き過ぎだ。しかしケルンでは夜、受付にいたあの女の子が朝もフロントにいた。

たまたま従業員の誰かが休んで、彼女がピンチヒッターをやったのだろうか？

チェックインの手続き終了後、フロント君にダイアナが死んだ場所を聞いた。アルマトンネルだと即答する。パリの地図を広げて聞くと、書きこんでいいかと断った上で赤のボールペンで丸を付けて示してくれた。ただ、ダイアナの乗ったベンツがトンネルのどちら側から進入したかは覚えていないと言う。

ついでに、手ごろな値段のフランス料理がないかと聞いたが、一人前８０フラン以上出さないとまともなものは食べられないと言う。やはりフランス料理は高い。


荷物は車に乗せたまま、部屋の鍵だけ受け取って凱旋門に向かう。

時間は6時ちょっと前である。車中で女房が地図を見ると、そのトンネルには東西に出入口があり、東側から進入する道は、地図の表記をそのまま写せば、**Cours Albert 1er**という通りで、西側から進入するのは**Avenue de New York**という通りである。

私はダイアナの乗っていたベンツが柱に激突する寸前に時速２００キロ近く出していたと思っている。新聞やテレビニュースがそのような報道をしたかどうかは覚えていないが、私がそう思っているのは、おそらくそんな報道を聞いたからであろう。

ともかく私は、ダイアナのベンツがそのような速度で激突したと思っていた。パリの中心地には、あの重量級のベンツでさえ時速200キロ近く出せるような一般道があるのかと変な感心をしたものだ。本当にあるなら見てみたいという欲求があの事故以来、常に離れない。

東京の都心には、私がよく利用する道路で、高性能車に限って時速200キロが、瞬間的であっても、安全に（早朝などの交通量が極度に少ない時間帯に限る）出せる一般道が1箇所はある。現に私は一度だけだが出したことがある。だが、重量級のベンツがその道でその速度を出すのは不可能だろうと思う。出そうと頑張ると、交差点で大事故を起こすことになるだろう。なぜなら200キロ走行が可能な場所の先には、大きな交差点が待ち構えているのだが、重量級のベンツではブレーキが間に合わないからだ。

200キロで一般道を走るためには、直線もしくはごくごくゆるいカーブでなければダメだろう。カーブがきつければスピンしてしまう。そして200キロに達するためには長い助走が必要である。パリにそれを許すような道路があるのか？　いやそもそもベンツが200キロ出したというのは本当なのか？　このような疑問を持って私は事故現場に向かっている。某国立大学で数学の助教授をしている友人は、パリには200キロを出せるような直線状の一般道などないと言っていたので、余計に興味深い。

事故現場

現場付近に到着。念のため地元の人に事故現場のトンネルを教えてもらうことにする。歩行者は少ない。暗く、寂しいところだ。街路の歩道を、例によって速足で歩いている黒いコートを着た金髪の中年婦人を捕まえて聞いた。婦人はニコニコとしてフランス語で「そこですよ。ほら、あそこに……があるでしょう」という意味のことをフランス語で言った。……部分はどういう言葉かわからない。婦人の指し示す方向を見ると、金色のオブジェがある。そのことだろう。その下に道路がくぐっている。ともかく、すぐそこのトンネルがアルマトンネルだということがわかった。

まず西側から問題のアルマトンネルという名の地下道に進入してみる。地下に潜る少し前に右カーブがある。カーブのRはかなり小さい。ここを回っているときに私は、200キロでこの先のトンネルに進入するのは不可能だと確信した。カーブ途中で右車線から左車線に移ることによってカーブのきつさを和らげるとしても、かなりの減速を強いられ、その低速から200キロまで立ち上げるには、トンネルまでの距離が短すぎるからだ。トンネルに向かって下り坂になっているが、それを考慮に入れても200キロまで持って行くのは無理だ。そもそもこのカーブのあとも直線にはなっておらず、トンネルの中までゆるいカーブになっている。

トンネルを抜けてしばらく行ったところでUターンをし、今度は東側から現場に行ってみる。トンネル東側の通りには事故現場の手前にも別のトンネルがあり、交差する道路をくぐる形になっている。つまり東から進入する場合、事故現場までしばらくのあいだ他の道路と交差しないので、高速道路のようになっているのである。

しかも事故現場になったトンネルの手前まで一直線になっている。この直線の長さは1キロを軽く越えている。これなら、加速性能の優れた車であれば、間違いなくゼロ発進であっても時速200キロが出せる。

さきほど述べた200キロが出せる一般道とは、実は都内のあるトンネルである。そのトンネルの長さはほぼ1000メートルである。私はそのトンネルの下り車線において、早朝の交通量がほとんどない時間帯に、1100ccのバイクで一度だけゼロ発進から時速200キロを出したことがある。トンネルはゆるいカーブになっている（200キロで曲がるとかなりきつく感じられるが）し、トンネルがおわったところには先述のように交差点が待っているので、200キロを出したのはほんの一瞬であった。

ところがこちらの直線はどう見てもそのトンネルより長い。しかもまっすぐである。更には、直線が始まるところにも終わるところにも交差点がない。ゼロ発進でなく直線に入る前に十分速度が乗っているという状況なら、バイクと比べると鈍重な4輪車でも200キロを出すことは容易である。

ただし、高性能の4輪車なら、だ。ダイアナが乗っていたのはS280である。私はダイアナのベンツより1世代前のS280を何時間か運転したことがある。ひどく鈍重であった。ダイアナのベンツがその旧型よりはるかに性能がよくなっていたとは考えにくい。ダイアナのS280は、あるデータによると、最高速として216キロまで出せるが、加速はゼロ発進で時速100キロに達するまで11秒もかかる。これは日産マーチ1300ccのマニュアル仕様と同じ加速性能である。決して高性能車ではない。

１００キロから更に加速していくというのは、空気抵抗とのからみがあって１００キロまでの加速と比べて大変なことである。ましてや１００キロから２００キロまで速度を上げるのは恐ろしくエネルギーと時間を必要とする。ゼロ発進から全力加速で１００キロまで６秒で立ち上げるフェラーリでさえ、２００キロまで持っていくのに２２秒強かかるのだ。つまり１００キロから２００キロまでかかる時間が、それまでの３倍近くを必要とするわけだ。重く、空気抵抗の大きいベンツがこの直線に時速１００キロで進入したとすると、直線で２００キロまで加速した可能性は限りなくゼロだろうと思う。直線の直前のカーブはかなりきつく、時速１３０キロくらいが通過速度の限界かと思われる。ベンツがその速度から２００キロまで持っていけた可能性は決して大きくないと思う。


東側からトンネルに入っていくとき、道路は左にカーブする下り坂になる。事故現場を見ようと私はゆっくりとトンネルの中に入るが、１００キロを超える速度でもこのカーブは曲がれる。特に、深夜交通量が少ない道路状況では、車線変更をしてカーブのきつさを和らげればＳクラスベンツのような非スポーツカーでも、１００キロをやや超える速度で曲がれると思う。

トンネルに入ると、すぐに柱の列が左手に見えてくる。柱の中に黒い色が下の方についているものがある。ダイアナの乗っていた黒いベンツの塗料痕ではないかと思う。

その後ふと前を見ると、目障りなものが目に入ってくる。さきほど西側から進入したときに通ったきついカーブだ。柱の列が終わるところからのぼりになって道路は地上に出るのだが、その急カーブがあるのが柱の列から既に見えるのである。いや柱のあるところからゆるやかにではあるが道路は早くも左に曲り始めている。

ともあれ、ここで仮に時速200キロを出していたなら、誰だってその先のカーブでのスピンを恐れてこの部分のどこかで急ブレーキをかけることになる。

だが、である。それ以前に大問題がある。

つまり、カーブして下って行くトンネルの中に、200キロあるいはそれに近い速度で入って行くというのはまともな人間がやることではないということだ。事故が起こったのは深夜でトンネル以外も暗いから、トンネルの暗さ自体は速度を落とさせる要因にはならなかっただろうが、下りカーブは大きな要因になる。先が見通せないところに時速200キロで突っ込んでいくバカはいない。見えない先に遅い車がいるかもしれないのだ。自殺行為である。

もしかすると、ベンツのドライバーは自殺願望があったのか？　ダイアナと心中したかったのか？

ドライバーが暴走した理由はわからないが、私が当初持っていた疑問、つまりパリに時速200キロを出せる一般道があるか、そしてダイアナの乗ったベンツは200キロを出したのかという2つの疑問に対する答は出た。答は「加速性能の極めて優れた車なら、時速200キロを安全に出せる一般道がパリにある、しかしダイアナの乗ったベンツが、200キロを出した可能性は決して大きくない」である。もちろん、200キロで柱に激突したということは99・99%あり得ない。

夜のベルサイユ

事故現場を見終わった頃にはすでに8時になっていた。どこか適当な食事どころはないか、ベルリンのような屋台はないかと探しながら車を走らせたのだが、そのうちうっかりオートルートに乗るランプに進入してしまった。

うしろからはフランス人が加速してくる。バックするどころか、脇に停めるために減速することさえ許されない。そんなことをしたら追突されてしまう。大体、脇に車を停めるスペースなどない。すいていれば遠慮なくバックするのだが、うしろからけっこう車が来る。

仕方なくオートルートを走り始めたが、あいにく出口がなかなか見えてきてくれない。

そのときちょうど、ベルサイユ方面という表示が出てきた。「ええい、ままよ、今日が実質上フランス最後の日だ。ベルサイユ宮殿でも見ておくか。観光地だから食べ物屋もあるに決まっているしな」ということで、そのまま全速力でベルサイユに向かうことにする。

女房はムスッとしている。まともな料理にありつけない恐れで、機嫌が悪いのだろう。夜遅くなると食事を抜こうとする私の癖を知っているからだ。

運転しながら、「今夜はマクドナルドにするか？　あれば、だけどな」と私。レストランに入るとフランス語のメニューを見て注文を決めるまでに時間がかかるし、頼んでから食事が運ばれてくるまでも時間がかかる。その上チップを取られる訳だから敬遠。フランスのマックはドイツと同じかどうかという興味もある。

「えっ!?」と女房。

「フランス料理はなしなの?」と情けない声で言う。

「いや……。まあ、でも適当なレストランがあれば、入るか」

などと口篭もっているうちに、ベルサイユの出口表示が出た。

さきほどのランプから15分くらいでベルサイユの出口に着く。

高速を降りると、まわりは森である。夜の森はさびしい。ベルサイユ宮殿を示す標識にしたがって進む。すると、周囲が開け、大きな広場に出た。宮殿のそばに着いたのだ。

ヒトケがほとんどなく、暗い街灯に照らされたその一帯は寂しい。宮殿前の駐車場に車を停め、そばに寄ってみる。正面の扉が閉められている。時間的にもう入れないようだ。

鉄柵の向こうに見える宮殿はライトアップされている。大きい。とてつもなく大きい。コの字になっている宮殿の奥の部分がはるか遠くにある。建物の面積だけとっても、匹敵する建物は日本にないのではないか。卑近な例でこじつけるなら、東京駅のレンガ造りの部分(高く盛り上がった部分を除く)を少し高くしたものを両脇それぞれに2棟、奥の部分に1・5棟並べた大きさという印象である。もちろんその豪華さ・華麗さは東京駅の比ではない。

高層ではないが大きな建物と言うと、アメリカのペンタゴン国防総省の建物が一例になるだろうか。われわれはそれを間近に見たことがあるが、それとはまったく比べようもない迫力を感じる。コロセウムも大きな建築物だったが、あちらは丸く膨らんでおり、こちらはコの字型に引っ込んでいる。背丈はあちらの方がだいぶ高い。コロセウムは闘技場だ。対してこちらは大王の宮殿である。ライトアップされているせいか、コロセウムと違い、極めて美しい。華麗そのものである。壮大でもある。圧倒されるくらいだ。ヨーロッパ大陸で見た人工物で、感動を与えてくれた唯一のものである。ローマのコロセウムよりもはるかに感動した。搾取の結果と言う人間もいるだろうが、搾取するだけでこういうものができるというわけではない。これだけの建築物を造れるだけの、芸術的才能というものがなければならない。

「さて夕食はどうする?」レストランは宮殿のすぐそばに複数オープンしている。だが高そうだ。人を誘いこむような明るい照明もない。あたりも暗い。疲れでそんなに空腹を感じなくなってもいる。この疲労空腹状態で、ほとんど読めないフランス語のメニューと格闘し、更にはサーブされるまで待つなんてことはする気になれない。女房はもう眠そうで機嫌が悪い。帰ることにしよう。

それにしてもきょうは女房に可哀相なことをした。女房はいわゆるブランド物の服には何の興味も持たない女だが、服そのものには関心がある。時間があればパリで服を少し見てみたい、と言っていた。女房は私に合わせてくれるタイプなので、私はついついそれに甘えて自分の気の向くままに行動してしまう(合わせきれなくて、怒りを爆発させることもたまにあるが)。今回は、もう少し女房の意向を尊重してやっていればよかったかなと思う。私は旅に出ること自体は面倒に思うものの、現地に着いてしまって車のハンドルを握ると自分の行きたい所を女房の希望より優先させる傾向がある。要反省である。

宿に帰りついたのが10時半頃。

女房が「ウサちゃんがいる！」と叫ぶ。駐車場脇の花壇に茶色いウサギが2羽いる。ヘッドライトが当たっても、鼻を動かすだけで逃げて行かない。「可愛いけど、花壇を食べ荒らしているのよね」

夕食は部屋の中で、きのうスーパーで買ったポテトチップスと水だけで済ませる。女房は何も食べずに寝てしまった。今回の旅行はどうも夕飯に恵まれないことが多い。私も入浴もせず寝る。

きょうの走行距離は415キロ。

【13】死へのいざない　3月12日（日）

さらば、パリ

ふたりとも空腹でうなされることもなく、ぐっすり眠ることができた。起床は6時。きょうの飛行機の時間は10時45分であるから、10時ごろ空港に着けばよい。空港までは車で10分。きのうの朝、予約をとる前に空港のレンタカー返却場への行き方をリハーサルしてあるから、余裕がある。

朝食を取りに部屋を出る。外観同様、部屋はあまりきれいでなかったが、廊下も清潔感に欠ける。汚れた分厚い青色のカーペットが敷かれている。廊下全体が消毒薬くさい。これで本当にホリディインなのか？

薄暗く狭いビュッフェでは、夕食を抜かしたせいか、長さ20センチくらいのフランスパンが5個も胃袋に収まってしまった。おとといのスーパーのバゲットと比べると皮に香ばしさが足りず、生地に伸びが足りないが、まあ決してまずくはない。

フランスパン以外に用意されているのは建物と同様貧弱で、コーンフレークと牛乳、ダノンのカップヨーグルト、ジャム、バター。ポット入りのコーヒーはあるが、紅茶はない。その代わりか、お湯とインスタントココアの袋入りがある。クロワッサンはない。卵もハム・ソーセージもない。だがパンがうまいので満足した。

フェラーリがオーストラリアGPで優勝したというニュースを見に、コックさんが厨房から出てきた。ついでにコーンフレークの補充もしている。ひょっとしてこのパンはこのコックさんのお手製かな？　こんな貧弱なホリディインにもパン焼き人がいるとしたら、フランスのパン作りはやはり層が厚いということになろうか。裾野が広いと言ってもよいだろうか。

部屋に帰ってみると、ＮＨＫ教育番組の英会話の中でやっていた「その名はウィリアム」を放映している。解説部分は日本と違い、内容を理解しているかどうかを番組参加の視聴者代表らしき二人に試すクイズ形式だった。すべて英語で解答・解説をしている。

チェックアウトして空港に向かうことにする。フロントにきのうの愛想のいい彼がいた。

「グッド・モーニング、ミスター・ハラサカ！」

なんと私の名前を私の顔を見るや否や言って挨拶をしてくれるではないか。覚えにくい外国人の名前を覚えてくれた努力に感激した。しかもフランス人なのに、Ｈの音もちゃんと発音して「アラサカ」でなく「ハラサカ」と言ってくれる。ドイツのロストックではドイツ語のくせが出てフロント君は「ハラザカ」と発音したものだ。もちろん、私はすぐその場で「ハラザカ」でなく「ハラサカ」が正しいと訂正をし、彼もその後二度と間違えることはなかったが。

ともかく、とても嬉しい。いい気分だ。

駐車場に出ると、花壇に植わっていたチューリップの芽が、根元から2センチくらい残して多数食いちぎられている。歯型もしっかりついていた。

オートルートに乗り、途中のサービスエリアでガソリンを満タン（リッター1 2・1 7 6キロ。きのうと同じ店なのにきょうは、店員が違うせいか、フランのトラベラーズチェックが使えなかった。それに値段もきのうより安くなっており、リッターあたり7・2 9フランである）にしたあと、レンタカーをHertzの駐車場に入れる。

返却専門の事務所では中年女性がひとりで仕事をしている。制服だろうか、作業ズボンを履いている。お洒落な出で立ちではない。次から次へと客が来て忙しそうだ。

私がアメリカでいつもするように、車を先に返却された車のうしろにつけて停めたあと、キーを付けたまま事務所に行くと、「ここは危険だから鍵をつけたままにしてはいけない」と英語で叱られてしまった。

レンタカー置き場の中にまで入って車を盗むやからがいるというわけだが、言われてみれば当然で、ここは彼女1人で切り盛りしているのだから、目を盗んでキーの付いた車を乗り逃げするのはいともたやすいことだ。

前の客が5分くらい待たされたのに付き合ったあと、われわれの手続きに2、3分かかった。1・1リッターエンジンのプジョー2 0 6でわれわれが走行した距離は5 7 8 7キロ。トータルの燃費はリッターあたり1 3・3 8キロであった。カーグラフィックによる2 0 6の1・6リッター5段マニュアル版の燃費がリッター1 2・2キロ、1・4リッター4段AT版がリッター1 0・5キロである。小さな排気量エンジンをガンガン目一杯回して飛ばした割にはよい燃費ではないかと思う。

3月3日からきょう3月12日まで10日間で料金は2570・17フラン（4万1千円くらい）。一日あたり、4千円ちょい。税金、保険料込みだが、もうちょっと安くてもいいのではないかという値段だ。

駐車場および到着ロビーはグランドフロアー（日本でいう一階）にあり、出発ロビーはファーストフロアー（日本での二階）にある。だが、出発ロビーにあがってみてもエアーフランスのコーナーしかない。係員に聞くと、ここはターミナル1であり、ブリティッシュ・エアウエイズはターミナル2にあると言う。ターミナル2にはバスかタクシーで行けと言う。時間は出発まで1時間ちょっとというところだ。

建物の外に出て無料バスに乗る。10分は乗っただろう。第1ターミナルだけを見て小さいと思っていたシャルル・ドゴール空港が、実は大きいことがわかった。カウンターには3、4人の行列があるだけでチェックイン完了。

まもなく機に乗り込む。だが離陸しない。クルーがどうのこうのと何か理由を言っているが私の英語力ではよく聞き取れない。遅れる放送の直後、多くの客がケイタイを取り出し、連絡を取っていた。まるで信号機故障発生直後の山手線の車内である。1時間15分待たされたあと、ようやく離陸。乗客はみな忍耐強かった。なお、今回の座席はレザーシートではない。やはり、ニースへ行く便は特別扱いなのだろうか。

フランスは空から見ても田園が美しいと思っていると、厚い雲の上に出てしまった。

やがて30分くらいでイングランド上空にさしかかる。雲の切れ間に見えてくる景色は、若干黒っぽい感じがするが、フランスとよく似ている。というより続きみたいなものだと思われた。

イングランド再上陸

離陸後1時間弱でヒースローに着陸。時差があり、フランスより1時間遅れの午後12時ちょっとすぎである。

さっそく空港内のAvisに行って手続きをする。日本で予約したところでは、同じ1・1リッタークラスがイギリスではHertzよりも、ナンバー2のこちらの方が安かった。

受付嬢がフィアットかヴォクスホールのどちらかから選べと言う。フィアットの方は彼女がフィアットのあと何と発音したのかよくわからなかったが、ヴォクスホールの方はコルサという、以前、日本にあったトヨタの車種と同じ名前なので聞き取れた。

受付嬢が見せてくれたパンフレットを見ると、希望のクラスにフィアットの小型車とコルサと思われる車の写真が載っている。せっかくイギリスにいるのだからと思い、日本ではなつかしいものになってしまった、英国メーカーのヴォクスホールにする。

だが、あとでガソリンを入れるとき蓋を開けると、キャップにＧＭという文字があった。帰国後確認したところではＧＭ傘下のオペルが造る、ヴィータのＯＥＭ版である。つまりオペルの日本のディーラー、ヤナセが扱っているヴィータと、実質的に同じ車である。ただ、われわれの借りた排気量１１００ｃｃはヤナセでは取り扱っていない。ともかく、ヴォクスホールというのは実質としては名前だけの存在になっているわけだ。いやもしかすると、ヴォクスホールというのは昔からそういう存在だったのだろうか……。そう言えば、フィアットも最近ＧＭの傘下に入ったのだった。だから、ヴォクスホールと並んでフィアットがＧＭ系のレンタカー会社**Avis**の選択肢にあったのもムべなるかなだ。

駐車場で待っていたのは茶色いコルサである。同じクラスとは言え、プジョー２０６のあとでは重厚に見える。乗り込んでみても落ち着いた雰囲気で、やはり重厚だ。

走り出しても重厚である。モーターウエイに入ってアクセル全開にしても、最高速は９５マイル（１５２キロ）だ。ただ、時速１００キロを越えるとフラフラする。高速運転で怖いと感じる車は久しぶりだ。横風が強かったせいかもしれないが、ヨーロッパでは１００キロを超えて走るのは日常である。横風が強かろうと、雪が降ろうと１００キロ以上を気持ちよく走れないようでは失格ではないか。

イングランド滞在は実質きょうとあしただけで、あさっては朝早く飛行機に乗る。女房に「どこに行きたいんだ?」と聞くと、「どこでもいい」と言う。要はスコットランドのセーターとタータンチェックのスカートを買い、フィッシュ&チップスを食べ、土産に紅茶が買えればよいと言う。時間があれば、アフターヌーンティーでスコーンにバター、ジャム、サワークリームを塗りたくって食べてみたいと言う。ただし、ホテルやレストランでは嫌だという。ウエイターに気を使うことになるし、チップも必要になるからだ。

じゃ、まあSangatteの対岸にあたるドーバー海峡の町、ドーバーにでも行ってみるかとモーターウエイ25号線に乗って東に向かう。

M25はアウトバーンと同じく片側3車線。それがドーバーの直前まで続いていた。つまり田園地帯でも3車線のままという点でドイツとまったく同じである。直進性にやや不安を抱きつつも130キロで走る。前に述べたようにイギリス人の運転はジェントルだから、この程度の速度でもときたま追越し車線を使うことがある。

イングランドの風景は飛行機から見たときはフランスと同じように見えたが、モーターウエイから見た田園風景はオートルート周囲のフランスの美しく整った田園と比べると、まるで荒れた庭である。

Sangatte のところでも触れた、田園地帯を背景にしたアニメ映画はイギリスの作品だった。その映画を見たり、何かの本でイギリスの田園は美しいとあるのを読んだりして、私はイギリスの田園にある種の思い入れを持つようになっていた。

その後、あるときスコットランド人の友人に「イングランドの田園風景って美しいと聞いたことがあるけど、本当のところどうなんだ?」と聞くと、一言「パラダイス!」と答えた。スコットランド人にとってイングランドは決して愛すべき国ではない。なのに手放しで、しかも夢見るような表情で「パラダイス!」と言うのを聞いて私は強い印象を受けた。そんな風景なら是非見てみたいと思ったものだ。

だが、このモーターウエイから見る光景は私の期待を見事に裏切るものである。彼はフランスの田園地帯を見たことがなかったのだろうか。世界各地を旅行してきた男なのだが……。パリでも流浪したことがあると言っていた。

まあ、たまたまこのモーターウエイから見る景色がパッとしないだけで、美しいところは他にたくさんあるのだろう。

車窓から見るイングランドの田園は緑が濃く、黒っぽい。薄汚れているようにさえ見える。草も伸びがよいというか、伸び放題というか、そういう状態だ。樹木も同じような印象。フランスの田園が櫛で梳かした髪だとすれば、こちらはぼさぼさ頭だ。

見とれることもなく淡々と東に向かう。機内食のサンドイッチを運転しながら食べて昼食を済ませる。１８０キロの距離を1時間半くらいでドーバーに着く。

ギヤトラブル

高速を降りたところに展望台を示す標識があった。運がよければフランスが見えるかもしれない。標識にしたがって丘を上っていく。1分くらい登っただけで展望台に着いてしまった。

天気は悪くないが、水平線のかなたはモヤッており、残念ながら対岸は見えない。海以外は、ふもとにフェリー乗り場が見えるだけである。

とりあえず宿探しだと思い、車3台分のスペースしかない狭い駐車場から車をバックさせ、車道に戻そうとした。

そのときである。

「バックギアが入らん！」

シフトノブにリバースギアが明記されているのだが、その方向にシフトしようとしてもリバースポジションに入れることができない。ノブを必死に下方に押しつけたり、持ち上げたり、目一杯左に押しつけたりしたのだが、半クラッチにすると前進を始めようとする。

「何だ、このギヤボックスは！　壊れてんのか？　でも、他のギヤにはちゃんと入るんだから、そんなことはないだろう」

一昔前の英国車についての評判が思い出される。製造時に工員がリバース用のシフトゲートをあけるのを怠ったのかも知れない。イギリスの工場で造った車ならその恐れはありだな、などと思って不安になった。

まだ走行距離5000キロちょいの新車だ。私がこの欠陥車の二人目の犠牲者なのかもしれない。最初の運転手はバックをしなかったとしたら私が最初の犠牲者になる。さいわい駐車場は車道に向かって下っていたので、ニュートラルで自然に後ろに進むにまかせてバック。鼻先を下りに向けて下界に降りて行く。


海岸沿いの通りに出てすぐのところに、Hertz のオフィスがある。その隣にはNationalレンタカーのオフィスもある。だがAvis はない。しかしこの町外れからもう少し中に入ればあるはずだ。なぜなら空港でもらった地図にドーバーにオフィスがあると書いてあるからだ。ギヤボックスのことを聞かねば。

通りをそのまま進む。対岸のカレーよりこちらの方が豊かそうだ。家やオフィス、店舗などがきちんとメンテナンスされている。1軒ずつの間口も広い。

だが、Avisのオフィスは出てきてくれない。海岸通りをまっすぐ行くとやがてフェリー乗り場となり、町外れという様子になってしまった。Uターンをし、Hertzのオフィスに行くことにする。他社の車のことでも教えてくれるだろう。だが、ドアまで行ってみると、Hertzもその隣のNationalも休みである。今日は日曜だが、そのせいだろうか。そう言えば、イタリアのモデナでも日曜でスーパーが閉まっていて、寂しい思いをしたものだ。この分で行くと、Avisも同様のはずだ。

「しょうがない。バックギアなしで過ごすか」だが、これではフランスで何度かしたことがやれない。つまり、高速道路の出口あるいは分岐点での強引なバックができないではないか。イングランドでも分岐点を間違えてバックが必要になるかもしれない。やはりバックギアがほしい。

女にやられる

海岸沿いの道から離れて町中に入ってみると、シェルのガソリンスタンドが見えてきた。ガススタンドなら、この車のバックギアの入れ方を知っている店員がいるかもしれない。あるいは同じ車に乗った客が来るかもしれない。

あいにくオフィスのカウンターにいる店員は老婆二人だった。これではメカ的な知識は期待できない。

私の車のすぐ目の前で、ローバー・ミニの30代前半らしき男性がスタンドから出ようとしている。地元のドライバーならバックギアの入れ方がわかるだろう。もちろん、同じ車が見つかればその方がいいのだが、探しているひまが惜しい。

近づく私に彼は何事かという顔をしたが、窓を開けてくれた。事情を話すと、わかったという顔をし、ミニから降り、コルサの運転席に座ってくれた。私は一瞬彼がこの車をうっかり操作し損なって暴走させたらどうしよう、保険の適用外だと思ったが、見ていると、きちんとハンドブレーキをかけて、ギアをリバースと思われるところに入れ、クラッチを徐々に放そうとしている。

しかしその彼が何度やっても、コルサは前進しようとする。"Strange"と運転席に座ったまま彼は言う。その声とともにワキガの強烈なにおいが立ち昇ってきた。体臭に接したのは今回の旅では初めてだ。

車から降りると、「オフィスにいる店員なら解決できるだろうから行ってくる」と言う。「オフィスにはバアサンしかいないじゃないか」と私が言うと、「大丈夫」という返事。

バアサンの一人が出てきた。私にもう一度座ってやってみろと言う。同じことだと思いながらも、もしかしたらと思ってアタックしてみる。助手席側で見下ろしているバアサンにはっきり見えるようゆっくりとシフトノブをリバースと書いてある方向に押す。

だが、やはりだめだ。前進しようとする。バアサンは知り合いのメカに電話してくれると言う。私は、それならAvisの緊急電話ならタダでかけられるからと契約書の封筒を渡した。

電話が済んで戻ってきた彼女は、ノブを持ち上げればバックギアに入ると言っていたと言う。「そんなこと自分でもう何度もやってみたよ。ったく」と思いながらも、一応電話をしてくれたバアサンの顔を立て、目の前でゆっくりシフトノブを5本の指でつまみ、それをひっぱりあげたままリバース方向に入れてみる。ギアを半クラッチにする。やっぱり前に行こうとする。

バアサンは何かぶつくさ言いながらオフィスに戻って行った。私もついて行く。彼女はオフィスのそばに停まっているタクシーに目をやった。ロンドンタクシーではない。車種は確認しなかったが、ルノー406あたりではなかったかと思う。

最初運転手が見つからないという様子で何か言っていたが、ガソリンを入れている客に「運転手は運転席に座っているよ」と言われ、ドライバー席の若い女性が運転手であることを認めた。「おや、女の運転手だったのかい」。イギリスでも女性運転手はまだ珍しいのだろうか。

老婆から事情を聞くと、運転手嬢はタクシーから降り、やや離れたところにある私の車のところまで無言でやってきて、乗り込んだ。

最初、私とワキガ君が試したことを同じようにやっている。それでうまく行かないとわかると、何か別のことをしたようだ。片手でハンドブレーキを持ち上げたままクラッチをゆっくり放すと……、車はそっとバックしようとするではないか。うーん、車のことで女にしてやられるとは……。

ノブの裏に隠れているワッカを2本の指で持ち上げれば、リバースポジションに入ると彼女は教えてくれた。そして長い栗色の髪をなびかせてさっそうと車から降りた。

私は彼女にまず礼を言い、次にまだ一緒にいるワキガ君、およびおばあちゃんにも礼を言った。

女房と共に車に乗り込むと、女房の奴は「鼻で笑っちゃおうかな」と言う。私としては女房の顔を見ずに「あんなやり方のギアシフトは生まれて初めて見たよ」と言うしかない。

バックをしてセルフサービスのガソリンを満タンになるまで入れた。車の速度計および走行距離はマイル表示だが、ガソリンスタンドの目盛りはリッター表示である。

エンジンをかけてみると、燃料計は満タンになっていない。入れ方が甘かったようだ。したがってここでは燃費計測はしない。支払いはもちろんクレジットカードである。リッターあたり79・92ペンス（140円くらい）。ガソリンスタンドから車を出し、宿探しに行く。

ドーバーに泊まる

ガソリンスタンドのちょっとさきに、ひとり1泊36ポンド（約6200円）からという表示の出ているホテルを見つけた。あたりにはそれ以外にもホテルがあったが、値段が出ているのはそこだけだ。ホテルと言っても、外見はイギリスでよく見かけるタウンハウスである。それをホテルに改築しただけのようだ。2階建てで連棟形式でくっついている隣も宿になっている。

夕方4時、まだ客が来る時間帯だろうに、入り口には鍵がかかっている。なんか一般家庭みたいだ。

呼び鈴を押すと、初老の男性が出てきた。二人一部屋で泊まると幾らかと聞いてみる。1泊40ポンド（約6900円）（外観的にはカレーの宿と同じような安宿という感じなので、あとで考えてみれば高いと思ったが、この旅行の初日にイギリスは物価が高いという印象を受けていたので、その場では特に高いとは思わなかった）。

このホテルの経営者はインド系と思われる人物である。アングロサクソンでないことは皮膚の色、顔つきから明らかだ。インド人特有のきつい目つきをしている。

アメリカのモーテルに入ると、受付にいるのがインド人であることが非常に多い。フロントに入ると、カレーの臭いがすることも多い。CNNでもアメリカのモーテル経営の50％以上がインド系移民によるものだと報道していた。イングランド風の外観を忘れればアメリカのモーテルでチェックインしているかのような錯覚に陥る。ただし、カレーの臭いはしない。

現実に戻り、部屋を見せてもらえないかと言うと、喜んで案内してくれる。2階には2部屋しかない。その内の1つはバスタブがない。代わりに、畳半畳ほどの狭いシャワールームがある。最初は白かったと思われる床のタイルが茶色く変色している。シャワー室のカーテンは薄汚れた薄青色だ。清潔感のない部屋という印象。アメリカの安モーテルでもっと汚いシャワールームが付いている部屋に泊まったことがあるが、今は他の部屋も見られるのでそちらに期待をつなぐ。

2階のもう1部屋はバスつきである。そして小さなエキストラベッドが用意され、そのシーツを洗う分値段が高くなると言う。

1階の部屋も2つ。だから、客室が合計4部屋しかない宿だ。1階で見せてもらった部屋の片方はバスタブなし。もうひと部屋は2階の広い方の部屋ほどではないが、十分に広い。50平米近くあるようだ。そしてバスタブもついている。

この宿は、年数が経っているせいか、全般的にあまり清潔とは言いかねるが、まあいい。この値段ならこんなものなんだろう。王冠マーク2つ、つまり2つ星ホテルだ。1階のバスタブ付きの部屋に泊まることにする。

親父さんは現金でなくカードで支払いをするなら、5％の手数料がかかるが、と言う。ポンドの現金をここで使うと、スーパーやファーストフード店などで困るだろうと思い、割高ではあるがカードで払う。二昔前、日本のトイレ共同の安アパートで使われていたような鍵を受け取る。

部屋に荷物を入れる。よく見れば可愛い部屋だ。まるでリカちゃん人形の部屋のようである。壁紙がおしゃれだし、壁にはかつて暖炉があった痕跡がある。可愛い椅子も3脚置いてある。バスルーム脇の通路の奥にある窓からは、このホテルの芝生の庭が見える。その庭で7、8歳の女の子が二人縄跳びをしている。皮膚の色は宿のオーナーと同じだ。シーツなどの洗濯物が翻っている。家庭的雰囲気たっぷりだ。向こうの住宅の裏側も見える。だが……、ここは実は呪われた部屋であった。

ホワイト・クリフ

まだ夕方4時半くらいだ。日没まで時間がある。近所をドライブしてみよう。海岸通りに出ると、White Cliff という標識が見えた。その名に引きつけられ、進んで行くと、町が終わり、道がのぼりになる。

のぼり切ると、そこは田園地帯だ。一面菜の花畑になっている。ここは、モーターウエイから見たイングランドと違って美しい。フランスの Sangatte にひけをとらないほどだ。

はるか右の方に白い灯台が見える。あそこに海岸があるのだろう、だから白い崖も見えるに違いないと判断し、脇道に右折して行く。右折する前の道も片側1車線だった。だが、交通量が多く、速度も速かった。この脇道はすいている。というより走っているのはわれわれの車だけだ。われわれ以外の人間と言えば、ワゴン車を菜の花畑の脇に停め、テールゲートを開けて椅子を出し、くつろごうとしている子供連れの家族を見ただけだ。すぐそばに緑が迫り、お伽の国のような光景になる。Sangatte と比べると、幻想的な風景という点では若干劣るが、気持ちのよい田園ドライブが楽しめる。

だが、わずか5分程度で突き当たりになってしまった。海岸方面の右方向に曲がって行く。ブッシュが並木代わりに茂っている道沿いに豊かそうではないが、ゆったりとした敷地の住宅が並んでいる。道路は幅員4メートルほどだ。

その先は小洒落たレストランなどからなる小規模な商店街だ。それを過ぎると行き止まりになる。左に行く道があり、その先を見ると料金所がある。白い岸壁が、有料の観光コースになっているようだ。駐車場代になるのだろうか、車1台1・5ポンド（260円くらい）を払って入場し、ほぼ満車の駐車場に車を停める。

駐車場は崖っぷちにある。となりの車には親子4人が座席に腰掛けて、のんびりと夕方の海を見下ろしている。

われわれは車から降り、野道を歩き始める。晴れている。寒くもなく暑くもない。風も吹いていない。草の匂いがする。ブッシュに囲まれた中を進むと、やがて視界が開け、前方に絶壁と海という光景が広がった。

エトルタで見たのと同じ色の崖が切り立っていて、崖の上は緑の牧草になっている。見事な光景だ。ただ、ホワイトクリフという名前からして真っ白な崖をイメージしていたが、実際にはホワイトでなく、象牙色である。身近な例で言えば、豆腐の色を少し黄色っぽくした感じだ。

左手に目をやると、緑の大地がゆったりと起伏しながらどこまでも伸びている。海と崖と緑の田園しか見えない。フェリー乗り場やドーバーの町、あるいは村など人の営みの場はまったく見えず、俗世間を超越した光景である。だが、**Sangatte** を見たあとではやはり特に深い感慨を起こさせてくれるものではない。


道はこの先ずっと続いているようだが、時間が遅いので引き返す。

駐車場の手前で道が絶壁ぎりぎりのところにかかっている。そこから下を覗きこむと、100メートルくらい下にフェリー乗り場と駐車場が見える。足がすくむ、とよく言われるが、私の場合、股がくすぐったくなる。防護柵はない。自然のままだ。

下を見ていると、ある衝動がなぜか猛烈に湧き上がってくる。このままここから飛び込んでしまいたいという衝動だ。

「ここからからだを落とせば、死ねるぞ。簡単だろ。どうだ死んでみないか?」という悪魔の囁きが聞こえてくる。「死ねば自分をなくすことができる、魂などない、そんなものは幻想に過ぎない、さっさと死んでセイセイしろ、サッと一歩ここから踏み出せばいいのだ。それでこの辛い世の中ともおさらばできる。簡単ではないか。ほい、ちょっとやってみろ。そうそう。あともうちょっとからだを傾けて！」という内なる声が執拗に語りかけてくる。それに呼応し、確かにそうだ、柵も何もないこの崖っ淵からヒョイと飛び降りさえすればブッダの言った四苦八苦に満ちたこの世とおさらばできる、早く無に帰して楽になりたいという欲求が強烈に湧いてくる。中央線のホームなどではそのような強い誘惑は湧きあがって来ないが、ここからはものすごい力を感じる。

飛び込みたいという衝動を必死に押さえて駐車場に向かう。この下界を見下ろす崖っぷちは1・5ポンドの価値十分のスリルを味わわせてくれた。

疑問47「このドーバーのホワイト・クリフから、年何人くらいが飛び降りるのか？」

ドーバーの夜

ドーバー城にも行ってみたが、時間のせいか、あるいは日曜日のせいか城門が閉まっている。フランスの城はベルサイユに代表されるように観光用に開放されているが、ここイングランドのドーバー城はどうなのだろうか。この城の歴史はまったく知らないが、大陸に最も近いこの土地に立つ以上、非常に重要な存在だったことは間違いない。せめて写真だけでも撮っておく。

もう夕食の時間だ。町に戻り、商店街に行ってみよう。

商店街に入ると中華料理店が目に付く。「やけに」という副詞を使いたくなるくらい目立つ。かと言って中華街というほどではない。地元の商店街の中に散在している。イングランドではアメリカと同様中華料理店が多いのだろうか。アングロサクソンというのは大西洋を挟んで隔てられていても、中華が好きなのは変わらないのか。

ヒースロー空港に最初に着いたときに泊まったホテルの前にも2軒あった。ドーバーではわれわれが車で通った2つの通り沿いに、都合5軒もある。ある調査によると、イギリスには中国人が毎月600人以上不法入国すると言う。その中国人のほとんどはトラックのトレーラーに隠れてフランスのカレーからこのドーバー港に上陸し、闇へと消えて行くのである。そんな中国人がこれらの店で働いているのだろうか。あるいは不法入国して労働している中国人を相手にしている中華料理店なのだろうか。

疑問48「なぜイングランド、特にドーバーには中華料理店が多いのか?」

ともあれ、夕食は中華をひとつの候補にしておこう。1軒ずつ立ち寄ってメニューをもらうことにする。アメリカの中華店ではメニューが必ず1枚の紙に印刷されていて、持ち出しができる。イギリスでもそうだろうと思って入ると、ちゃんとアメリカのと同じ形式のメニューが用意されている。値段はロンドンと同じ、アメリカと比べると、大分高い。

この町でマクドナルドは見かけなかったが、ケンタッキーフライドチキンはあった。インド人が経営するのだろうか、タンドリーチキン専門の店もある。ビデオバスター、コンビニ、フィッシュアンドチップス店（残念ながら、閉まっている）もある。洋服屋、自転車屋もある。私は気づかなかったが、公民館風の建物のマナー教室まであったと女房は言う。

町の照明は暗い。日本と比べると、陰気だが、店の数が多いのが救いだ。ただ、それらの店もクローズドのプレートが出ているものが多い。やはり日曜だからであろうか。さきほど、ホテルに行く前にスーパーを見かけていたので、とりあえず行くことにする。

商店街の裏、住宅街の並びにあるスーパーの敷地に車を入れると、閑散としている。広大な駐車スペースに車が1台も停まっていないし、人影もない。閉店しているのだ。

女房が駐車場の入り口にかかっていた看板を見て、日曜は閉店時間が午後4時と表示されていると言う。先ほど見たときには賑わっていたが、それはもちろん4時前のことだった。何となく損した気分になった。昨日の夜以来まともな食事にありついていないので、スーパーが営業しているのを発見したときには、きょうはいろいろ食べ物を買えると思って楽しみにしていたのだが。

キリスト教圏であるヨーロッパの日曜は安息日だから、店舗も休むことになるのだろう。ヨーロッパでは基本的に日曜日には買い物ができないと思っておく方がよい。

商店街に戻り、まずは営業中のコンビニで買い物をする。SPARという日本にもあるチェーン店だ。このチェーン店はイングランドでも日曜に全店営業しているのだろうか？　それともたまたまこのドーバーの店が開いているだけなのだろうか？

レジにはインドかパキスタンあたり出身と思われる人が番をしている。われわれが買ったのはりんご、キャドバリーのチョコレート、ヨーグルト、コーラ、牛乳、トマトジュース。レジには絶え間なく客がいる。

女房がレジで清算している間、私はヒマ潰しにすぐ近くで営業しているタンドリーチキンの店に行ってみた。ウインドウにはBANK HOLIDAYでも営業すると書いてある。土日はやっていない商店が多いということだ。店内は明るい照明に照らされているが、客はいない。店員も奥に引っ込んでいるのだろう、姿が見えない。

買い物は3・61ポンド（620円くらい）、キャッシュで清算。

夕食は中華にしよう。さきほど各店からもらっておいたメニューを歩道で開いて見比べる。だが、どれも同じようなものだ。店内のにおいが一番よかった店にする。コンビニの斜め前だ。

においと言えば、町に食べ物のにおいがしない。ドーバーは閉まっている店が多いから当然かもしれないが、営業中のタンドリーチキン店もなんのにおいも出していない。そう言えば、ヨーロッパ大陸でも食べ物のにおいはしてこなかった。
日本なら、うなぎの蒲焼のにおい、焼き鳥のにおい、ラーメンを茹でるにおい、チャーハンのにおい、天婦羅屋のにおいなど食欲をそそるいいにおいがして来るが、ここヨーロッパではそういうにおいを出している店に出くわしたことがない。欲望をそそるようなものを出してはいけないのだろうか。店内に入って初めてそのにおいに接するわけだ。だが、料理をすればにおいは出るのに、そのにおいを外に出ないようにするのはどうやっているのだろうか？　まさか換気扇ににおいをとる装置が設けられているわけでもなかろう。

疑問49「ヨーロッパの食べ物屋はどのようにしてにおいが出ないようにしているのか？」

前にも書いたが、街を歩いていて音楽が聞こえてくることもない。日本の商店街でよくやっているような、マイクを通して音楽を流すということもしないのではないか。日本と違って、西欧では町ににおいも音も出さないようにしているのだろうか。そう言えば、食事も音を出さないようにする土地柄だ。大気汚染だけでなく、騒音汚染、臭気汚染などさまざまな汚染に対して、われわれ日本人とは違う種類の敏感さを彼らは持っているようだ。

薄暗いが、なかなかムーディな店内で中国系の女性店員に牛肉焼きそば、卵炒飯、酸っぱく辛いスープを1人前ずつ注文する。7・35ポンド（1250円くらい）だ。安くはない。現金で前払いする。中華はできたてがうまいから、店内で食べようと思っていたのだが、持ち帰りよりもなぜか高いので、包んでもらうことにした。

タブロイド紙が何部も置いてある。出来上がるのを待つ間、開いて眺めてみたが、面白そうな記事はない。ヌード写真でもあるかなと思ったが、それもない。

出来上がった料理を持ち車で1分もかからない距離の宿に戻り、可愛い椅子に腰掛けて食べてみる。

焼きそばは、狂牛病の懸念を抱きつつ食べたが、牛がうまく調理されている。ケルンで食べたのと同様に肉がうまくコーティングされ、うまみが逃げていない。アメリカの焼きそばよりうまい。チャーハンはアメリカの勝ち。パリのよりはましだが、ライスに米と油の香りがない。スープはまずくはないが、酸味が強すぎてきつい味である。

アメリカの中華料理店には必ずあるエッグドロップ・スープがどの店のメニューにも載っていなかった（ドイツ、フランスでも見かけなかった）のは残念である。全体として、フランスで食べた中華料理よりは、はるかにうまく満足であった。

洗濯をし、温まっているオイルヒーターにほし、風呂に入って寝る。時間は9時である。きょうの走行距離は142キロだった。

ところが、である。

夜中の何時かわからないが、玄関の呼び鈴が鳴るのが聞こえてくる。しつこく何回も鳴らしている。「この馬鹿野郎、今何時だと思ってるんだ！（私は何時か知らないのだが）ここは騒音公害に敏感な土地ではなかったのか！」と目をつぶったまま怒っていると、ようやく親父さんが応対に出る声がした。交渉しているのが聞こえる。やがて階段を上がる足音。そしてシャワーを浴びる音。夕方見たシャワーオンリーの部屋からだ。再びウトウトし始める。

ぽたっ、ぽたっ、ぽたっ。水漏れらしき音が聞こえる。やがて女房が起きて音を確かめに行く。そして「ヒェー」という押さえた叫び声があがる。ネズミでも出たなら大きな叫び声になるだろうが、水漏れならその程度だろうなと納得できるボリュームだ。

あいにく部屋の隅においてあったわれわれのボストンバッグに、水滴が落下していた。バッグの中はそれほど濡れずに済んだが、バッグはかなり濡れた。だが、においはしないと女房は言う。トイレの汚水ではないようだ。だが、天井板などで少しは濾されているとは言え、シャワーの汚水かと思うと不快である。タオルで拭き終えて女房がベッドに戻ってきた。水漏れの音も消え、やがて再び眠りに落ちる。

【14】気取りのない英国　3月13日（月）

イングランドを走る

安宿はこれだから、と思いながら起床。7時だ。私は気がつかなかったが、眠りが浅い女房によると、朝再び水漏れがしたとのこと。荷物は他の場所に移動してあったから問題なかったが、2階でシャワーを浴びた客が朝早くの出発を詫びるようなことを主人に言って出かけるのが聞こえたそうだ。そうした動きが手に取るようにわかったと言う。

この宿（イギリスの普通の住宅と言ってもいいかと思うが）の遮音性は日本の木造住宅と同じレベルのようだ。いや、シャワーの水滴の音までリアルに聞こえたということは日本以下か。幸い階上で用を足す音は聞こえなかったとのこと。夕べ泊まったのはその客とわれわれだけだったようだ。

オプションの朝食はチェックインのときに断ってある。きのうのホリディインのビュッフェから持ってきたフランスパン1個と機内食のサンドイッチ1個、そしてきのうの夜コンビニで買ったトマトジュース、りんご、そして牛乳で朝食にする。最後にココナッツとドライフルーツの入ったチョコレートを食べてみる。このチョコレートはミルクの甘味があり、濃厚なコクを持っている。うまい。ヨーロッパ大陸のカカオの量が多いチョコレートから見れば、イギリスのは異端だというイギリスBBCのニュースを見たことがあるが、うまいことは確かだ。

ちなみに、われわれが買った牛乳は日頃見なれている紙パックではない。ガラスでもなく、ペットボトルでもない。日本で言うと、サラダ油を入れて売っているのと同じ半透明のボトルに入っている。そしてプルアップ式に開けるようになっている。日本でもたまにプルアップ式で開ける缶飲料があるが、あれと同じやり方で開けるのだ。

たかが牛乳容器であるが、国によって随分違うものだ。イタリアとフランスで買ったのは、紙パックにつまむ部分が付いた形式であった。要するに、日本とまったく同じものだった。ドイツは英国と同様の半透明の容器であるが、飲み口にはカルピスのような、白いキャップが付いていた。ドイツには少数派だが四角い紙パックもあった。巨人の国ドイツで意外なことに1本あたりの容量は少なかった。そして環境保護の国なのに小容量の容れ物である。これではゴミが沢山出るではないか。米国のような巨大容器は使ってなかった。ドイツ人はアメリカ人ほどは牛乳を飲まないのか？　イギリスはアメリカサイズもあれば、われわれが買ったような小サイズもある。フランスとイタリアは日本と同じで、1リットルが多く、小サイズは少ない。


上階からの水漏れや騒音でよく眠れなかったと言っても、ではお詫びに宿泊料を一部お返ししましょうと言ってくれるわけでもなかろうし、よく眠れなかったということをむっつりとした表情で無言の内に訴えるのもバカバカしい。

如何にもよく寝たふりをして宿の主人にあいさつをし、チェックアウト。

親父さんもわれわれが起こされたに違いないこと、水漏れがあったに違いないことがわかっているのだろう、よく寝たかとは聞かなかった。この手の民宿風の宿では朝の挨拶として「よく寝たか？」と聞くものだが。その代わり、玄関の外で明るく日が差しているのを指して、「今日はいい天気だよ。エンジョイ」と言った。イングランドの天気が変わりやすいことはよく知っているはずだが。

駐車場から車を出す。どこに行くかなと思ったが、イングランドのこの近辺で見るものと言えばオックスブリッジくらいしか思い浮かばない。女房も特に行きたいというところはないと言う。シェークスピアの生家を見たらどうかと懇意にしている旅行代理店の女社長が言っていたが、特に興味もわかない。ストーンヘンジは見てみたいが、如何せんここドーバーからは遠すぎる。

ドーバーに近いケンブリッジにまず向かう。一般道で行けば距離的には近いのだが、ドイツで苦労したのが身にしみていたので、距離的には遠回りでも無料のモーターウエイで行くことにする。まずM3でロンドン方向に向かう。そして環状線に入り、その後M11に乗る。M3から見える景色も、環状線から見える景色も、M11から見える景色も、きのうのM25およびM20と同じだ。どこまで行っても同じ田園風景である。山などがまったくない。ただ、ドイツと違って真平らではない。絶えず起伏している。M11で40分くらい走っただろうか、ケンブリッジに到着。

標識にしたがって進むと、田園の中にまず川が見えてくる。これが「ケンブリッジ」という名前の元になったケム川か？　随分小さいな。川幅2メートルちょっとくらいか。小川だ。そこに架かる橋を渡る前後から、学生とおぼしき若者達が自転車や徒歩で大学方面に向かっている。ケム川の手前は住宅街である。橋を越えると、大学の建物らしきものが見えてくる。

校門があるわけではないから断定はできないが、若い人が出入りしている様子から大学の建物であろう。

12世紀以来の学問の伝統を持ち、エラスムスやニュートンが教授したという大学の、数多くの古めかしい建物を車の中からざっと見る。ゆっくりと停められるような駐車場が見つからない。路上駐車はできると思うが、わざわざ降りて見物したいと思うほどの建物はなかった。少なくとも、車道からは発見できなかった。ケンブリッジはこれくらいにして、更に歴史の古いオックスフォードに向かう。

今度は一般道で行ってみることにする。モーターウエイから見える単調な、そして灰色っぽい景色に飽きてしまったからだ。


一般道にはロータリーがあり、そこでは減速を強いられるが、それ以外はまわりが田園か林であり、歩道のない自動車専用らしき道なのでアクセル全開に近い状態で走れる。ただ、完全に全開というわけにはいかない。ヨーロッパ大陸と違い、この国には速度違反取締りの監視カメラがあるからだ。

自動車専用道とは言え、よく見ると個人の住宅が道路脇に立っているのが見えるときもある。そして裏口のような小さな出入り口が道路に面して設置されている。だが、そういう家も高い垣根で道路と隔てられているし、出入り口はきちんと閉められているので、人の飛び出し、特に子供の飛び出しはないだろう。とは言え、「だろう」と思うだけで、飛び出さないという保証はないので、気にはなる。

フランスの項でも書いたが、ヨーロッパのロータリーは、入る車がロータリーを走る車の通過を待つ場合と、入る車が優先でロータリーを走る車が停まる場合とがある。だが、それは前の車の動きを見ていればわかる。あるいはロータリーを走っている車の動きを見ればわかる。イングランドの田舎ではロータリーに車がいないことが多いので、私は進入も、右を見ながら、できるだけ速度を落とさずやり、ロータリーの真中のバリアーをぎりぎり掠めて通過するというスタイルで走った。だが、そのように走っても平均速度はロータリーがない場合よりはるかに遅くなる。予想より時間がかかりそうなので、オックスフォードでの昼食は諦める。

オックスフォードとケンブリッジのちょうど中間点あたりに大規模なスーパーがあった。フランスで寄ったスーパーと同様、田園地帯の中にあるという様子だ。ただ、こちらは建物も駐車場も広大だし、新しい。同じ田園の中でもフランスのスーパーUを囲む田園は緑が濃く、かつスーパー前の道路に鬱蒼とした街路樹があったので、なかなか趣があり、駐車場で昼食をとったときも気持ちよかった。だが、イングランドのスーパーはだだっ広い飛行場の中にあるような感じで、アメリカのスーパーと同様明るく開放的ではあるが、風情というものがまったくない。

中に入ると、惣菜とファーストフードはあったが、イギリスで食べたいと思っているフィッシュ&チップスはない。フィッシュ&チップスはどこか別のところで仕入れることにし、食後のデザートとしてダイエット・コーラとチョコレート、リンゴ、トマトを買い、土産用に小さな箱の紅茶を5個、買い物かごに入れた。

ここのスーパーには二つの特徴があった。ひとつはチョコレートコーナーが広くとられているということである。美味だからやはりよく売れるのだろう。そう言えばアメリカ人ほどではないが、イングランド人にも脂肪太りと思われる人が多いような気がする。チョコレートがひとつの原因になっているのだろうか。ドイツ人、フランス人、イタリア人はイギリス人と比べるとスリムで、脂肪は少なかった。それらの国ではチョコレート売り場がイギリスほど広くなかったし、チョコレートなどの甘い菓子、そしてポテトチップなどのスナック菓子の値段が比較的高かった。

疑問50「イギリス人はイタリア、ドイツ、フランスの各国人よりチョコレートやスナック菓子の消費が多いのか?」

もうひとつの特徴は野菜と果物の値段がレジで計算されるということである。前にも書いたように、イタリア、フランス、ドイツでは野菜、果物は購入者が売り場で計量し、バーコードを添付してレジへ持っていくという方式であった。しかしきのうも、コンビニではあったが、レジで計量してくれたから、イングランドは米国と同様レジで店員が計量して値づけをする方式を取っているのであろう。

そのレジで女房は待たされている。私は店内のベンチに座って遠めに見ているので、なぜ待たされているのかまではわからない。

やがて戻ってきた女房によると、前のおばあちゃんが原因だったようだ。おばあちゃんはうしろの女房から見ても厚みが分かるくらいたくさんのクーポンを出し、店員がそのクーポンを一枚ずつレジの機械に読ませ、割り引き対象になっているかどうか確認していたのだそうだ。そのおばあちゃんは目が悪く、クーポンの文字が読めないため、家にあるクーポンを全部持ってきたらしい。そのほとんどが対象外であったようだ。店員はクーポンをレーザーにあてて読ませてもほとんどが購入品に適用できないものだったせいか、ひどくイライラしているようだったと言う。

われわれの買い物合計額は7・7ポンド（1300円強）。VISAカードで払う。

買い物が終わったあと、私はトイレに行った。その間ベンチに座っていた女房はとなりに座った4歳位の女の子にクーポンをくれと要求されたと言う。1枚1ポンドのクーポンを自動販売機で購入し、20枚貼ると21ポンドの買い物ができると言う。女房はクーポンを持っていなかったが、その子は客に手当たり次第に声を掛けていたようだ。親がクーポン集めに熱心だったのだろうか。それとも、自分の菓子を1ポンド分買おうとしていたのだろうか。

フィッシュ&チップス

スーパーから車を出し、さきほどの一般道に戻る。

昼飯を食べさせてくれそうなところがないかと見まわしながら、走行する。ところどころに屋台が出ている。自動車道の臨時駐車ゾーンに、改造した車を停めて食べ物を売っているのだ。だが、売っているのはどれもホットドッグである。フィッシュ&チップスの看板は出ていない。

やがて道はバッキンガムという町に近づいた。少し前からロータリーが多くなっていたのがやや気に障っていた。われわれが走行している自動車道に交わる道路が多くなったということであるが、これは当然このあたりから人口が多くなっているということであろう。

ともかく1時半近くになっていたので、この町で昼食を取ることにする。次のロータリーで右折すれば町の中心に行くという標識が見えてきた。

ロータリーで町の方に曲がって行くと、木々に囲まれた住宅街がすぐに終わり、商店街になった。住宅街から高校生らしき男女がひとりまたひとりと街の中心方向に向かって歩いたり、自転車に乗ったりしているのが目に入る。今日はもう学校が終わったのだろうかと思いながら進むと、ある店の前に高校生らしき連中がたむろしている。学校帰りの学生が昼時に群がる場所と言えば、イングランドではフィッシュ&チップスに違いないと勝手に判断し、女房を客でごった返しているその店に行かせた。

私は駐車できる場所を探すことにする。町の広場みたいなところがあって、その一画が駐車スペースになっている。環境に配慮してエンジンを止め、5分くらい待っただろうか、やっと女房が帰ってきた。ニコニコして「目当てのものがあったよ」と言う。白い紙袋を開けると、タラを包んでいるコガネ色のころも、そしてマクドナルドで出されるようなフライドポテトが入っている。

まずフィッシュの方を食べる。サイズはコロッケをちょっとでかくしたくらいだが、うまい。魚は淡白そのもの。タラ（だと思うが）に塩味はつけられていない。タラ独特のにおいもほとんどまったくない。ただうまみだけがある。そしてタラを包むころもであるが、これが感動的である。ころもに吸われている油が重いのだ。重い、と言って語弊があるなら、しっかりとした油である。これがタラの超淡白な味わいと釣り合っている。重いけれどもしつこくない。下手な天麩羅を食べた場合のように、油っこくていやだなということがまったくない。油にうまみがある。女房も感心している。これは何の油と思うかと聞くと、イングランドの広大な畑で栽培されている菜の花から採る、菜種油で揚げているのではないかと言う（帰国後、日本で入手できる色々な油でフィッシュフライを作ってみたが、残念ながら同じ味にはならない。何の油なのだろう？　うまい油と言えば、もしかしたら、……ラード？）。

疑問51「イングランドのフィッシュ&チップスを揚げる油は何か?」

ともかくこんなうまい揚げ物は一度も食べたことがないと断言できる……、いや一度だけあった。

アフリカ南部の国ナミビアの、オカハンニャという都市で食べた揚げ物である。それもまたまたフィッシュ&チップスと揚げソーセージ&チップスだった。それは大変な美味で、われわれは通過点だったその街に帰りがけにもまたわざわざよってもう一度食べたほどである。中味の魚もよかったが、何よりもころもが絶品だった。今でもまだ営業しているかな?オカハンニャという都市で高速を降り、メインストリートを進めば昼時には人だかりしている店がある。そこである。数段の階段をあがって店内に入る。公園のとなりだ。小さな町だから、すぐわかる。みなその公園の芝生に腰を下ろして食べていた。ああ、またナミビアに食べに行きたい。あの大自然の国ナミビアでのフィッシュ&チップスは本当になつかしい。南アのワインのもととなるブドウから作られたのだろうか、ビネガーソースもまた絶品であった。

ここの揚げ物はそれにはかなわないものの、それに近いうまさを持っている。この店にもまた食べに来たいものだ。

つけ合わせのフライドポテトははっきり言ってつまらない味だ。ドイツのほどひどくはないが、とてもとても男爵やアイダホポテトの敵ではない。最後にコーラを飲んで締めくくる。満足し、自動車道に戻る。

われわれが車中で食べていた時間は10分にもならなかったが、通りすがりにフィッシュ&チップス店の中を見ると、もう客は誰もいない。女房によると、入ったときはおばさんが忙しそうに次から次へと揚げていたそうだ。客は高校生だけでなく、大人もたくさんいたとのこと。一番人気は小チップス+ソーセージの揚げ物だったようだ。やはり、肉食の人間だから魚よりは肉ということだろうか。

店内にはビネガーと塩があって、みなどちらかをかけて食べていたとのこと。女房が頼んだ大チップス+フィッシュはおばさんが包んでしまい、ビネガーも塩もかけられなかったと言う。持ち帰り用で頼んだから、調味料は自宅でかけるものと思われたのだろう。そのビネガーを味わわなかったのは少し悔やまれたが、油そのものがそれを忘れさせるほどのうまみを持っていた。ただ、ポテトの方は、そのビネガーか塩をかければうまかったのかもしれない。

値段はフィッシュ1個、フライドポテト大で2・5ポンド（約430円）。特に安いわけではない。

この町は決して大きくはないが、小綺麗である。女房はフィッシュ&チップス屋のとなりの肉屋にも、好奇心から入ってみたと言う。肉は客の求めに応じて切ってくれるらしく、すべてブロックのままケースに収まっていたとのこと。肉でも魚でも調理直前に必要量切った方がうまいのだから、正しい売り方であろう。

オックスフォード大学

バッキンガムから30分位ほどでオックスフォードに到着。途中、道路に「……エステート」(……部分は走る車から見たので、記憶できなかった。エステートはこの場合「地所」という意味であろうか)と書いてある看板がかかっていて、道路を挟んだ向かい側に大きな鉄格子のゲートとそのゲートを挟む背の高い生垣があった。生垣は長さとしては大したものではなかった。左右ともすぐとなりの敷地になっていた。この道路に面した出入り口が必要で、そのための用地だけ確保してあるという感じだった。奥の方には広大な敷地が広がっていたのかもしれない。ゲートからは建物の姿は見えなかった。貴族の田舎の本宅だろうか。

さて、オックスフォードだが、ケンブリッジ大学と同様、ここにも校門というものがない。そのまま大学の建物が立ち並ぶ一帯に入る形だ。道路を走っていて町に入るという感覚である。

まずは駐車しても違反切符を貼られそうにないところを探す。

数人で歩いている警官を見かけたので、歩道の脇に停めてみる。彼らの反応を見るためだ。まわりに車は停まっていない。案の定、ひとりの若い警官が声を掛けてくる。ここは駐車禁止だと言う。私に英語が通じるかどうか不安があったのか、声が少々震えているように聞こえた。私が英語で、「そうですか、どこか駐車できるところはありますか」と聞くと、この建物をまわって別の通りに行けば駐車場が見えると言う。先日のフランスの若い警官といい、このイングランドの若い警官といい、随分ジェントルだ。

その通りに言ってみると、やや寂しいところに、観光バスも停まっているような広い駐車場があった。ただ、ロープで仕切られているこの駐車場は有料のようだ。管理人のいるブースがある。有料というのが気に食わない。もとの賑やかなところに戻ろう。車が路駐している通りがあるだろうから、そこに短時間だけ停めることにしよう。

そう思って私は急ハンドルを切ってUターンをしかけた。すると、視界の右端に動く影が。その瞬間、急ブレーキ。もちろん、ターン前にミラーは見たが、死角に何かがいたわけだ。

影の正体は自転車に乗った若者である。オックスフォードの学生らしきその青年も急ブレーキを掛けていた。衝突はなかった。Uターンをやりかけたまま、片側1車線の舗装道路のセンターライン少し手前で、斜め前を向いて停まっている私の車の短いボンネットの前に彼は自転車に跨ったまま出てきて、私を睨みおろし始めた。

私はもちろん悪いことをしたと思っているから、運転席に座ったままではあったが左手をハンドルに乗せ、右手を軽く上げ、会釈をし、謝罪の表情を向けた。だが、彼はじっと私を睨んでいる。大学3、4年か、院生だろうと思われるその白く、暗い顔つきの奥にある大きな目は如何にも「この野郎。こんな奴のために怪我をさせられるところだったぜ。下手したらこのモンゴロイドに殺されていたぜ」とでもいうような険しい表情を浮かべている。年齢のせいかあまり迫力はない。私の方は、謝罪の気持ちを顔に出したあとは、「こいつ、オレに似てあまりいい性格をしてねーなー」と思いながら、観察していると、ようやく彼は去って行った。睨み時間は3秒くらいだったろうか。

こういうときアメリカ人あたりだと、大声で私に"You fool!" "You asshole!" "Sonofabitch!" "Goddamn!" "Fuck you!" などなど気が済むまでさんざん罵言を浴びせかけ、怒鳴りつけたあとはさっと去って行っただろうが、やはり土地柄か、彼はジェントルマンらしい態度をとったわけだ。

人出が多いエリアまで戻ることにする。途中建築現場があったが、ブロックを積んでいるだけである。フランスで見たのと同様鉄筋など入れていない。この建て方で何世紀ももってしまうとしたら、建築コストは恐ろしく安いことになる。これなら建築に大金をかけ、立派な建物を造る気にもなろうというものだ。日本では鉄筋も入れ、表面に美しくタイルを貼って豪奢な建物を造っても地震で崩壊したり、地震にあわずとも雨風に晒されている内に風化したり、弱ったりしてしまう。東京オリンピック以降に建てられたものでさえ寿命に近いものがあると言われている。

賑やかな通りの少し前に幸い路上駐車の列がある。あきスペースを見つけて停め、歩いて見物に行く。

ケンブリッジと比べると、観光地化している。観光バスがたくさん路上に停まっているし、学生、教授より観光客の方が多い。その観光客を相手にしていると思われる商店がたくさんある。大きなショッピングビルさえある。

ケンブリッジ同様古い建物が並んでいる。だが、ケンブリッジほどの重厚な建物は思っていたほど見当たらない。パリ近郊のタウンハウスを大きくしただけというような建築物もある。クリーム色の壁を持つ飾り気のない建物が左右から迫る、幅員2メートルちょいの狭い道路もある。その壁には小さなドアが道路に面して設置されている。研究一筋で外見などどうでもよいという感じの建物だ。

ある建物の1階には黒い木製ドアの食堂がある。メニューを記した小さな黒板が窓の下に掛かっている。ドアが開いているので営業中のようだ。レストランやパブという雰囲気ではなく定食屋という雰囲気である。優雅な食事ではなく、勉学に勤しむ学生が時間を惜しんで書物を読みながら食事をするといった風情である。値段も決して高くないであろう。

そんな大学の一画に何とスバルかスズキかの軽のバン（スバルならサンバー）が停車している。囚人服の色のような、色気のない青い色に塗装されたどこかの御用聞き用らしい車を見て、ドイツでも、日本製の軽ワンボックスカーをよく見かけたことを思い出した。イタリア人あたりならともかく、からだの大きなドイツ人、イングランド人がよく運転するなあと思ったものだ。その後モーターウエイで真っ赤なダイハツ・ムーヴも見かけたことを付記しておこう。スズキのワゴンRのことは以前オランダのところでも書いたが、イングランドでもよく見かけた。ワゴンRにはワイドボディバージョンもあるから、それがオランダで走っていた可能性もあるが、ダイハツ・ムーヴにワイドボディ版があるのだろうか？

疑問52「イギリス、オランダ、ドイツで見かけたワゴンRやダイハツ・ムーヴはワイドボディでなく軽規格のままか？」

もうひとつ、この国で目に付いたのが3輪車である。子供の乗るやつではなく、エンジン付きの自動車である。なぜ3輪車の需要があるのか。やはり、タイヤが1本少ない分、ブレーキなどの周辺部品も少なくなり、安くあがるからだろうか。われわれが見たのはライトバンの格好をしている2ドア車である。古いタイプもあれば、新しいタイプもある。1本しかないのは前輪で、斜めうしろから見ると、前のタイヤが付いていないように見える。

疑問53「なぜイギリスには3輪車の需要があるのか？　逆になぜ日本にはその需要がないのか？」

ある建物の角に洋品店があった。スコットランド製のセーターやタータンチェックのスカートなどを専門に売っている店だ。女房と私それぞれのカーディガンを買う。2着で45ポンド、つまり8000円弱。女房によると価格は安いらしい。だが、モノはわるくないと言う。

そのあとすぐそばにパティシエの看板を掲げている喫茶店風の店で、ブラウニーとチョコレートケーキを1個ずつ買う。ブラウニーを売っているのが面白いと思った。アメリカと同じものを売っていると一瞬思ったが、両国の歴史的関係からするとイングランドの方がブラウニーの元祖ではないかと思う。そのブラウニーはミルクが多いのか、われわれ夫婦はアメリカのよりもうまく感じる。

チョコレートケーキには酒が入っている。ラムレーズンの酸味とナッツの感触が心地よい。チョコレートはもちろんクリーミーな味だ。生地が舌になめらかである。フランスで食べた2種類の、こってりとして砂糖ざらざらのケーキよりも、はるかに美味である。

オックスフォードを離れ、ロンドンに向かう。ロンドンへのM40は70キロくらい走るとロンドンの環状線と交わる。環状線経由でM25を使ってヒースローまで20マイルくらい。オックスフォードからヒースローまでずっと片道3車線。

起伏する田園地帯には、フランス同様白胡麻のような羊がのんびりと寝そべっていたりする。2日目で車にも馴れ、平均時速140キロで進むことができる。ときどきアメリカ車を見かける。ドイツよりは見かける頻度は少ないが、イタリアよりははるかに多く見かける。フランスではアメ車は路上でまったく見なかった。3世代くらい前のシボレーV8ピックアップトラックをモーターウエイの反対側車線に見かけた。左ハンドルのままだ。その後ヒースロー空港で右ハンドルのポルシェを見たことと考え合わせると、イギリスでは日本と同様に外車のハンドルの位置は、左右どちらもありということになる。

ハンドルの位置と言えば、カレー近くのガソリンスタンドでは、フェリーやトンネルでイギリスから来たと思われる右ハンドルの車が何台も停まっていたものだ。ということは、大陸の方でも右ハンドル車が走れるということだ。ま、世界のどの国でもハンドルの位置は規則で決められてはいないのかもしれない。アメリカでさえ右ハンドルの車を見たことがある。イギリスでは車が高いので、大陸で買ってくる人もいると聞く。左ハンドルの車を買ってくるのだろうか。それともイギリス人用に大陸でも右ハンドルの車を売っているのだろうか。

ヒースロー空港近くではV型10気筒排気量8000ccのエンジンを搭載するダッジ・ヴァイパーというアメ車のスポーツカーも見かけた。遠めに見ただけなので、ハンドル位置まではわからなかったが、この少量生産のスポーツカーに右ハンドル仕様があるとは考えにくい。

30分ちょっとでヒースローに到着。私を抜いて行ったのは2台だけ。

英米道路行政批判

ドイツのアウトバーンを走って印象深く思ったことのひとつは、速度制限がないために

（カーブのきつい部分にはある）、快適に走れるということだった。ちなみに、ドイツを通過したあとの各国の高速道路には標識が掲げられていなかっただけで制限があったのかもしれないが、私は単純に制限がないと思って飛ばした。一方、ここイングランドは標識があるだけでなく、至る所に速度違反車を取り締まるためのカメラが設置されている。高速だけでなく一般道にもだ。このカメラは単なる脅しではなく、実際にフラッシュをたかれた車も見かけた。

私はイングランドでもヨーロッパ大陸と同じように可能な限り飛ばしたが、警察に捕まることもフラッシュをたかれてカメラに撮影されることもなかった。もしかしたら昼間撮影されたかなとも思ったが、帰国後イングランドから速度違反の罰金を払えという通知は来ていない。以前米国のデンバーで駐車違反をしたときには、罰金支払い命令書が日本の自宅まで郵送されてきて「感動」したことがあるが、今回イングランドでの速度は撮影されるほどのものではなかったようである。もっとも、乗っていたコルサが、そもそも制限に引っかかるほどの速度まで出ないだけだったのかもしれない。

それはともかくとして、アメリカでよく見かけるような、パトカーが木陰などに潜んで速度違反者を狙っているという光景はイングランドでもヨーロッパ大陸でもまったく見なかった。ただ、日本のように道路脇に警官が腰掛けてレーダーで速度を計測するという光景は、反対車線でやっているのを一度だけ見た。オックスフォードへ行く途中の一般道でのことだ。

帰国してからフランスのニュースを見ていたら、イースター休暇には交通事故が多くなるということで、警官がレーダーを使って速度制限の取締りをしている様子が映し出されていた。

だが、今回私がヨーロッパ大陸とイングランドを合計6500キロ以上走ってそうした取締りの光景を見ることがほとんどなかった以上、その頻度は日米と比べるとはるかに少ないと断言できる。

アメリカではフリーウエイを走行中木陰に潜むパトカーをしょっちゅう見かけたし、日本でも、アメリカほどではないが、頻繁にレーダーや光電管を使った速度取締りをやっている。そもそもヨーロッパでは高速道路を走るパトカーの姿を一度も見なかった。

高速を飛ばしていて、私はパトカーのことを気にする必要がない、その存在を忘れられるということはかえって安全に寄与するのではないかと思わずにいられなかった。パトカーがいなければ、その分の注意をまわりに向けることができ、それが安全性の向上と高速化という両要素の実現に貢献することになると思った。


言うまでもなくアメリカ合衆国はイギリスから独立した国である。両国には立憲君主制と大統領制という大きな違いもあるし、気軽にハーイと言える、言えないという風土の違いもあるし、国土の広さの違いもあるし、片方は野球、片方はクリケットまたはサッカーを好むという違いもあるし、一方はコーヒーを、一方は紅茶を好むという違いもあるし、車のハンドルの位置の違いもあるが、似ているところも多く目につく。例えば、両国とも英語を話し、陪審員制度をとっている。身近なところで言えば、中華料理店が多いし、前述のようにブラウニーも食べる。ハーシーの工場がある町が観光地になっているように、米国でもチョコレートが好まれる。道路交通で見ると、テムズ川をくぐるトンネルが有料だったが、その自動料金収受方式がじょうごを逆さまにしたような容器に硬貨を放りこむやり方で、アメリカの無人の料金所に設置されているものとまったく同じだったのには衝撃を受けた。思わずここはアメリカかと思ったほどである。あとでも述べるが、軽油の値段がヨーロッパ大陸と違ってガソリンより高いのも英米共通である。ヒースロー空港でレンタカーを返却するときに気がついたのだが、車を駐車場に入れると係員が待ち構えており、走行メーターを見て距離を携帯コンピューターに打ち込む。そしてプリントアウトしたレシートを客に渡す。それで清算業務すべて終了である。オフィスに行く必要がない。このようなシステムもアメリカと同じだ。フランスの空港では車を返却したあとオフィスに入っていかなければならず、かつ係員が処理をするまで時間がかかった。ＩＴ革命が遅れていると思わずにはいられなかった。

ただ、道路交通に関してイングランドにあってアメリカにないもののひとつがロータリーである。アメリカの一般道は、都市でも郊外でも交通量が多すぎて、ロータリーは効率的でない。一方、田舎では交通量が少なすぎてロータリーでいちいち減速させるのも非効率的である。だからアメリカではロータリーが設けられていないのは当然だと思われるが、ではなぜイギリスにロータリーがあるのか。どういう理由でそれが設けられるようになったのか。歴史を調べたわけではないのでその理由は知らないが、私はイギリスでもロータリーは廃止した方がよいのではないかと思う。

パリなら、凱旋門のように交わる道路の数が多く、信号を設置するとかえって交通の流れを阻害してしまうということがある。そこでならロータリーの有効性がよくわかるのだが、イングランドの田園地帯では交わってくる道路が1本か2本だけであり、しかもその交通量が非常に少ないのにわざわざロータリーが設けられている場合が多いようだ。交通の流れが急減速状態になって効率が悪い。ロータリーの代わりに交差点を設ける方がまだ効率的ではないか。田園地帯で見通しがいいのだから、信号の設置は必要ない。

一方、交通システムで英米に共通していることのひとつは、高速道路に速度制限があるということである。ヨーロッパ大陸を全開で走ったあとでイングランドを走ると、監視カメラの存在が気になる。しかし制限速度を守らせることにうるさい両国ではあるが、イングランドの方はカメラの設置場所さえわかれば何の問題もない。設置場所は決まっているので減速ポイントがわかるし、速度超過をすれば危険な場所に設置されているのだろうから納得して減速できる。

ところが、アメリカでは危険でも何でもなさそうな所で速度違反者を狙って抜き打ちのような形で停車しているパトカーがやたらにいる。そんな場面を見るたびに、麻薬取締りや重犯罪の方に神経を向ける方が正解ではないのかと思わずにはいられなかった。その点、英国がロボットに速度取締りをやらせているのは、人員の効率的な使い方だと思う。

ただ、そんな英国ではあっても、高速道路に速度制限を設けているのはどうも時代錯誤ではないかと思われる。もちろんアメリカの速度制限についても同じだ。（日本はその制限速度自体が遅すぎて同じレベルで論ずる気にもなれない）。速度制限を設けて速度を一定以下に抑制しようとするのは能率・効率を重視するＩＴ革命が目指す世界の流れからしても、時代逆行と思わざるをえない。高速道路の速度制限を撤廃する方がよい理由を整理すると、次の4つがあげられると思う。

まず第1に、さきほども述べたことだが、安全度が増すということである。速度制限があるということは、急いでいるドライバーの場合、パトカーや監視カメラがないかを気にすることになるが、それは道路の交通以外にも注意を向けるということである。交通に注意を払うのが重要だとすれば、急いでいる場合は特にそれに神経を集中させることが安全性の向上につながる。

第2に、速く目的地に着くことができ、Eエコノミーと言われる経済のあり方を持つ、効率の高い社会にふさわしくなる。

第3に自由の実現である。つまり速度制限という束縛を撤廃することは、特にアメリカの場合は自由尊重の国家の精神に合致するはずだ。速度制限を設けるということは自分の速度で走りたいという自由を束縛することになる。

なお、最高速度の設定を排除するなら、最低速度の設定も排除すべきという人もいるかもしれないが、高速道路は高速で移動するための施設である。最低速度の設定はその高速移動を保証するための制限である。これを廃止せよということはある目的を持ったものにその目的を実現させないようにするということになる。例えば生徒が勉学に励まなくても学校を卒業させるようなものだ。

第4に経費節減である。イギリスではすでに実現しているようだが、アメリカでは速度制限の標識を設置するコストがなくなるし、速度違反取締りの警官を重大犯罪の方に向けることができる。

97年に米国に行ったときに、速度制限を設けていない州があることを発見した。モンタナ州である。アメリカ広しといえども、本土で高速道路に速度制限がない州はここだけである。速度は各自の良識に任せるという標識があるのみだった。ところが去年アメリカのニュース番組を見ていたら、そのモンタナで速度制限を設ける動きがあるという。それなりの事情があってのことだろうが、部外者からすると、時代や米国の精神に反する動向としか思えない。ヨーロッパ、特にドイツの高速道路事情を研究すべきではないか。

英国のトラベロッジ

さてヒースローに着いて最初にすべきはやはり空港近くにあるレンタカー返却場へのルートを確認することである。

モーターウエイでそのまま空港に向かう。途中、イビスのホテルがあった。カレーのそれと違って新しく豪華な外観を持っていたが、その外観通りの内容だと高価に決まっているし、見かけ倒しだとしたら、部屋はカレーと同じようなもので深夜騒音に悩まされるのではないか、などと思っているうちに通り過ぎてしまった。

もうすぐレンタカー返却場というところで、ミスが発生した。モーターウエイを降りたあと、返却場の前の橋をくぐったあと右折するべきなのに、うっかり橋をくぐる前に曲がってしまったのだ。Uターンすべく最初の側道に入る。

だが、側道と思った道は実はエクセルシオというホテルへの入り口だった。一方通行で、もとの道に引き返すわけにいかない。そのままホテルの駐車場の中を進む。すると、ホテルの建物と壁の間に車1台分の隙間があいている。とりあえずそこを抜けてみると、別のホテルの駐車場になった。そのホテルはトラベロッジだった。

ヒースローからニースに向かうさい、実は女房が空港そばにトラベロッジがあるのを見ていて最後の夜に泊まる宿の候補にしてあったのだ。トラベロッジはアメリカでの経験では、すべての場所で気持ちよく泊まれたホテルチェーンである。われわれにとっては高い方の宿に属するので、敬遠していたが、米国でも決して高級ホテルに属する部類ではない。

日本の旅行代理店なら高級ホテル志向だから、「トラベロッジなんてエコノミークラスのホテルですよ。うちではそんな安宿をお客様に紹介するわけにいきませんよ」とか「トラベロッジのようなエコノミーホテルは国際手配が可能なホテルの一覧にないですから、お客さんに頼まれても手配できないんですよ」と言うだろうが、まあわれわれ節約モード夫婦の発想は違う。

トラベロッジの料金を聞かねば。空港にも近いし。

ただ外観は薄汚れている。アメリカのトラベロッジの方がはるかに綺麗だし、豪華に見える。ここのトラベロッジの外観はおとといのシャルル・ドゴール空港のホリディインを思い出させる。ホリディインはロンドンにもあるが、所在地案内パンフレットによると、この空港から24キロと遠いし、1泊135ポンド（23、000円以上）もする。それも1人分であり、駐車場代は別だろう。

とりあえず、トラベロッジがそこにあることはわかったので、レンタカー返却場に向かう。トラベロッジの前に公道への出口があった。右に行くと、大きなロータリーがあり、空港への行き方を示す標識が掲げられている。すぐに目的地に到着できた。

トラベロッジに戻る。中に入ると、ロビーは決して広いものではなかったし、豪華でもなかった。従業員が制服を着ている。これはアメリカのトラベロッジと違う点だ。アメリカだと同じトラベロッジチェーンでもインド人が一族住み込みで経営している場合があり、服装もポロシャツなどラフなものである。

イングランドのトラベロッジのフロントには、洒落た紺色の制服を身につけた金髪嬢がいる。アメリカ系のホテルだから、アメリカのホテルでやるように「ハーイ」と挨拶をしてみようかとも一瞬思ったが、イングランド人の彼女にそんな挨拶をしても、英国の旧植民地アメリカの田舎者がする低級な挨拶の仕方を、アジアからのおのぼりさんがありがたがって真似ているとしか思ってもらえないだろう。哀れみの目を向けられるのが落ちだろうという気分にさせられる。やはり、イングランドではきちんと「ハロー」と言わねばならないという気分にさせられる。

料金を聞くと、朝食抜きで2人分69ポンド（約1万2千円）。駐車場は露天だからもちろんタダ。

チェックインして電子キーをもらう。ただ、電子キーといっても実にアナログなものである。一昔前のアナあきカードだ。コンピューター技師の女房は、昔プログラムの入力すら穿孔カードで行っていたので、穿孔の位置で文字を読んだこともあったと言って、そのカードキーを懐かしそうに触っている。日本では20年も前になくなったものだと言う。各部屋のカード毎にアナの位置が異なり、部屋のそれと照合するようになっている（アメリカではアナのない磁気テープが貼ってあるカードを使う）。イングランド人はモノを大切に使うというが、これもそういう気性の現れだろうか。

そのキーをドアの所定の位置に差し込む。だが、作動しない。何度差し込み直してもダメだ。

当然フロントに戻って交換してもらう。だが、新しいのもだめだ。再度リフトに戻る途中、中年のメイドさんが部屋で片付けをしているのが開け放たれたドアから見える。声をかけると、快くマスターキーで開けてくれた。

部屋の中は意外にも豪勢だ。50平米近くもある。大人が五人はゆったり並んで座れる長いソファがあるし、アイロンがあるし、コーヒー・紅茶セットもある。冷蔵庫もある。ズボンプレッサーまであるではないか。テレビは携帯電話で有名なノキア製だ。16インチの小さな画面には信じられないほど鮮明な画像が映る。ハイビジョンなどいらないと思うほどだ。これでエコノミークラスのホテルかね？　われわれ夫婦にはものすごく豪華に見えるが。外観はともかくとして。

それにしても、ここは空港近くの立地でこの設備なのに６９ポンド、初日のロンドンのホテルは空港からタクシー代１５ポンドを払う距離で、ここより備えつけが乏しいのに６５ポンド。しかも日本からの予約をしたための特別料金で、通常は１３０ポンドだと旅行代理店から聞いている。

初日のホテルがそんなに高かったのは、何か観光資源が近くにあったからなのだろうか。都心ではなかったと思う。通勤客が駅で列車に乗り込んでいたが、降りてくる客はゼロだったからだ。この値段の差は何に由来するのかさっぱりわからない。ともあれ、初日のホテルは日本の代理店で紹介されない限り決して泊まることがなかった宿である。幹線道路沿いでもなかったし、空港からの送迎バスもなかったからだ。

疑問54「空港にもロンドンの都心にも近くない初日のホテル、つまり旅行者にとってメリットのなさそうに見えるホテルが、空港に近いトラベロッジより割り高なのはなぜか？　駅まで徒歩3分ということに価値があったからか？」

ロンドンの夜

6時ちょっと前である。まだ明るい。夕食に出よう。ロンドンの市街地まで行ってみるか。ホテルからすぐのM4に乗る。
快調に走り始めたものの、2、3分も走ると渋滞にさしかかってしまった。3車線全部ふさがっている。急減速。前車のまねをして、日本と同様ハザードを点滅させ、後続車に渋滞を知らせる。パリ以来の渋滞だ。

低速で走っていると、ガソリンスタンド付きのサービスエリアが見えてきた。きのうのドーバー以来無給油で来たので、立ち寄る。入ってすぐに目についた価格表示板を見ると、ディーゼルが低オクタンのガソリンより高い。低オクタンガソリンがリッター当たり80・9ペンス（140円くらい）、軽油がリッター当たり82・9ペンス（143円くらい）。ちなみにハイオクガソリンはリッター当たり85・9ペンス（149円くらい）である。普通の性能のガソリンより軽油の方が高いというのはヨーロッパで初めてである。給油はセルフ。ただし、返却時に**Avis**で給油してもらう方が、街中で給油するよりも安く上がるということを契約時に聞いていたので満タンにはしなかった。10ポンド分だけ入れる。

ホテルから高速の終点、つまり実質上ロンドンの中心手前まで24キロ。給油時間を含めて30分かかった。平均時速48キロ。
この平均時速では日本だと渋滞と言わないかもしれない。ただ、月曜6時都心に向かう3車線道路の交通量が多いのは気になる。たまたま、行事などがあって珍しく渋滞しているのだろうか？　それとも普段からこんなものなのか？　後者だとしたら、ラッシュアワーの渋滞はもっとひどいのだろうか？

疑問55「月曜の午後6時にロンドンの都心に向かうM4が、ハザードを点滅させて後続車に合図するほど交通量が多いのはいつものことか？」

首都高のように長距離ほふく前進を強いられているような大渋滞は欧米先進国にはないだろうと私は思っているが、そうでもないのだろうか？　ここロンドンだけでなく、ベルリンでも都心は渋滞していた。アメリカのニューヨークでも渋滞はあった。だが、日本の首都高のように用賀から都心環状線まで車がぎっしり詰まってほとんど動かなくなるというような大渋滞の経験は、私の場合、一度もしたことがない。

観光旅行者であってもラッシュアワーの渋滞に巻き込まれることはある。特に夕方の渋滞は何度もある。現に今回もパリで経験した。だが、どれも首都高の大渋滞に比べれば可愛いものである。

首都高に似た渋滞に遭遇したのはラッシュアワーのロスアンジェルスのフリーウエイだけである。片道4、5車線あるフリーウエイにぎっしり車が詰まり、あまり流れない中で一時間以上過ごしたことがある。ロスの人間には車しか移動手段がないだけに、ラッシュアワーのたびにこの渋滞ではロスの住民は大変だなと思ったものだ。フリーウエイをようやく降りてモーテルに投宿したとき、思わず受付のオバサンに「ロスの渋滞は地獄ですね」と言ってしまった。オバサンはそのとき「えっ？　何て言ったの？　『地獄』？　ああ、そうね」と特に関心もなさそうにクレジットカードのサインを照合するべく下を向いた。当然オバサンもロスで運転していたはずだが。

アメリカではサンフランシスコのフリーウエイもひどい渋滞になることがあるが、ロスと比べればはるかにマシである。なお、ニューヨークではラッシュアワーと言うにはちょっと遅めの朝9時台に、マンハッタンへの道を走ったことがある。交通量が多く、渋滞と言える状況だったが、ちゃんと進んだし、イライラすることもまったくなかった。料金所も特に待つでもなくさっと通過でき、あっ気なくマンハッタンの中に入れてしまった。首都高なら9時台であっても都心方面の車線は大渋滞でイライラしっぱなしであるのに比べ、ニューヨークはスイスイと言っても過言ではない状況だった。

M4の出口のすぐ左にTESCOという名前のスーパーがある。昼に買い物をしたスーパーと同じチェーン店だ。その先にはタウンハウスが並んでいる。スーパーから2、3分で左右の建物がそれまでの単なるタウンハウスから、凝った作りの由緒正しき様子のものになる。それらはホテルだったり、高級アパートだったり、病院だったりする。

その中にホリディインもある。これが135ポンドのやつだ。この城のような荘重な構えでは如何にも高そうだし、そもそもフロントまで行くのに気後れしてしまう。

初日にロンドンで泊まったホテルの正規の宿泊料が130ポンド。このホリディインは1

35ポンド。値段の差はないに等しい。だが、こちらの方がはるかに高級だ。荘厳でさえある。もちろん、外見とは裏腹に、昔から建っている建物だから中身はバスがなくシャワーだけとか狭いなどの欠点があるかもしれない。ただ、それでもロンドンの都心というロケーションには価値がある。やはり初日のホテルの値段は不可解である。正規の値段が130ポンド、でも日本から予約してくれると朝食抜き65ポンドにしてあげますよというのはどこかのメガネ安売り店の何割引は当たり前というのと、同じ手を使っているような気もしてくる。つまり、もともと低価格で提供できるのに定価は高く設定し、それをディスカウントして客を喜ばせるという手だ。だいたい、日本で予約すれば半額にするというのもインチキ臭い。なんで日本人をそんなに優遇するんだ。日本人だからでなく、単に予約をしてくれるから安くするのか。「リザーブなしで来る奴は高くフンダクルぜ」というのか？

ともあれ、定価の半値で十分モトが取れるのに、正規の値段としてその2倍の額を出すとはどういう了見なのか？

などと思っていると、やがてショッピング街になる。だが、建物は相変わらず重厚な様子である。片側2車線相互通行の道だ。信号で待たされたりするので、平均速度は極度に落ちる。この遅い流れがM4の渋滞の原因であることは明らかだ。

豆電球で装飾されているハロッズが右側に見えてきた。ロンドンの都心の道路を走るのも見るのもこれが初めてなので、この道路だけでパリの道路と比べるのは無茶かとも思うが、これだけの交通量がある道なら、パリだったら道幅をはるかに広くとるはずだとは言える。

王室御用達のデパート、ハロッズがあるくらいの通りだから、大通りなのだろうと思うが、この狭さからすると、ロンドンの道はパリと比べて、全般に狭いのかもしれない。だが、その周囲に立つ建物はパリの目抜き通りに立つものと同様重厚で美しい。豊かさが日本とまったく違う。金をかけた建物であることが一目瞭然である。パリのビルには日本と同じような近代的なものも多くある。ただ、それらは日本と違って薄汚れている。ロンドンにも東京のような建物があると思うが、今この通り沿いに見かける建物がどれも前世紀風という感じで重厚そのものである。しかも、夜目で見る限り、美しく維持されているように見える。

ちなみに、ロンドン、パリとくればベルリン、ローマである。

ベルリンの都心の建物は、大部分が日本のオフィスビルと同じようなもので、はっきり言って非芸術的であった。つまらないものしかなかった。ベルリンは東京同様戦争で焼け野原になり、カネもなくロクな建物が造れなかったのだろうか？　日本と同様敗戦の辛酸を嘗めた結果なのだろうか？　ロンドン、パリの都心部と比べると実に、実に貧相である。日本と同じくパナソニックなどのネオンがキラキラしているのは賑やかだが……。このヨーロッパらしからぬ都市の様子は連合軍の空爆を受けた結果か？　空爆前の戦前はパリ、ロンドンと同様ヨーロッパの香り漂う芸術的建物が多数あったのだろうか？　それとも、植民地からの上がりが少なかったためなのだろうか？

ただ、同じドイツでもミュンヘンやケルンは美しい、あるいは荘重な建物ばかりだったが、この差はどこから来るのか？　ミュンヘンはＢＭＷの本社があったりして儲かってきたからか？

ローマはコロセウムなどの古代モノ以外は中世的や近代前期的と、日本で言うと東京駅のレンガ造りのような雰囲気の建物だけである。日本のような近代的オフィスビルなど見かけなかった。近代になってからは、英仏のようには活躍しなかったということが影響しているのだろうか？　そのローマのビル郡とニューヨーク・マンハッタンの中低層ビル郡が似ている。マンハッタンはイタリアの影響力が強いのだろうか？

ハロッズを過ぎるとすぐに一方通行になる。やがて側道と地下道に分かれるところに出た。側道の方は大渋滞だ（帰国後地図を見てみると、地下道の上はHyde Park Cornerである。地図を見てもどこに向かう車が多くて渋滞していたのかわからない）。渋滞の先に見たいもの、行きたい場所があれば我慢のし甲斐があるが、われわれは今地図も見ずに飯屋を探しているだけだ。

すいている地下トンネルに下っていく。トンネルの向こうは暗く、寂しくなっていた。これ以上行っても食事どころはないだろうという気分になる（今日本で地図を見ると、バッキンガム宮殿の広場だった）。強引にUターンする（やはり帰国後地図を見ると、すぐその先にロータリーがあったのでUターンの必要はなかった）。

Uターンして地下道に再度進入したが、出てみると、さきほどの通りには戻れず、道は左方向にそれて行った。また迷子になるかなと思ったが、それは杞憂だった。この方向がハロッズ方面のはずだとハンドルを切っている内に、さきほどの渋滞路に戻ることができた。途中ベルリンみたいに屋台でもないかと探していたのだが、この前世紀風のエリアにはふさわしくないのだろうか、1軒もなかった。

店や屋台での食事は諦め、先ほどのスーパーで夕食を買うことにする。スーパーが入る建物は3、4階建てで、一階の一画が2千坪くらいある駐車場になっている。駐車場の上はスーパーの2階だ。

店内は駐車場をはるかに凌ぐ広さだった。清潔感がある。白人、黒人、東洋人、アラブ系などいろいろな人種がうようよしている。広さは圧倒的にこちらの方が広いが、東京広尾のナショナル・スーパーにいるような感じだ。

唯一温かい食べものであるフランスパンをまず確保し、次にその場で切ってもらうパプリカが入ったメキシカン・チーズ、やはりその場で切ってくれるハム、それからミルク、トマト、りんご、なし、ヨーグルトをかごに入れる。

惣菜コーナーはあったが、温められないと言われる。フランスのカレーで冷たい惣菜を食べて懲りていたので、このコーナーはパス。

以上で夕食と朝食になる。デザートにキャドバリーのチョコレートをまた買った。このイギリス最大のチョコレートメーカー、キャドバリーの製品は、女房によると、以前は日本でもよく見かけたそうだが最近はあまり見ない。女房はこのメーカーのチョコレートが最も好きだと言う。私は今回初めて知ったチョコレートだが、大いに気に入っている。女房は以前米国でもキャドバリーのナッツ&レーズン入りチョコレートを、私の知らない内に購入したそうだが、ハーシーによるOEM生産で、嫌いなハーシー特有の香りがつけられていることに対して非常に腹がたったたと言う。記憶にないが、そのとき私は「このチョコレートはうまい」と言ったそうである。私はハーシーの香りが好きだから、そう言ったのは不思議でない。

買い物は合計8・57ポンド（約1500円）。VISAカードで払う。駐車場出口には料金徴収係のブース跡がある。いつからかは知る由もないが、駐車場を無料開放したわけだ。

M4に乗るとガラガラで、ヒースローまでの24キロを10分でこなすことができた。その間車中で夕食も済ませる。

ホテルに戻り、ドアが開いてくれることを願いつつリフトに乗る。しかし、ホテルを出るときに電子キーをまた新しいものに替えてもらっていたにもかかわらず、今回もドアは開いてくれなかった。3回目の拒絶だ。メイドさんもいないのでフロントまで降りて行く。

さきほどいたフロントの人間はひとりもいなかった。電子キーを取り替えてもらう面倒に加え、カードを取り替えてもらうのはこれで3回目だと事情説明までしなければならない。

むっとした表情で、部屋のロックがまた解除できないと、役立たずのキーカードをカウンターに投げ出して苦情を言うと、今度はマネージャーが同行した。私のカードで開かないことを確認すると、マスターキーで開けた。

きょうの走行距離は348キロである。

【15】結び　3月14日（火）

帰国の途に

帰りの便は午後12時発。2時間前に空港に着けばよい。9時半にチェックアウト。そのままレンタカーを返す。

イングランドでの全走行距離は492マイル、つまり787キロ。燃費はリッター当たり8・89マイル、つまり14・2キロであった。カーグラフィックによるオペル・ヴィータ1・4リッターエンジン4段ATの燃費が14・4キロである。われわれの借りたヴォクスホール・コルサというヴィータのOEMバージョンは1・1リッター5段マニュアルとエンジンが小さく、しかもオートマでないから、それだけで考えれば燃費はもっとよいはずなのだが、実際にはより排気量の大きく、かつオートマの車よりも燃費が悪かったのは車重に対してエンジンが小さいのに高回転で回して、飛ばしたからではないかと思う。料金は2日弱で186・31ポンド（約3万2千円くらい）。これは高い。マーチあたりを日本で借りれば1日5000円プラス消費税で済む。保険、税金、ガソリン代（30・06ポンド）込みであるが。やはりイギリスは物価が高い。

同じアングロサクソンが造った国とは言え、イングランドとアメリカでは物価がかなり違う。アメリカでは15日間1161・99ドル（1ドル107円として、125000円くらい）でアメリカの最高級車キャディラックが借りられた。税金、保険料込みである。長期割引みたいなものもあるのかもしれないが、それにしても一日あたり8千3百円くらいになる。イングランドではマーチクラスの安い車が一日あたり1万6千円くらいにもなってしまう。

今原油が高くなっているが、ガソリン代はリッターあたりアメリカが約50セント、イングランドは140円。

中華料理で言うと、アメリカのアーカンソー州でエッグドロップスープ大1ドル50セント、酸っぱく辛いスープ大1ドル50セント、牛肉焼きそば小（小は1パイントつまり500cc弱、大は1リットル弱）4ドル25セント、炒飯3ドル45セント、牛肉炒め4ドル95セント。ウエストバージニア州の店ではエッグドロップスープ大2ドル50セント、酸っぱく辛いスープ大3ドルジャスト、牛肉焼きそば小3ドル25セント、炒飯3ドルジャスト、牛肉炒め小3ドル95セント。

ロンドンでは炒飯と牛肉炒めで5ポンド弱（900円弱）だった。アメリカで同じ注文をすれば、900円または750円。値段だけ見れば、英米で大した差はないようだが、量がまったく違う。それに牛肉炒めなどの1品料理には炒飯か白米かクリスピー麺が付けられるのである。だから、実際には炒飯はオーダーせず、牛肉炒めだけ頼むことになる。つまり、4ドル95セントで済む。ドーバーでは牛肉焼きそば、卵炒飯、酸っぱく辛いスープの3品を注文し、7・35ポンド（1250円くらい）だった。同じものがアメリカでは620円または750円になる。

宿代はドーバーの安宿で40ポンド（6900円くらい）。ヒースローのトラベロッジは朝食抜きで2人分69ポンド（約1万2千円）。アメリカ南部の中核都市アトランタのトラベロッジは38・02ドル（4100円くらい）。ちなみに、記録してある中で最安値は97年7月10日にモンタナ州で泊まった20・80ドル（2200円ちょっと）である。如何にも農民という風貌のオッサンが経営しているモーテルで、マイルズ・シティのはずれにあった。広かったし、決して不潔でなく、バスタブも付いていた。快適だった。ワイオミングのララミーで泊まったモーテルは改装したてだったか、ピカピカの新品のバスタブ付きの広く清潔な部屋が32・94ドル（3500円ちょい）だった。その値段と部屋のよさのギャップに感動して写真を何枚も撮ってしまったほどである。

こう見てくると、イングランドでドライブ旅行というのは、われわれのように予算に限界があるものには、アメリカでのようにイケイケドンドンというわけにはいかない。行きたいところをきっちり特定し、ルートも最短距離を調べて行かねばならない。イングランドは歴史が長いだけに行きたいところがたくさんあるが、旅費が高くつくのが残念だ。もちろん、日本と比べれば、高速道路がタダであるから総合的には日本よりははるかに安く済むが。一方、アメリカは面積の割には見たいところが少ない。そして見所と見所の間が恐ろしく離れている。一日では次の目的地に辿り着けないことが多いという欠点がある。

ヨーロッパ大陸は同じクラスのレンタカーの料金が一日あたり、4千円ちょい。税金、保険料込みである。イングランドよりはるかに安い。ガソリン代はアメリカよりはずっと高いが、イングランドよりは若干安い。日本に近い値段だ。中華料理はフランスでは炒飯と焼きそばで千円ほど。ドイツでは、牛肉焼きそば、ライス付き豚肉の四川風炒め、そして酸っぱく辛いスープの3品で37・5マルク。つまり約2030円。イングランドと大体同じだろう。アメリカでは同じ注文で10ドルで済むから、2倍の料金になる。宿代はイングランドと変わらない印象だ。道路代がかかるところもあるが、大した金額ではない。

Avisから送迎バスで空港に行く。まだ早かったらしく、搭乗券発行の行列は4人しかいない。発券してもらう前に、女性係員が聞いてきた。「イングランドでドラッグを買ったことがありますか？　イングランドで誰かに荷物を運んでくれと頼まれたことがありますか？」と。ここで「イエス」と言ったら大変だ。はっきりと「ノー」と言う。

残ったポンドおよびフランを使い切ってしまうことにする。フランはもうすぐユーロに切り替わるので持っていてもしようがない。ポンドはユーロに切り替わるかどうかまだわからないが、ポンドの為替相場を見ていないので、このまま持っていた方がいいか、手放すべきかの判断ができない。一昔前の英国病のイメージをまだ持っている私としては、円に対して値下がりする恐れが大きいと思い、手放すことにする。

空港ビル内のサングラス店でメガネの上にかけるサングラスを買おうと思ったが、フランは使えないとのこと。だが、ポンドで買えるほどはあまっていなかった。日本で同じものを買うと、7000円なのにここでは1200円ほどで済むから、クレジットカードで買っておく。フランは空港内の両替所で手数料を払ってポンドに換え、女房が土産用にチョコレート付きコーヒーカップ1つと、機内の食事用にポテトチップを買った。さきほどのカウンターのそばを通ってゲートに向かうと、発券カウンターの前は大行列になっていた。ほとんどが東洋人だった。成田行きだから、日本人であろう。

心優しきユーロピアンたち

ヨーロッパの人々は思いもかけないほど親切だった。驚くべき親切さを示してくれた人々もいた。イタリアのジェノワで「タクシードライバー」に出て来るような安宿だからと泊まるのを敬遠するということもあったが、今から思えば泊まっておけばよかったかもしれない。あんなに人がいい連中がひょいと出て来て助けてくれるような土地柄だから、あのホテルでも人間味あふれた楽しい思い出が作れたのではないかと思う。

それはあまりにも甘いという面もあるかもしれない。平和ボケ日本人の発想だということになるかもしれない。だが、仮に「やばい」目に会いそうになっても、善なるイタリア人が味方になって共に戦ってくれたような気がする。いや……。そうでもないかな。アウトストラーダのカーブで臆病にもアクセルを緩める連中だから、勇敢に戦うということに関してはあまり期待できないか……。

まあ、ともかくそのイタリアを含めて、ヨーロッパは優しく、かつ思いやりのある人間に巡り合えた土地であったことは間違いない。

高貴過ぎて近寄りがたいと思っていたヨーロッパだが、実は非常に庶民的な側面も持っていることがわかったのが、今回の最大の収穫である。アメリカも庶民的だが、それとは違う種類の庶民性がある。スーパーのビニールの買い物袋をさげて、よたよたと歩く足の悪そうなおばちゃんを何人見かけたことか。町中の道は狭く、左右はびっしり建物が立ち並んでいる。狭い歩道には昼間なら必ず人が歩いている。あるいは自転車に乗っている。日本製の軽自動車もけっこう走っている。そういうところで、あるいはスーパーで、人々を見たり、道を尋ねたりしたときには彼らに何の違和感も感じなかった。日本で日本人を見たり、道を尋ねたりするのと同じ感覚だった。人種の違いなどまったく意識させられることなどなかった。同じ人間と自然に思うことができた。もちろん、言葉の壁はあったが、それはじっくりとした人間関係を築くには高い壁かもしれないが、旅行ではたいした障害にはならずに済んだ。それも彼らが皆心優しかったからである。様々なよい思い出をありがとう、心優しき西欧人たちよ。

【16】付記　3月15日（水）

思わぬ発見

ＪＲ東日本の中野駅の北口は中野通り沿いのガードに面している。ホームから降りて改札口に近づくと、いつもディーゼルの排ガスのにおい、あるいはディーゼルの排ガスにともなうほこりが喉と鼻の奥にへばりついて不愉快な思いをさせられる。信号が変わってディーゼル車が加速をするときに、たまたま改札を出ると特にひどい目にあう。ガード下で待機している関東バスが、エンジンをかけっぱなしにして空気を更に汚染していることもしょっちゅうだ。

ところが3月15日に帰国し、午前11時ごろに中野駅の改札口に出たときに私は驚いた。空気がきれいなのだ。なんの不快感もない。きょうは日曜日だったかな、それでディーゼルの交通量が少ないのかなと思ったが、きょうは火曜日、平日である。中野通りの交通量も平日の量である。それなのに空気に何の違和感も持たなかった。喉と鼻も、油膜がかかったような状態にもほこりっぽくもならない。

私は本気で中野の空気がきれいになったと思った。短気な石原知事のおかげでわれわれが不在の間に、早くも東京の空気が浄化されたのかと思ったくらいであるが、自宅に帰って溜まっていた新聞を広げても、ディーゼル追放実現の報道も、微粒子除去のフィルターがつけられるようになったという報道もない。つまり東京に何の変化も起こっていない。となると、私のからだが変化したと思うしかない。ヨーロッパのディーゼルに鼻と喉が慣れてしまったのだろうか。アイドリングしているディーゼルエンジンの排気管の近くに寄ってみると、ヨーロッパとはまったく違う毒々しさを感じるが、離れていれば何ということもなくなっている。

ヨーロッパで私の喉と鼻が日本でのように異常を感じることはまったくなかった。ディーゼルの排ガスがそばに来ても、別に不快でも何でもなかった。もちろん、ガソリンエンジンの排ガスとは異なるものだが、決して不快な思いはしなかった。むしろ、ディーゼル特有の甘ったるいようなにおいに、一種の快感さえ覚えたほどだ。日本のディーゼルとはまったく違うということを体験で知った。

欧州のそんなディーゼルに接している内に、からだに「抗体」ができてしまったのだろうか。そしてその「抗体」がわたしの体に異変を起こし、今この東京でディーゼルに起因する異常がからだに発生しなくなったのだろうか。実態はまったくわからない。実に不思議な現象だ。

疑問56「日本のディーゼルの排ガスにひどい拒絶反応を示す私の喉と鼻が、帰国後一時的に拒絶反応を示さなくなったのはなぜか?」

欧州のディーゼルは黒煙対策を重視し、日本のものは窒素酸化物対策を重視していると言われる。ディーゼルの浄化対策としてはそのどちらかしかとれないということなのだろうか。それはともかくとして、異なる対策の施されたディーゼルエンジンの排ガスのはずなのに、私の鼻と喉はヨーロッパで鍛えられ、日本の排ガスに違和感を感じなくなったようである。どういうメカニズムがからだの中で働いたのか不思議だ。

だが、しばらくするうちに喉と鼻に異常が発生するようになった。もとに戻ったのだ。それが幸いなことなのかどうかはわからないが、日本に住んでいて不快な思いを再びするようになったことは事実である。

あとがきに代えて

―パラダイス・ロスト―

世紀が替わるころになってから、イギリスのBBCで報道される機会が増えたニュースがある。フランスからイギリスに渡ろうとする難民についてのものである。映し出される、渡英の方法は多様で、フェリーを使うトラックの荷台に隠れて行こうとするというのもあれば、ユーロトンネルを通る貨物列車に潜んで行こうとするというのもある。更には徒歩でトンネルを通過しようとするというのもある。小学校にもまだ行っていないくらいの女児を背負ったジャンパー姿の親父さんが、トンネルの中を駆けている映像もあった。

2001年12月26日には、大挙してトンネルに侵入しようとする難民たちと、それを阻止しようとするフランス警察の機動部隊の様子が取り上げられていた。150人が逮捕され、他、400人が催涙弾攻撃をする警察と対峙した。これに近い規模の騒動が時折発生する一方、個別の密航の企ては今も毎晩行われている。たいがい失敗に終わるが。

なぜ、このように毎晩もの密航劇が繰り返されるのか。それはトンネルのすぐそば、1キロ弱のところに難民キャンプがあり、そのキャンプは出入りが自由だからだ。定員700人のところに、2001年年末時点で1600人が収容されている。ほとんどがアフガニスタン難民、イラン、イラク、トルコからのクルド難民、およびスリランカ難民である。ちなみに、この定員オーバーの状況に対処すべく第2の難民キャンプをダンケルクに造るという計画が進みつつある。

そのキャンプが所在する地名はというと、なんと私が本文で「パラダイス」と呼んだSangatteである。BBCによると、この町は、地元のパ・ド・カレー県の金持ちが利用するリゾートタウンで、人口は千人ほど。そんな町になぜ難民キャンプができたのか。

1999年、フランスはカレーで、故国セルビアを追われたコソボの人たちが増えつつあった。亡命申請がしやすいイギリスに行くために最寄の土地カレーに集まったのだろうが、ともかく彼らは当座の雨風を防ぐためにフェリー乗り場（われわれ夫婦が親切な係員の女性に出会ったところ）に寝泊りするようになった。チャリティグループの働きかけで仮収容所が設けられたものの、地元の自治体が1ヶ月ほどで閉鎖してしまった。町中で野宿を始めるようになったコソボ難民を収容するために、当局はユーロトンネルの工事の資材置き場、もしくは倉庫だった建物を難民キャンプにした。運営はフランス赤十字に任された。やがてコソボ難民が去り、代わりに前述のような人たちが収容されるようになったのである。

コソボ難民に対しては住民は違和感を持たず、同情もしたとBBCは言う。同じ白人だからであろう。ところが、皮膚と髪の色が異なる難民がやってくると、住民の態度は変わった。難民の方も若い人間が多く、勝手に留守中の家に上がりこみ、ソファでくつろぐということをするなど、トラブルメーキングな態度である。商店は買い物に来る難民でごった返し、地元の人は寄り付けなくなっていると報道されている。悪評はヨーロッパ中に広まっているようだ。BBCは「ヨーロッパで最も悪名高い町」というレッテルを貼った。あるリゾートホテルでは、予約の電話を入れてきた客が、Sangatteという住所をホテルの人間が言ったとたんに電話を切ったと言う。

キャンプの開設は１９９９年９月２４日である。コソボ難民の英国への亡命は比較的スムーズに進んだ。一方、亡命申請がなかなか認められない難民には、イギリスへの密航を請け負う業者が現れた。当然違法行為である。当局によって逮捕された業者の内１３９人が２０００年１月から９月の間に有罪判決を受け、その大部分が６ヶ月の懲役刑を受けた。われわれ夫婦が「パラダイス」を見下ろしたのは２０００年３月。今から振り返れば、まさにわれわれがイギリスの方角を見ていたその瞬間にも、難民たちがキャンプやSangatteの町中でイギリスに行く策をあれこれ練っていたわけだ。Sangatteで難民の存在が問題化しつつあったときだったということだ。ＢＢＣニュースがこのキャンプを取り上げるようになったのも、われわれが帰国してしばらくしてからであった。

もしかすると、今のSangatteにはわれわれが見たような美しさは、もはやないのかもしれない。さきほども触れたように、町には難民が歩き回っており、商店も彼らでにぎわっている。アフガニスタンでタリバン支配が終わったとはいえ、クルド人やスリランカ難民など、まだ帰れない、あるいは行き先がない人たちもいる。Sangatteは難民と共存する町として存在し続けるのだろうか。一度傷ついたものが原状に復することはない、という言葉が頭をよぎる。われわれの見たSangatteは永久に失われたのかもしれない。

ともあれ、女房と私は去年以来頻繁にＢＢＣニュースに登場するようになったSangatteの映像を毎回複雑な思いで見ている。

女というのは男にとって恐ろしいものだと昔から私は思っている。女は男が見るものはもちろん、男が見ることがないであろうようなところもしっかり見ている。しかも怜悧な目で。わが女房はその女性が一般に持つ怜悧な目を、更に鋭くした観察眼を所有している。日常生活でもその所見は私にさまざまなことを教えてくれる。

今の女房と結婚してからの旅行は常に夫婦同伴であったが、旅先でも私は女房の、事象を深くえぐって見出してくる観察を共有して楽しんでいる。今回のヨーロッパ旅行ももちろん女房の意見をだいぶ取り入れてある。

なお、最後になったが、明窓出版の麻生真澄さんには一方ならぬお世話になった。この場を借りて厚くお礼を申し上げる。

２００2年2月　　原坂　稔

— 走《はし》った迷《まよ》った —
節約《せつやく》モードで行《い》く
ヨーロッパドライブ旅行《りょこう》

原坂《はらさか》　稔《みのる》

明窓出版

平成十四年四月二十日初版発行
発行者 —— 増本　利博
発行所 —— 明窓出版株式会社
〒一六四—〇〇一二
東京都中野区本町六—二七—一三
電話　(〇三) 三三八〇—八三〇三
FAX　(〇三) 三三八〇—六四二四
振替　〇〇一六〇—一—一九二七六六
印刷所 —— モリモト印刷株式会社
落丁・乱丁はお取り替えいたします。
定価はカバーに表示してあります。

◎ 著者略歴 ◎
東京大学文学部卒
現在、駿台予備学校　英語科専任講師

ISBN4-89634-087-6

ホームページ http://meisou.com　Eメール meisou@meisou.com

アイ・ガッチャ ―振り返った、アメリカ

田靡　和

住んでみなければ分からない、アメリカ、そしてニューヨークのあんなことやこんなこと。異文化に触れて、時にはカルチャーショック、時には目から鱗といった毎日をコミカルに綴る。

定価1300円

Oh!　マイ　フィリピン ―バギオ通信

小国秀宣

南の島にこたつを持ち込み、湯豆腐、メールもいいけれど…。フィリピンの軽井沢・バギオの暮らしはこんなにもハートを暖めてくれた。―帰国してなお、永住の夢はつのるばかり…。

定価1500円

薔薇のイランから紫荊の香港から ―あなたへの手紙

山藤恵美子

薔薇の花をこよなく愛する国イラン。紫荊（香港蘭・ソシンカ）が政庁の花である香港 ……。イランと香港に暮らした日本女性の日常を軽やかに綴る。 唖然としたり、日本の良い点、悪い点を改めて思い知らされたり。異郷でのさまざまな体験が、人を成長させる。

定価1600円

こまったロンドン ―四十歳から一年間住んでみて

福井星一

「とても普通に暮らしていたのに、１年ちょっとの生活で20年分くらい、こまったことがありました」

「先進国の都会」というイメージがピッタリで、歴史ある文化と最新ファッションの両方が楽しめる一度は行ってみたい町、ロンドン……。さてその住み心地は？

定価1200円